中国历代墨宝

[台湾商务印书馆学术经典]

中国历代思想家

魏晋南北朝

主编：
台湾中华文化总会
王寿南

九州出版社
JIUZHOUPRESS
全国百佳图书出版单位

出版说明

《中国历代思想家》系由台湾中华文化总会（原名“中华文化复兴运动推行委员会”、“中华文化复兴运动总会”等）与王寿南教授共同担任主编，两岸学者联袂撰写，台湾商务印书馆出版。这套著作对于读者具有很好的参考意义。作为海峡两岸出版交流中心重点引进项目，此次以简体字出版，对文中的古今地名对照、注文体例和文字错误等作了必要的订正，并将原25分册按历史年代合并为先秦、汉、魏晋南北朝、隋唐、宋明、清和现代等凡7种14册。

原版本的卷头语和三篇序言，从不同角度介绍了该书系的出版缘起和有关情况，简体版将其主要内容附于书前。

该书关于中国历代思想家的选取立意及某些作者的观点，我们并不完全认同。但为便于参考研究，仍保留其原貌，在书中加编者注予以说明；个别之处，有所节略，但不改动原书之观点。

九州出版社

卷頭語

三年前舊同學王壽南博士來訪，出示其所擬中國思想家百人計劃；時壽南任教於政大歷史系，為中國史學之長才，同時兼任文化復興推行委員會及該會出版研究委員會秘書，為會務極盡心力勤勞，蔑其事矣。二年來余任副會長，同為學術出版研究委員會，近年之病，請為提示組織精神，歸我壽南相助。略說不擬計劃，謂我當於後為任務，關係密切，不能辭卻研究，達了撰寫，並已編擬預定每冊的中心學術文

紀屆基金會力請補助，請累發內補助費六千零四
，是否已動支者，未及詳估，因戰事前由向文
政府撥款收回保管，此次已力了結
同，並請中基會補助之款，如有剩款，當以該會
繼續為基金會之補助，俾成於茲。此事自然須商也
。時局動盪，未能提供保管，因戰事前一年
之前，凡百法令每以要求了解者也。
三年以來，日盼於目，為繼承遺產目，為
福聽被革學者，以致催稿機関，世事因戰事一
為任之，不勝勞也，願功自保，敬祝安福笑顏

书门之意，系不辞辛劳以赴任，竟世考
证，殆所在不可计。
现代思想家，除自然科学与社会人文科学
学所据，更为重要，故对掺究之历史成就
社会与人文科学，尤须兼为参照通，然后成其年
以此观之，此次编撰中国现代思想大海，若学
思想与海，各约二万余言，每之编撰方法，以
现代思想家例，传先对思想家之主要著作通
读一遍，摘取其要点，现代思想之原文，次涉究
其真意，再寻对其在现代学术之影响，最后加

以一己之論斷。却是就都不收齊概引，按時代先後分冊，至中古上冊為時的歷代敍述，第六冊之宋末，都則以為綜合性觀，以為綱，以前為教育思想之以人為綱，在宋史稱也。至於教學思想史，先論為學，次論教育，上按時代，以人為綱，都為西冊，至第六冊分段為綜合究，上以為綱，又按照思想與理論異同。其後一人之時為一段，俾於說思想家之思想傳授於敍述，其甚至傳授也，這樣，便可於學術之理論思想，以歷代之書所言學術活動

藝，自撕名繮，從書長振以僑。惠於立政治心
隨時群起，能書善化，終以一高令下，取消書法
法書也，以擇之利出新目，書之傳去，寥之無
接書、羅隱，而之歷元明、清季而下，書學從此衰
。故書學之後以是。從果以觀中國歷代書法
者之多，以一家專擅一文，字體明顯，功遺後
年，當然值得發揚也。
從計年和搜羅從法書家共得九十三人，在
中興歷代書家，計有四十九人，係有書家。
至歷代書學家共有七十七人，而與歷代書學

松门出的十一人，占百分之六十八，足见象棋逐主要参考对一弈，而历代名家所选其趣味之所在，此亦本书问世之主因也。

王[illegible]

《中国历代思想家》更新版序

王寿南

《中国历代思想家》一书于一九七八年六月初版问世，颇受社会各界的好评，并获得一九七九年“金鼎奖”，在各大学中的文、史、哲各系师生常以本书作为教学与研究的重要参考书。

《中国历代思想家》原本包含自古至今的重要思想家一百人，出版后，即有学界友人询问何以仍遗漏一些在中国思想史上占有一席之地的人物，其实，在最初选录的思想家名单不止一百人，但约稿之时，苦于难觅适当撰稿人，有些重要的思想家，只好从缺，当然我心中一直感到遗憾，总想加以增补。同时，自一九七八年以后的十几年间，若干当代大师级的思想家（如牟宗三、冯友兰、钱穆、陈大齐等）先后逝世，自应将他们纳入本书之内。基于上述两个因素，近十年来在我内心中一直盘算着如何对本书进行增订。

一九九五年七月，我向中华文化复兴运动总会秘书长黄石城先生表示希望该会能支持本书的增订工作，我也提出了一份增订《中国历代思想家》计划草案，黄秘书长回函同意，愿支付增补部分的稿费和审查费。本书的出版发行者是台湾商务印书馆，如果增补，则原来的版本必要废弃，重新排印，费用亦甚可观，幸蒙该馆总经理张连生先生概然应允重排更新版书稿。在黄秘书长和张总经理的支持下，我开始进行增补工作，感谢海峡两岸学术文化交流的开放，让我能邀约到几位大陆的学者参与撰稿，使本书的增补工作进行顺利。

本书增订工作从一九九六年一月开始，九七年三月完成集稿，计增加思想家十九人：吕不韦、寇谦之、杜光庭、陈献章、李贽、刘宗周、惠栋、阮元、包世臣、胡礼垣、欧阳竟无、马一浮、陈大齐、梁漱溟、钱穆、冯友兰、方东美、唐君毅、牟宗三。

本书更新版能够问世，更感谢中华文化复兴运动总会和台湾商务印书馆的支持，也更感谢新增十九篇文章的作者们。

王寿南谨识

一九九八年七月二十日

于政治大学历史系

《中国历代思想家》序

谷凤翔

自周公、老子、孔子以还，二三千年间，中国之学术思想成为一股巨流，思想家辈出，无代无之，成为中华文化发展之指导，亦蔚为中国文化史中奇观景象之一。中华文化能长流不竭，久而弥新，历代思想家为文化而奉献之智慧与心力，乃为一重要之因素。近年来，出版界日趋繁荣，坊间虽有二三种中国思想史之专书，然似嫌偏于艰深，作为大学专门参考书则可，一般人却未必有阅读之兴趣，时下青年学生往往熟读尼采、罗索之言，对董仲舒、王船山之学说则懵然无知，往往高谈存在主义、社会主义，对老庄哲学、知行学说则毫未涉猎，此种现象极可忧虑，盖不能了解中国学术思想之演变，则容易对传统文化产生误解，由误解容易进而为盲目之反对，因此，为使人们对中国学术思想之演变有较深入之认识以坚固其对中国文化之信心，本会遂着手编撰本书，选择历代重要之思想家一百人，介绍其生平、思想、著作与影响。中国历史悠久，思想家之人数何止一百，本书由于篇幅所限，仅能选择一百人，然则何人应该入选，见仁见智，常有不同，本书一百位思想家之名单系本会与数位学者专家一再研究而后确定者，读者先生如对本书所选之思想家名单有异议，尚请赐教为幸。

本书编撰之目的，在向广大之社会人士提供一套可读性较高之中国思想史，同时，亦提供有志研究中国学术思想之中外学者一项入门导引，因此，本书文体采用语体文，以深入浅出之叙述使读者易于接受。

本书之编撰工作始于一九七四年九月，历时三年余而完成，本书系由本会主编，然实负其责者乃本会学术研究出版促进委员会兼任执行秘书王寿南教授，本书之作者多达七十九人，集稿工作，殊非易事，三年而成三百余万言之巨构，在文化复兴运动之历程中，当能留下一笔光彩之痕迹。

本书由于字数庞大，负担之稿费甚巨，本会经费拮据，实有不胜负荷之感，幸蒙中山文化基金会董事长兼本会副会长王云五先生慷慨应允由中山文化基金会拨款新台币六十万元，以为支持，遂使本书得以完成，本人谨代表本会向中山基金会暨王云五先生致深挚之谢意。

文化复兴工作千头万绪，决非本会所能独任，愿人人以复兴中华文化为己任，则我民族文化之前途必光明灿烂也。

谷凤翔谨识

一九七七年十二月二十三日

于中华文化复兴运动推行委员会

《中国历代思想家》序

王寿南

中国是一个文化源流久远的古国，中国文化的能久能远，其基本的原因是中国学术思想的发达，给予中国人在政治、社会及人生观各方面极大的启示和引导。中国文化能够历久而弥新，便是历代的思想家不断有创新与发明，给中国文化不断地注入活力的缘故。

梁启超先生在《中国学术思想变迁之大势》中把中国学术思想的发展划分为七个时期："一、胚胎时代，春秋以前是也；二、全盛时代，春秋末及战国是也；三、儒学统一时代，两汉是也；四、老学时代，魏晋是也；五、佛学时代，南北朝唐是也；六、儒佛混合时代，宋元明是也；七、衰落时代，近二百五十年是也；八、复兴时代，今日是也。"梁任公的分期大致能为一般人所接受，梁任公所说的衰落时代即指清代，而复兴时代便指清末以至今日。

纵观中国学术思想发展的大势，春秋战国、宋明、清末以后为三个兴盛的高峰，这三个高峰的造成有其共同的因素，便是中国人的生存环境（物质的与精神的）受到了严重的威胁而产生自救性的觉醒，这种自救性的觉醒使中国文化增加活力而得以继续生存下去，所表现出来的便是思想界结出了许多光辉灿烂的花朵。

本书编撰的目的是要介绍历代有重要贡献的思想家的生平、思想和影响，希望这份“整理”传统文化的工作，对目前正在推行的中华文化复兴运动有所帮助。

本书的编撰构想和策划从一九七四年夏开始，我首先向前辈学者王云五先生、钱穆先生、屈万里先生、萨孟武先生、沈刚伯先生等请教，诸位前辈先生对编撰方针、思想家人选、撰写体例，都提供了不少宝贵的意见，使本书得以顺利开始拟订体例。

本书要求以浅显的白话文撰写，都是希望本书成为一部人人能读、愿读的思想史。我从许多年前便提倡“学术通俗化”，呼吁学术走出古代士大夫的象牙之塔，应该对社会大众作更多的影响。中国是一个文明古国，学术思想一向受到世人的重视，可是，我们一般民众和学生却很少对我国的学术思想有较深入的了解，中学课程里虽然选读《论语》、《孟子》，但却很少学生能够畅述孔孟的思想，这是因为教科书所选的是文言文，学生背诵的目的在应付考试，其中思想的精义并没有溶入脑海，所以，背诵古人的名著虽多，却只当作文学作品去欣赏，不能影响观念，本书的力求通俗化，便是希望以通俗的方式，将中国的学术思想介绍给社会大众，使社会大众易于接受。

本书的约稿工作从一九七四年九月开始。每篇文稿交来以后，都要另请一位专家学者予以审阅，应邀担任本书审阅工作的有屈万里先生、萨孟武先生、陶希圣先生、林尹先生、严灵峰先生、陈立夫先生、高明先生、胡秋原先生、程文熙先生、沈云龙先生、何佑森先生、魏汝霖先生、龙宇纯先生、杨树藩先生、周何先生、贺凌虚先生、王尔敏先生、张朋园先生、陆宝千先生、张曼涛先生、陈鼓应先生、何启民先生、吕实强先生、陈新雄先生、李云汉先生、蒋永敬先生、黄锦鋐先生、张玉法先生、黄清连先生、李世杰先生、洪金富先生和印顺、慧岳、晓云三位法师，我在此特别向各位审阅先生致谢。

本书是由中华文化复兴运动推行委员会主编，文复会副会长王云五先生和秘书长谷凤翔先生对本书的编写给予全力的支持，才使本书得以出版。文复会副会长王岫庐（云五）先生是中国出版界的拓垦者，数十年来，一直都是中国文化园地中辛勤工作的园丁，岫庐先生是我最敬爱的老师，他兼任中山学术文化基金会的董事长和商务印书馆的董事长，为了支持本书的编写和出版，岫庐师特别指示中山学术文化基金会拨付六十万元作为本书的稿费，不足之数由文复会负担，本书的出版工作则由商务印书馆负责。本书的能够出版，可说是岫庐师和岐山先生的支助所赐，我愿意在此向岫庐师和谷先生致最高的敬意和谢意。

本书的作者都是饱学之士，他们在学术上的成就毋庸详介，他们肯为本书撰写通俗化的文章，我十分感激，本书如果能得到社会的重视，实在是他们的心血所换来的。

本书的出版是学术通俗化的一项尝试，也是为文化复兴工作尽知识分子的力量。本书的缺点在所难免，我诚恳地希望读者先生们给予指教。

王寿南谨识

一九七七年十一月二十日

于政治大学历史系

目　录

何晏

何启民　著

目　录

一、何晏传略

何晏，字平叔，南阳宛（今河南南阳）人。根据记载，他有着一个很奇特的家世和际遇。他的祖父，是东汉灵帝（公元一六八—一八八年）何皇后的异母兄大将军何进（？—一八九年），父亲名咸。另外一个说法，则指出他的祖父，并不是何进，而是何苗。然而这些似乎都不重要，重要的是，他的母亲尹氏，在曹操担任司空时（汉献帝建安元年冬十月，至十三年六月间，即一九六—二〇八年），成为曹操众多夫人中的一位夫人，同时也收养了平叔，因之平叔从小就寄养于曹家。在他七八岁时，已显出了聪明才慧的出众，因而极得曹操的欢心，待之如子。然而也由于他言行的不知道收敛，不仅服饰拟于太子，且曾戏画地以为“何氏之庐”，遂为太子曹丕所憎恨不满，称他为“假子”。我们知道，曹丕不是一个心胸很宽的人，或许由于这缘故，在曹丕篡夺了汉的天下而称帝时（魏文帝，二二〇—二二六年），平叔似乎没有出来做官。他后来娶了曹操的女儿金乡公主，一说是平叔的同母妹，可能性不大，因为她的母亲是曹操的杜夫人，可以说得上是异姓兄妹，而后再亲上加亲的，他们的关系如下：

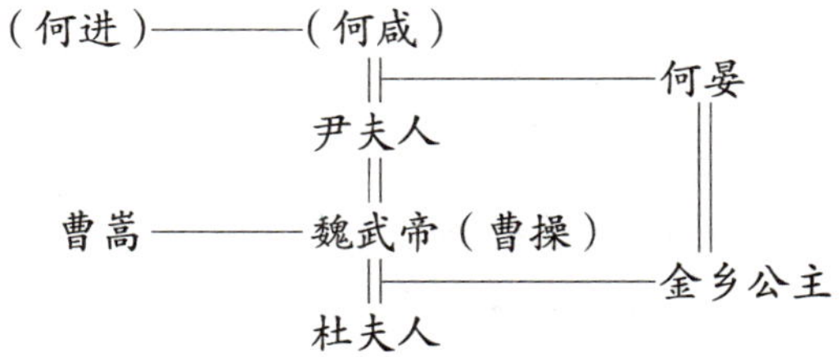

由于尚公主，遂得为驸马都尉，赐爵关内侯。明帝（二二一—二三九年）初年，担任了一些闲散的职务。一直要到齐王芳即位（二三九年），第二年，为正始元年（二四〇年），曹爽以大将军专政，而平叔是亲附于曹爽的，始自散骑侍郎，迁侍中，而做了吏部尚书，负责选举，成为当时最具权势，也是最负时望的人。不仅是政治上的新贵，也是学术界的领袖人物。一直到正始十年（二四九年）的正月，曹爽失败，为司马懿所杀，他同时遇害，夷三族。他死时的年龄，并没有见之于记载，已不可考。《历代人物年里通谱》（台湾世界书局出版）则推算他大约为六十岁，故上推他生于汉献帝初平元年（一九〇年），可以作为一个参考。

二、何晏思想的背景

从东汉灵帝的中平元年（一八四年），黄巾起来以后，天下一天天地陷入于分崩离析。长期战乱所带来的，不仅是生命、财产的损失，政治、经济的崩溃，甚且连带地引起了学术思想上的大转变。平叔身处在这一学术思想转变的过程中，自然不得不受到它的影响。而他的学术思想，确也证明了这一点。他既继承了汉代儒学的传统，又开后世道学之风。

讲到汉代儒学的传统，不得不追述一下汉代儒学发展的历史。在西汉武帝（前一四〇—前八七年）的初年，接受了当时大儒董仲舒（前一七六—前一〇四年）的建议，为了统治上的方便，必须统一当时杂乱的学术思想，因而排除了诸子百家的博士，只用讲求六艺、主张孔学的学者。公孙弘（前二〇〇—前一二一年）且以一介平民，在元朔五年（前一二四年）拜三公，封平津侯。更制定了为博士置弟子五十人，及受业如弟子者若干人，经过一年的学习后，加以考试，通一艺以上，按成绩的高低分发任官，其他官吏，亦可以通一艺以上补官，为当时一般社会青年开了一条做官的路子，受到社会普遍的重视。从这以后，经学成了人们所追求的唯一学问，儒术也成为处理事务所遵循的唯一准则。作为当时最高学府的京师“太学”，快速地扩充，昭帝（前八六—前七四年）时，博士弟子员满百人，宣帝（前七三—前四九年）末，增加一倍，元帝（前四八—前三三年）时，设员千人，成帝（前三二—前七年）末，一度增加弟子员到三千人，平帝（一—五年）年间，王莽专政，太学诸生更至一万八千人，到了东汉（二五—二二〇年）以后，太学愈形发展，桓（一四七—一六七年）灵（一六八—一八八年）之间，游学于京师的，甚至超过三万人。除此以外，地方的官学，私人的讲学，吸收了更多的学子。而这些人，读的都是“经”。这里要补充说明的，这些“经”是经过秦始皇在二十三年（前二一三年）焚书，到汉惠帝四年（前一九一年）废除挟书之令以后始出现的。是由当时尚生存的学者，将记忆中的辞句，用当时通用的文字记录下来的。由于隔绝了如此长的一段时间以后，为了使学子们得以了解，“章句之学”成为解经、读经的必然途径。又由于立于学官，师法、家法亦由是而出现。更由于诸子百家的退出历史上的学术思想舞台，其中部分为

儒者所吸收，融入于经学之中，经学渐次地形成为一门繁琐的、神秘的、非纯粹儒家色彩的学问。在汉朝，很有些人从事改革，却始终没有能获得很大的成功。在这同时，又出现了用先秦流行的文字所书写的“经”，其内容、篇幅，与现时的，多少有着一些差异，遂而又造成了今文经与古文经的对垒。古文学者比较是着重于通大义的，对诸子之学亦较多宽容，然而经学的正统，却是讲阴阳谶纬、讲五行灾异、讲象数符瑞的今文经学。由于政府的大力倡导，社会的热烈响应，尤其在光武帝（二五—五七年）中兴汉室以后，益加提倡儒术，表彰气节，整个天下，自天子以

至庶人，莫不尊儒重经，修德立品是务。经学、儒术，不仅左右了学术思想界，且化入于社会习俗之中，为全民精神信仰之所寄托。

然而等到何进征召边将董卓东来（中平六年，公元一八九年），不到十年时间，两京残破，天下向往的儒学中心既已摧毁，而曹操迎献帝都许（建安元年，一九六年）以后，专擅朝政，于建安八年（二〇三年）、十五年（二一〇年）春、十九年（二一五年）十二月、二十二年（二一七年）八月四次下令求贤，莫不重实轻名，重的是才能，轻的是道德，甚且公开宣称，只要有治国用兵的才干，不在乎他是否不仁不孝，如此的不顾伦常，使世道人心的精神基础，亦随之动摇。儒学的权威一旦被灭，自不复再能维持学术思想及精神心理上的独占局面，其影响社会人心自非泛泛。尤其处在一个乱世，既无传统的导引，又不知何去何从，茫然自失。然而也正由于没有了传统和权威有形和无形的拘束，使得人们可以自由地思考。因之，在汉魏之际，中原地区普遍地弥漫着一股自由的空气和自由的精神。

三、何晏的思想

作为一个学术思想正在转变，并处于一种充满着自由空气和精神的时代的思想家，平叔是很好的例证。他虽然从小就寄养于魏的府中，而曹氏父子又好法术，可是我们看平叔呢，他曾经表谏齐王芳，认为一个善于治国的人，必须从他自身的修养开始，这即是说，对他所学习的要特别慎重。学习的路子正确，必然立得正，始如此，不须强制命令，也能引导国人。反之，虽然三令五申，也无人听从。故而一个为人君的，交游必须选择正人君子，观看必须选择正当事物，不听淫荡的音乐，远离小人，这样，才能使得人君不会产生邪心，而后才能走上正路。末代昏君的所以丧国，就因为他处处反其道而行。是以在平叔看来，后天的教育和环境，对于一个人来说，是重要不过的。国家决定于君主个人的人格高低，而人格的形成，端赖于后天的环境和教育。平叔的儒家色彩，不仅表现在他这篇奏请大臣侍从游幸的章奏里，而又在与当时的经学名家，包括光禄大夫关内侯孙邕、光禄大夫郑冲、散骑常侍中领军安乡亭侯曹羲、侍中荀顗，联合上了一部由他主持完成的《论语集解》里。这所以虽由五人联名共上，后人则往往以此书归之于平叔的原因所在。而他们的集解《论语》，也是有着特殊重要意义的，原因是《论语》这部书，既是孔子弟子所记师生间的对答之辞，要了解孔子，自必须要从这部书中来着手。根据集解所叙，可以知道在汉朝，流传于世的《论语》本子，有《鲁论语》二十篇，传人有太子太傅夏侯胜、前将军萧望之（公元前一〇六一前四七年）、丞相韦贤（前一四八一前六〇年）及韦贤之子玄成（？一前三六年）等；《齐论语》二十二篇，较《鲁论》多出《问王》、《知道》二篇，二十篇的章句也比《鲁论》多，琅琊王卿、胶东庸生、昌邑中尉王吉等采用它来教授，这就是所谓《鲁论》和《齐论》。而在鲁恭王时，因为破坏孔子宅，结果发现了用先秦所流行的文字书写的《古文论语》，也没有《问王》、《知道》两篇，却从《尧曰》中将下章《子张问》分开成为一篇，因此有了两个子张，共计二十一篇，篇次亦与《鲁论》、《齐论》不同。安昌侯张禹本受《鲁论》，兼讲齐说，号称《张侯论》，很受世人推重，遂出现了苞氏和周氏的章句。《古论》则只有孔安国的训说，亦没有能够流传。到顺帝（一二六——一四四年）的时候，南郡太守马融（七九——一六六年），也为它作了训说，汉朝末年，大司农郑玄（一二七一二〇〇年）根据《鲁论》的篇章，参考《齐论》和《古论》，为它作了注，司空陈群（？一二三六年）、太常王肃、博士周生烈，都为它作了义说，平叔则以为注解的人虽然不少，由于看法不同，互有得失长短，故而博采众说，为它作了一部集解。然而平叔所处的时代，已不同于往昔了，故而这部集解，一方面集马融以下七家的注，同时对于不合他意思的，则加以改变，另出新义。从这里也可以看出，平叔虽然可以算得上是一个古文经学家，却不是一个纯粹的汉朝经学传统的继承者。

就前者来说，汉朝古文经学的精神，主要是透过义理，对经的本身作一适当的诠释，而不是条分句析，为繁琐的章句，更不迷信阴阳图谶、五行灾异、象数符瑞等。而平叔的注解《论语》，以怀抱追求相同理想的，相互吸引结合，来解释“德不孤，必有邻”。(《里仁》)又以人之所受以生者为性，日新又新，以趋于至善之道为天道，而其理深微，故而不说，来解释“夫子之言性与天道，不可得而闻也已矣”。(《公冶长》)又以《易》文言“利者，义之和”来解释“利”，(《子罕》)意谓天道之利，万物得宜而无害。又以为圣人之所以为圣人，德合天地，不怨不尤，来解释“知我者，其天乎”。(《宪问》)又以一切事物，都各有它的开始和终结，其间路途虽有不同，思虑亦有不同，归趋则一，故而要掌握它的开始，自然会向善，不须多加学习，自然会知道，来解释“一以贯之”。(《卫灵公》)又以为顺逆吉凶，天命所在，大人，即圣人，圣人与天地合其德，他所说的，意旨深远，不容易知道，来解释“畏天命，畏大人，畏圣人之言”。(《季氏》)都可以看出平叔的意趣所在，而与汉儒传统不同。

再就后者而言，平叔不仅是好以一己之意来注释，更喜以老子的意思来解释孔子的言行。如以自然不动，而万物自生，来解释“仁者乐山”(《雍也》)中仁者何以乐山。又以道是没有形体，来解释“志于道”(《述而》)中的道。又以圣人唯道是从，不自立异，而忘其身，来解释“毋意、毋必、毋固、毋我”。(《子罕》)又以恍惚不可为形象，来解释“瞻之在前，忽焉在后”。(《子罕》)又以虚中来解释“回也其庶乎，屡空，赐不受命，而货殖焉，亿则屡中”(《先进》)的空。古文经学家虽然对诸子之学抱着较宽容的态度，然而直截了当地用老说儒，平叔却可以说是开风气之先了。《管辂别传》也曾提到管辂批评平叔说《易》，多有用老庄义的，从平叔的《论语集解》来看，可以证实这是合乎他的学风的。平叔早已跳出汉儒的圈子，处在一充满自由空气与精神的时代，只要认为是合适的，平叔不会理会这是经义还是老义，要遵守传统抑或是违反传统，这对他全不构成问题，他只是在表达他自己，透过经义及老义，他完成了自我。

不过说平叔用老庄讲《易》，或释《论语》，似乎不太确切，然而这种误解，却为很多人所接受。因为唐修《晋书·王衍传》，也讲到正始（二四〇—二四九年）年间，何晏与王弼，根据老庄立论，以为天地万物，都是用无为本。一切事物的形成，少不了无，而无也无所不在。阴阳藉它化生，万物藉它成形，贤者藉它成就，不肖藉它免身。故而无的为用，是无可比拟的。无的一义，老子最能得到他的精微，在传世的平叔主要论著里，也可以看出他确乎是全力发挥这一点，无，构成了平叔学说思想的中心，故而说他用“老”是可以的，却与“庄”无关。

平叔认为万有的本体，名叫做“道”。至于“道”究竟怎么样就很难说了，因为我们既看不见它，也听不见，更没有一个适当的字眼可以来形容它，或称谓它的全体。在平叔所写的道论里，他指出，有的所以为有，是借着“无”而生的。事物的所以为事物，也是因“无”而成。我们“无语”可道，“无名”可名，“无形”可视，“无声”可听，这就是“道”的全体。因为这“道”，才能发出不同的音声，显示不同的形影。玄的所以黑，素的所以白，矩的所以方，规的所以圆，莫不由于“道”。只是圆、方的能有圆、方的形，而“道”却“无形”；白、黑的能有白、黑的名，“道”却“无名”。这样看来，平叔所谓的“道”，显然是“无所有”，这“无所有”，也就是万事万物尚未形成之先的所有。然而等到既有以后，“道”又存在在哪里呢？对于这点，平叔另外在他的《无名论》里，指出“道”就是“无所有”。自从天地开辟以来，都是有所有，然而尚称谓它是“道”的缘故，是因为它尚能用“无所有”。故而虽然处在一个有名的环境里，却没有“无名”的形象。是以在平叔看来，“道”固然是“无所有”；然而，能用“无所有”的，我们同样地可以看作它为“道”。是以虽处在一个有名的环境里，却没有“无名”的形象。这也就解决了“道”在万有既生以后的存在问题，平叔接着说：像这样，较之“无所有”，是有所有了，然而在有所有之中，近于“无所有”，与有所有不同。同类者即使再远也相应，异类即使再近也不和。这就好像阴中之阳，阳中之阴，各与同类相从。夏日虽然属阳，而夏夜与冬日共为阴。冬日为阴，而冬晨与夏日同为阳。这都是不同于近，而同于远的例子。这是一种模棱两可的说法，平叔只是比较它有无成分的多少，作相对性的分类而已。

在另外一方面，平叔与辅嗣（王弼）的思想虽然同源于老子，说法却不同。何劭的《王弼别传》曾谈到平叔主张圣人是没有喜怒哀乐的，钟会等称述之。辅嗣却认为圣人之所以超过一般人的，是他对一切事物的透辟了解的清明神智，而同于一般人的，是他的五情。神智的过人，因此能够到达“无”的境界。五情相同，故不能够遇事时不生哀乐的情绪。所以一个圣人之所以为圣人的，是顺应万物而自然生情，却不会为情牵累。如果因不为情牵累，即说他对事物无所感觉，这就离开事实太远了。从这里看来，辅嗣是主张道法自然，圣人近道，故能顺应事物而自然生哀乐之情。平叔也认为道法自然，只是在解释时，指出道是无，道的全体大用是无为，圣人因为近道，所以不再受事物的影响，而生哀乐之情。两人都本源于老子，不过平叔在这里所说的，与在《无名论》中讨论有无时不同了，不再是相对的，而是主张绝对的无。虽然也说得通，却嫌太机械了一点。

从前面看来，平叔虽然特好老，然而除了平铺直叙外，谈不到有甚么发明。反之，辅嗣则时能赋予新义。所以《世说新语·文学》有一条讲到平叔注解《老子》尚未完成，听到辅嗣说起他注解《老子》的大义，平叔感到多不如，是以不敢再提起，只随声附和，回去以后，即不再从事此一工作，而另外作了《世说新语》。事情可能是真实的，从平叔的《道论》、《无名论》看来，他即使有老注，也难比辅嗣的老注。平叔在《老子》方面，虽然没有多大的成就可言，不过在《论语》方面，成绩却相当可观，这不是说它的义理如何的高明，而是他首先将老义灌输进去，摆脱汉儒章句的传统，而开创了一个新的局面，影响是非常深远的。

四、何晏的贡献及其影响

就学术思想来说，何晏的贡献有两方面：

汉末魏初，是历史上学术思想转变的一个关键时代。中原的动乱，曹操的政策，使得儒术、经学的主流地位，受到致命的打击。玄学适时地填补了这一时期学术思想的真空。而玄学的兴起，与谈论风气的形成，是不可分的。何晏，与魏室既有如许深厚的关系，他的仪表风采出众，又掌选举，且见信于当政的曹爽，因之在齐王芳的正始十年中，平叔权重一时。而且由于他的学识、口才，遂成为当时清谈谈坐的领袖人物，他是当世的谈宗。而清谈也由于他的倡导，极盛于正始年间，正始也就成为后日清谈家们最向往的一个时代了。而清谈所谈的，不是一般人所想象的谈天说地，而是透过论难的方式，以期对某一哲学上的论点，求取它最令人折服的结论。而这也就是玄学的内涵，所以清谈又称为谈玄。故而我们可以说，何晏是清谈风气的倡导者，更是魏晋以下玄学学风的开创者。

清谈与玄学流行的时间不能说是很长，而清谈与玄学也许影响了后日的一些学术思想的发展，诸如中世的佛学和宋明的理学，也由于清谈和玄学，印度的佛教才能在中土生根，禅宗才能形成它独特的风貌，虽然我们不能确切地指出清谈与玄学到底有多大的影响力于后代，然而反过来说，如果没有清谈与玄学，魏晋以后的中国，在学术思想与精神生活的真空情形下，会是怎样的情形，真是不堪想象的了。从这点来看，何晏的贡献是值得我们注意和重视的，不论他的思想造诣仍是缺乏完整的体系，实在也无关紧要。

在另一方面，何晏等五人曾编集了一部《论语集解》，不论是梁皇侃的《义疏》、《隋书》的《经籍志》、宋邢昺的疏，均明记为“魏何晏集解”，事实上，以何晏当时的政治地位和学术地位，这部书的撰成，他负主要的责任是毫无疑问的。其叙谓汇集七家注之善，也言明有不安的，颇为改易。集解中掺杂了不少老义，自然不会是孙邕、郑冲、曹羲、荀顗等经师所能和所愿如此做的，因为那是违反汉代经学传统，自然是出之于何晏之手。就内容的超卓和成就的不凡来说，这一本《论语集解》是空前的。虽然掺杂了一些老义，并不影响全书所显示的儒家色彩和它独特的精神。是以梁皇侃为之作了义疏，宋邢昺更为之作疏，在宋真宗咸平二年（九九九年）被颁列学官，成为流行于世的官定《十三经注疏》之一，学子人手一册，为读《论语》不可或缺的要籍，其影响于后日的深远可以想见。这可说是何晏贡献于经学的，或贡献于孔门的地方。

五、何晏的论著

关于何晏的著述，《三国志》本传只提到何晏有《世说新语》，以及文赋著述等约数十篇。《隋书·经籍志》则著录何晏等注《孝经》一卷（已亡失）、《集解论语》十卷、《魏晋谥议》十三卷、《老子道德论》二卷、《何晏集》十一卷（梁有十卷、录一卷）。《唐书·经籍志》、《新唐书·艺文志》，又收有何晏《魏明帝谥议》二卷。《册府元龟》则谓何晏有《周易私记》二十卷、《周易讲疏》十三卷。

从诸家著录何晏著述来看，《隋志》所引晏《魏晋谥议》十三卷，当因内中包含晏之《魏明帝谥议》二卷，而误将诸家谥议并归于他了。又《册府元龟》所引两书，一说为何妥，而讹作何晏。比较可信而重要的何晏著述，当为以下数种：

《论语集解》十卷

《道德论》二卷

《魏明帝谥议》二卷

其他文赋等数十篇

至于现存的何晏著述，则有以下数种：

《论语集解》十卷（单行本，亦见于皇侃《义疏》及《十三

经注疏》)

《景福殿赋》、《奏请大臣侍从游幸》、《祀五郊六宗及厉殃议》、《明帝谥议》、《与夏侯太初难蒋济叔嫂无服论》、《韩白论》、《白起论》、《冀州论》、《九州岛论》、《无为论》、《无名论》、《瑞颂》、《斫猛兽刀铭》(以上并收入严可均《全三国文》卷三九，完整残缺不一，并各附出处)

五言诗(冯惟讷《诗纪》收二首)

参考书目

自古以来，关于何晏身世、事功及思想，似乎没有专门性的论著。虽然在学术思想史上有他的地位，对经学也有贡献，不过都只是偏重于开风气，并不突出，材料也欠缺，因此形成如此的一个局面，即每一种讨论到魏晋学术和思想的著作中，何晏都会出现，却都是轻描淡写的几笔就带过。因此之故，想了解何晏，往往是感到有点儿困难的。不过，若要进一步地研究何晏的思想，这儿愿提供一些主要的参考书籍。

《三国志集解》，卢弼，艺文印书馆。
《世说新语校笺》，杨勇，香港，大众书局，台湾各书局多有翻印。
（以上有关何晏生平事迹原始材料）

《论语集解》，何晏，单行本、《论语义疏》本、《十三经注疏》本。
《全三国文》，严可均，世界书局。
（以上有关何晏学术思想原始材料）

《中国政治思想史》（三），萧公权，中华文化出版事业委员会。

《魏晋思想论》，刘大杰，中华书局。
《魏晋思想与谈风》，何启民，“中国学术著作奖助委员会”，分析详明，不可或缺。
（以上有关何晏学术思想重要论著）

阮籍

何启民　著

目　录

一、阮籍传略

阮籍，字嗣宗，陈留尉氏（今河南开封西北）人。他的父亲是建安七子中的阮瑀。汉献帝建安十七年（公元二一二年），阮籍三岁的时候，就成了孤儿。此后，在母亲的养育教导下，逐渐成长。阮氏是陈留尉氏地方的大姓，阮籍这一支虽然不富有，生活还算是相当的优裕，因此在阮籍早年，才能到各处遨游。阮籍容貌出众，八岁就能做文章，志气不凡，性格放任，不受拘束，为人又很深沉，喜怒不形于色。有时闭门读书，几个月不出；有时则游山玩水，流连忘返。阮籍又博览群书，尤其喜欢《老》、《庄》，更好喝酒，又能长啸。他得到父亲阮瑀的不少遗传，善于弹琴，常沉酣其中，到达忘我的境界。别人都不了解他，说他“痴”，只有他的族兄阮武（字文业），对他称叹佩服不已，阮武号称知人，如此地称扬他，因此阮籍才渐次地为人知道，为人注意。他曾经随叔父去东郡，兖州刺史王昶请与相见，整日不说一句话，昶自认为阮籍深不可测。魏齐王芳正始三年（二四二年），籍三十三岁时，太尉蒋济也听说了他的才具和名声，特征辟他为掾。在当时说来，这是一个很大的光荣，籍到都亭上书，本意推辞，蒋济却误会了他的意思，派人去接他，而他已离开，大怒。他的亲友都劝他，虽然这不是他的意愿，可是为了形势所迫，只好勉强接受。这是阮籍第一次出来做官，过了没有多久，就以生病为理由，辞官回来。这以后，他又做过尚书郎，以及不长时间的大将军曹爽的参军，爽虽然执掌朝政而专权，籍却又以生病为理由，再度辞官回来。不过隔了一年多时间，在正始十年（二四九年），曹爽即为太傅司马懿所杀害，亲附曹爽的也都遇害，这是司马氏夺权而杀戮异己的开始。阮籍不仅未遭波及，反而做了太傅从事中郎，这时阮籍已经四十岁了，声望日隆。嘉平四年（二五二年）正月，司马懿死，子司马师以大将军专政，籍又做了大将军从事中郎。这时，政局又发生变化，齐王芳被废，高贵乡公髦立，阮籍更因功而封关内侯，迁散骑常侍。他的政治立场可以说是很清楚了，正因为这样，才使得他在政途上可以说得上是相当的得意。可是，我们来看看他是怎样做官的。

历史记载说，当时司马昭想为他的儿子司马炎即后来的晋武帝娶他的女儿，他却大醉六十天，不给司马昭求婚说话的机会，而只好断了这个念头。钟会又好几次以时事相问，预备套他的口气来陷害他，他也是用醉酒来逃避。他不仅好喝酒，更能用酒作工具，这对阮籍来说，运用得似乎是非常成功。司马昭既已辅政，阮籍有次表示曾经去过东平，非常喜欢这个地方，司马昭大喜，就发表了他做东平相，哪知阮籍骑了驴子上任后，先拆掉府衙前面的屏障，使里外可以看见，也不处理公事，整天喝酒，过了十几天，又骑了驴子走了。后来阮籍又听说步兵校尉府里的厨子长于酿酒，府里贮存了美酒三百斛，因此又请求做了步兵校尉，却经常与他的朋友刘伶畅饮而醉倒其中。在这种情形下，阮籍的事功是谈不到的，可是同当道的司马家的关系却维持得很好，时常在司马氏的府中，朝会宴饮也必然参加。有次适逢司马昭辞让九锡，公卿要劝说接受，请籍主稿，籍却大醉在袁孝尼家中，根本忘记了这件事，使者叫醒了醉卧中的阮籍，籍便立时文不加点地完成了那篇有名的《劝进文》。

阮籍不仅好喝酒，也不太理会世俗的礼法，任性而为。他从小就死了父亲，靠了母亲把他养大，因此他是非常孝顺母亲的，而当母亲死讯传来的时候，他正同别人在下围棋，对方要求停止，他则坚持终局决定胜负，然后饮酒二斗，举声一号，吐血数升。到母亲将要下葬时，他又吃了一只蒸蹄膀，饮酒二斗，然后告别，直叫“穷矣”，然后一号，又吐血数升。由于悲痛积压在心中，非常地伤身体，一场丧事下来，他瘦得不成人形，几乎送命。而当别人去吊唁时，他披头散发，箕踞在床上，醉酒直视，也不哭泣。他平常看人，或用青眼，或用白眼，完全看他喜不喜欢这个人而定。嵇喜来吊丧，阮籍用白眼看他，嵇喜很不高兴，而喜弟嵇康听说了，带了酒，挟了琴来吊丧，阮籍大为高兴，用青眼看他。他如此作风，当然为社会上一般守礼的人所攻击，幸好得到司马昭的支持，才得无事。而司马昭对他如此的优遇，也是由于阮籍某些时候讲话是很谨慎的，不谈政治，也不批评人物。阮籍遭受守礼的人攻击的，还不止这些，籍的嫂嫂要归宁，他跑去向她告别，这在当时男女之防很严的时候，是不可以的，他却不管这些，有人讥刺批评他，他却说，礼本不是为他设的。又邻家少妇长得很不错，当街卖酒，他曾去饮酒，醉了便睡在她的旁边，她的丈夫最初很不谅解，后来考察他只是醉酒，并没有坏的念头，这才算了。又邻家有女，才貌双全，却红颜薄命，没有出嫁就死了，籍同她家非亲非故，根本不认识，却跑去哭吊，这在当时，也是不可以的。阮籍所以如此作风，固然是天性有关，放任不羁，然而也有后天的环境因素在内，发泄他愤世的感情。所以他常会一个人独自驾车出游，不循一般的道路，既到尽头，大哭一场，然后回来，有几人真正能了解他的心意呢？

他生于汉献帝建安十五年（二一〇年），死于魏常道乡公景元四年（二六三年），享年五十四岁。

二、阮籍的时代背景

时间使得事物自然地发生变化，一般说来，是一种比较缓慢的过程，而政治、战争等人为的力量，却加速了变化的到来，也促使变化幅度的增大，这可以帮助我们说明阮籍所生存的那个时代。

经过汉室多年的统治和学术定于一尊政策的推行成功，经学成为了人们所追求的唯一学问，儒术也成为处理事物所遵循的唯一准则。长久以来，经学本质也发生了变化，它渐次地形成为一门繁琐的、神秘的、非纯粹儒家色彩的学问，多少人想改革而未能获得成功。然而这种经学和儒术，不仅左右了学术思想界，且化入于社会习俗之中，为全民精神信仰之所寄托，如果没有外来的力量，它的权威势将可以维持相当长的一个时代。可是，到了汉灵帝的中平元年（一八四年），黄巾之乱起来了，这真可以说是一个划时代的转变枢机，因为在这以后，乱事纷起，战争不息，而后董卓和他的部党在中原长时间骚扰，结果是使洛阳、长安两京先后被毁，多年积聚的文物图书也同时丧失殆尽。主持、推动汉家学术思想主流经学的两京，遭受到如此极度的摧残，而不是暂时性的中断，此一变化，使天下所共仰的京师对于地方不再有控制、拘束和影响力了。而文物图书的损失，更不是短时间内所能补充和恢复得了的。物质上的打击是够严重了，而曹操在建安元年（一九六年）迎献帝都许，虽然使得汉室得以多维持了二十几年的时间，可是权力早已转入曹氏之手，而曹操的政策，再给了中原人民精神上一个最大的打击，一个决定性的打击。

曹操是东汉桓帝中常侍曹腾养子曹嵩的儿子，从小好的是飞鹰走狗，任侠放荡，不务正业，在一个特别看重家世背景、品德节操的社会中，自不会受人敬重。他的能够出人头地，是靠他自己的才干，社会看不起他，他同样地也看不起东汉末年那班有名无实、有德无能、有着很高的名誉、受社会看重的人。他的目的既在于得天下，而这班人对他来讲，可说是一无用处。为了打天下，亟需人才，他曾经四次下令求贤。早在建安八年（二〇三年）的令中，已指出太平时候可以崇尚德行，而在国家有事的时候，则要问他有没有才能，有没有功绩。不能因为品德稍差，就抹杀了他的才干。建安十五年（二一〇年）春又下令说，古来创业中兴的君主，最重要的是能得到贤才的辅佐。今天下还没有安定下来，国家处在这存亡的关头，更迫切地需要求贤。如果一定要先问他是否廉洁，再考虑用不用，齐桓公就不会称霸了。希望有关单位能够了解这点，但问才干是否具备，不必追问他是否和嫂嫂私通，是否贪赃不法，而致为社会所排斥，因而被埋没。建安十九年（二一五年）十二月令，更指出一个有操守的人，不见得有进取的才干；能进取的人，也不见得有操守。像过去的陈平和苏秦，都是很好的例子。所以说，人都有他的缺点，不能因为有缺点，而不去用他。有关单位能懂得这个意思，人才就不会被埋没了。建安二十二年（二一七年）八月又令说，过去历史上，像伊挚、傅说，出身贱人；管仲，曾是齐桓公的敌人，却靠了他们，成就大业。萧何、曹参，不过是县吏，韩信、陈平，更是背负恶名，遭人耻笑，结果却名扬千古。吴起是有名的贪将，为求信而杀妻，为求官而散金，母亲死了也不回来奔丧，然而他在魏国，使得秦人不敢东进；在楚，三晋也不敢南向。现在有没有诸如此类文武的高才，只要能治国或用兵，不问他是否身负恶名，被人耻笑，甚至于不仁不孝，都可以推荐给我，不要有所遗漏，我都会用他的。

董卓等之乱，毁灭了文化中心的两京，学术思想正统的儒学失去了领导，力量虽猛，一时尚没有能影响到地方，基层大众还是崇尚儒术和经学的。曹操虽未明白地反对经学，排除儒术，但他严格的法治政策，好权术、严刑罚、禁诽谤和不重视经学、轻视儒家所最讲求的孝悌节义，已予了事实最好的说明，影响所及，较之董卓等之乱，还要深远得多。数百年来人们的精神依托，而今被曹操破坏了，他却并没有拿出另外一套来代替它。在这动乱的时代，使得人民一方面是彷徨，没有信仰，也无所依赖；另外一方面，却也解脱掉数百年来思想上的锁链和羁绊，人们开始可以尽量地去想，没有人会来干涉。前此在独尊儒术政策的阴影下，诸子之学不过是一道暗流，而今得以重见天日。学术思想自由的空气，不仅带给人们可以自由思想的权利，也带给了人们自由思想、尽情思想和创新思想的信心。

何晏（？—二四九年）与阮籍（二一〇—二六三年）虽然生长在同一时代、同一地区，家庭背景、性之所近、交往遇合，毕竟有所差异，显示于思想的，也自然有所不同，不过，自儒而道的大体趋向，却是相同的。能了解这点，才能进一步地讨论阮籍思想的大概。

三、阮籍的思想

阮籍的父亲，是建安七子中的阮瑀（？—二一二年），而阮瑀，则是东汉末年蔡邕（一三三—一九二年）的学生。虽然蔡邕喜欢的是辞章数术天文，却精通音律，也曾经奏立六经碑文于太学门外，可见蔡邕虽不以经学名家，造诣仍然相当地深。同样的，阮瑀虽以文章名闻天下，却精通音律，能鼓琴，这不完全因为他是蔡邕的学生，而可能是遗传的关系，因为他的儿子阮籍、孙子阮咸，也都长于音乐。记载也提到，陈留阮氏上代都是崇尚儒术的儒学者。阮瑀固然死得很早，阮籍三岁就成了孤儿，在母亲的养育下，阮籍并没有受到太大的影响。在十四五岁以前，他仍然是一个好音乐的儒学信徒，喜欢的是诗、书，而效法的是颜、闵。他在《咏怀》诗中表明了这点，而在别的篇章里也可以看得出来，他受儒学的熏陶极深。他在《孔子诔》中，盛称孔子教养弟子三千，升堂入室的七十，沈潜神思，因而成书，上察混元于无形，推本造化于太初。在《乐论》中，又设想一个被称为刘子的，问到孔子的一番话：安定国家，抚治万民，没有比礼更好的；转移社会的风气习俗，也没有比乐更好的。礼，可以别男女、成父子、立君臣、平百姓，为政之道，应该最先着眼于此。所以说，安定国家，抚治万民，没有比礼更好的。这话不错，可是像金石丝竹钟鼓管弦的音节，干戚羽旄进退俯仰的仪容，有了对政治有何益处，没有亦谈不到有何损害，而如何可以说，转移社会的风气习俗，没有比乐更好的。阮籍认为这个问题问得不错，过去孔子只表明其大概，而没有能谈到细节，今则将为之作进一步的解说，你也可以循此去自己考察。乐，可以说是天地的本体，万物的本性，符合本体，得其本性，则得中和。反之，背离本体，不得其本性，则自然乖离。过去，圣人作乐，目的在顺天地的本体，完成万物的本性。所以制定天地八方的音，以效阴阳八风的声；调黄钟中和的律，以倡导群生万物的情气。所以说，律品和协，阴阳就自然和洽；音声合适，万物就自然各得其性。男女自别，君臣自位，四海九州岛同一，若合符节。如此，则天地自然合德，万物自然合生，即使人主的刑赏废弃不用，万民自然安和。在这样的一个社会中，人们身受乐的熏育陶化，不知不觉地向着善的路子上走去，社会风气习俗亦因是而自然转移迁化。而这，也就是自然的大道，乐的原始。

而在群经之中，阮籍所最用力的，可说是《易经》。因为在群经之中，他独独对它作了一篇《通易论》。在论的一开始，就指出易是过去的玄真，往古的变经。自庖牺氏制八卦，合为六十四卦。黄帝、尧、舜、禹、汤，各以取则。至文王时代，由于他革命性地对之作了一番整理，归藏一变而为《周易》，易不再是上下无常、刚柔相易了，而以为惟有因时变通，才是易之所以称之为易的理由所在。易的成书，本于天地，因于阴阳，推于盛衰，出于幽微，使之明显。从阮籍的玄论看来，他的易学，是属于汉世古文费氏易的一支。

谈到这里，得解释一下，汉朝易学传授的大致情形。根据《隋书·经籍志》的说法，汉朝初年，传易的有田何，何授丁宽，宽授田王孙，王孙授沛人施雠、东海孟喜、琅琊梁丘贺，由是有施、孟、梁丘之学。又有东郡京房，自云受易于梁国焦延寿，是为京氏学，曾经立于学官，后来罢去。后汉，施、孟、梁丘、京氏四家并立，传授很盛。而在汉朝初年，又有东莱费直传易，号为古文易，以授琅琊王璜，璜授沛人高相，相以授子康及兰陵毋将永，然而却没有能够立于学官。后汉陈元、郑众，皆传费氏之学。马融为之作传，以授郑玄，玄作易注，荀爽又作易传。曹魏时，王肃、王弼并为之作注，费氏遂大盛于时。清朝易学者张惠言以为费氏古文易的特色，在以彖、象、系辞、文言来解说上下经，不像今文经学的有章句。换句话说，就是没有家法的家法，只要用彖、象、系辞、文言来解说上下经，人可以各为其说，亦不必著书，而皆不妨碍他为费氏易。再来看阮籍的《通易论》，“乾元初，潜龙勿用，言大人之德隐而未彰，潜而未达”，是乾卦文言之辞；“先王以建万国，亲诸侯”，是比卦象辞；“裁成天地之道，辅相天地之宜，以左右民”，是泰卦象辞；“遏恶扬善”，是大有象辞；“裒多益寡”，是谦卦象辞……从这些可以证明阮籍的易学是根本于费氏，承袭郑玄、王弼而来。而阮籍的所以作此通易论，不仅在综贯经义，以推论世变，更在表明他的处世之道。他在论的末了说：所以能透辟明白天之道的不会有奢欲，透辟审察人之德的不会怀忧虑。在上位而不欺凌在下位的，地位卑下的也不去侵犯高贵的。既不能反其道，也不能乱其德。因此，圣人才能独立无闷，大群不益，虽去而道自存其中，用它就不可以了。阮籍以为这样，才可以说是通易。在他看来，《易》这本书既是成于忧患之际，圣人用它，自有他必然之理。能透辟明白天之道的，不会有奢欲；能透辟审察人之德的，不会怀忧虑。真正能够不奢欲不忧虑的，自然也就能够在上位而不欺凌在下位的，地位卑下也不去侵犯高贵的，这也就是圣人独立无闷之道。独立无闷，出于大过象辞，它是这样说的："君子以独立不惧，遯世无闷。"正义解释说，一个君子人，他之所以能够独立不惧，遯世无闷，是因为明白君子人虽然生长于衰乱的时代，却能够卓尔独立，没有什么畏惧，隐遁于这个世界而无忧闷。有隐遁的心，却不改其操，一般人就做不到了。唯有君子人独独能如此，这是他超过一般人的地方。在乾卦文言初九也提到无闷，问潜龙勿用是什么意思，孔子答复说，龙有德而隐，不在乎时代，也不在乎名誉，遯世无闷。由于看得透彻，所以无闷。以为乐则行其道，以为忧则反之，能做到这点的，是所谓潜龙。正义对此亦加以发挥。阮籍所以在《通易论》中强调君子独立无闷，当亦是自比于潜龙，虽生于衰乱的时代，然而能卓尔独立，无有畏惧，心以为乐，则行其道，心以为忧，则反之，身虽逐物推移，隐遯避世，然并不改其节操，故能心无所闷。从阮籍立身处世，可以见到他真正能做到这点了。

四、阮籍思想的特质

就两汉来看，主张古文的，讲求的是义理而非章句，他们反图谶，对于其他诸子之学，似亦较今文学家，抱较宽容的态度。古代思想之中，最与术数无关的，为道家。古文经学家不大讲术数，非以其必与道家具有若何的关系，然而，古文经学家多有好道家之说的，可能也是事实。或许由于经学本身不能满足他们，或许由于表示博学多闻，导致他们对诸子之学的探讨。在易学上，阮籍毫无疑问地是古文费氏的一系，可是他的好道家说，我宁愿认为是他所处的时代正当由儒入道的转变时期，而他所在的地区，也正是新兴玄学的中心。以此来看，阮籍的近道，实在是自然不过的。

从阮籍《咏怀》诗中，可以找到他思想转变的一些蛛丝马迹。大致在十五岁以后，阮籍有很长的一段时间浪游各地，北临沙漠，西及咸阳，遍游伊洛，闻见既广，感时伤怀。而这时中原一带的学风，正好是在转变的过程中，这对于才资出众、感受力强的青年阮籍来说，不能说是没有影响的。不过在这里，要顺便提一下，即在这时，只是转变的一个过渡期，学术思想上，一般都是用道入儒，用道释儒，比附而非取代，调和而非排斥。阮籍在他的《乐论》中，即指出乾坤易简，故雅乐不烦杂；道德平淡，故五声无刺激。不烦杂，而阴阳自通；无刺激，而百物自乐。在这样的一个社会中，人们身受乐的熏育陶化，不知不觉地向着善的路子上走去，社会习俗风气亦因是而自然转移迁化。而这，也就是自然的大道，乐的原始。将道家的一些观念术语自然化入，天衣无缝。

阮籍既有《通易论》，又有《通老论》。在《通老论》中，他以为圣人之所以为圣人，为的是他能明白了然于天人之理、自然之分、治化之体、大慎之训，故能君臣垂拱，无为而治，百姓安乐，得性命之和。而道，则是效法自然自然陶化，侯王等统治阶级如能够了解，并坚守这一原则，万事万物自也就会自然陶化了。这在《易》，称之为太极；在《春秋》，称之为元；在《老子》，则称之为道。阮籍的贯通比附儒道，是很显然的。

阮籍的思想中最值得注意的地方，是他对庄子深刻的体会。

先秦道家思想的代表人物，老子是比较幸运的，一直受到汉人的推重和信仰。庄子则不然，虽然司马迁《史记》有《老庄申韩列传》，序则标目《老子韩非列传》。汉人只讲黄老，而不讲老庄。《汉书·艺文志》著录道三十七家九百九十三篇，虽有《庄子》五十二篇，然而汉时有关庄子著作，据严灵峰《庄子书目》所收，只有刘安《庄子略要》、《庄子后解》两种。到曹魏齐王芳正始年间，清谈和玄学风气大盛，然当时领袖人物何晏、王弼，史传虽称他们好老庄，然而却找不出多少证据证明他们确乎是像好老那样地好庄。阮籍则不然，他既有《通易》、《通老》，又撰《达庄论》，这可以说是论庄最重要的专门著作。论一开始，即以当时缙绅好事之徒聚众而至，群起责难他说：天道贵生，地道贵贞，圣人发扬之，使吉凶有分，是非有经，趋于上游，恶死重生，天下遂安，而成其大功。现在乃称庄周的齐祸福，一死生，以天地为一物，以万类为一指，是甚么道理？在那群诵读六经、追效往儒的保守分子看来，这简直是离经叛道，荒唐之至。为了解释他们的疑虑，阮籍剖析庄子的思想说：天地生于自然，万物生于天地，自然是没有例外的，因此天地形成，天地是有其内涵的，因此万物生成没有例外，有何差异？有其内涵，有何分别？……天地万事万物，从差别处看来，万物莫不有异；然而从相同处看来，则万物本为一体。……六经中所讲的，是针对各事物而为之教诲；庄周所说的，则是表达某些意念的文辞。各有所得，各有所用。只有至人，生于安适，死于安静。生于安适，则于情感没有什么疑惑；死于安乐，则其神不远离。故能与阴阳同化而不易，从天地变迁而不移，生尽其天年，死循其当死，心气平和，不受影响。……而处在如此一个世界中，背逆于世情的必死，顺应于世情的才生。……是以至人于其本质，是力求其清，而于外在，则故顺其浊，唯有如此，而后始能逍遥一世。阮籍在《达庄论》中，明白地指出六经只不过是琐碎的说教，《庄子》则是超越的意念，在如此的环境中，唯有如至人地顺应自然，处世处人，才得以逍遥一世。他在《大人先生传》中，同样地阐扬庄理说：大人先生，是一位不知姓字的高年老人。以万里为一步，以千年为一朝，无所去而无所住，追寻大道，而无所寄托。唯以应变顺和，以天地为家，故能魁然独存。自以为能与造化推移变迁，默然省察道德，不与世人相同。自视高地非难他，无见识地责怪他，事实上是不能了解这些精微的地方，大人先生也不以世人的非难责怪而改变他的本来作风。在大人先生看来，中国之在天下，还比不上蝇蚊之于帷帐，故能放大眼界，着眼于异方奇域。像这样的一个大人先生，真可说是与造物者同体，与天地并生，逍遥于世，与道俱成，变化散聚，没有定形，世人是不可能想象理解的。在阮籍看来，世俗的所谓君子，则不过是像裤中之虱，躲在深缝里，藏在坏絮里，自以为美屋。行动时，既不敢离开缝边，也不敢出裤裆，尚自以为安全之至。饥饿时则吸人血，自以为不愁没有食物。然而到有一天，着火燃烧时，群虱死于裤裆，逃生不得。你们这些君子处在国内，同这些处于裤中的虱又有些什么差别，还自以为远祸近福，地位坚固，真是可悲。《大人先生传》的大人先生，与《达庄论》中的至人，在应世作为上似有不同，事实上并没有差别，即教人要清其本质。因为没有本质，光是故顺其外在的浊，将如雁一样遭遇被杀的命运了。

阮籍的思想，由儒而老，而庄，似有明显的迹象可寻。然而，不论他于儒、于老、于庄，所讲求的，都算不上是知识上的，而只是属于价值上的。基于用的立场，他不过只是想从前人的思想中，探寻他处人处世所应遵循的路子。在这方面，他可以说是很成功的，他对他所处的时代和他自身的地位认识是如此的透辟，使他不独能享盛名，还能不为盛名所累。然而也因为如此，阮籍算不上是一个纯粹的学者，更不是一个造诣很深、成就极高的思想家。

五、阮籍的影响与贡献

在三世纪中期的曹魏，阮籍是有他特殊地位和影响力的。他具有普遍的声望，不论是先天的家族姓氏，或后天的才学表现。他和司马氏不为世人所知的深厚渊源和关系，既吸引了亲魏的分子，也拉拢了亲晋的人士。他虽然谈不上事功，却永远不得罪当道。他被一部分年轻人所激赏的，是他脱去礼教的外衣，放任而不做作，也使政治上的可能敌人，松懈了对他的敌意和攻击，掩护了他真实的身份。他容貌出众而又多才多艺，下笔能文能赋能诗，上山能啸、能酒、能琴又能剑。他不是一个纯粹的学者，更不是一个造诣很深、成就极高的思想家，然而从《易》到《老》，到《庄》，他都曾涉猎过，也都有成文的专论发表，使得他既有适当的深度，却又容易为人所接受和了解。这就是他在《达庄论》中所描叙的至人形象，清内浊外，而得逍遥一世。他又像《大人先生传》中他所塑造的大人先生，超越时空，透辟古今，了然于世俗君子的行为和处境，而不致与他们同流合污。他是很寂寞的，没有人能了解他，也不能让别人了解。他真正能将庄子的思想消化，而成功地运用于现实的世界中。然而，我们仍要重复地、再三地强调：阮籍不是一个纯粹的学者，更不是一个造诣很深、成就极高的思想家。在思想的领域里，他根本谈不到有什么建树，尤其在与同一时代的何晏、王弼、嵇康相形之下，他在思想上的造诣更是贫瘠得可怜。他甚至被排除于清谈的谈坐以外，因为他只会写些文论，没有清谈的才具。最多，他算是努力调和过儒道，首倡庄学，也只此而已。

六、阮籍的论著

《隋书·经籍志》著录《魏步兵校尉阮籍集》十卷，梁十三卷，录一卷。这是有关阮籍著述最早，也最完备的记录。因为在《晋书》本传，只称籍有《咏怀》诗八十余篇，以及《达庄论》；《宋史·艺文志》也只著录《通易论》一卷。

陈氏《书录解题·诗集类》，有《阮步兵集》四卷，其题皆曰咏怀，首卷四言十三篇，余皆五言八十篇，通为九十三篇，《文选》所收十七篇。冯惟讷《诗纪》则辑有诗歌八十七篇。

严可均《全三国文》称籍有集十三卷，当据《隋志》梁本。

至于现存的阮籍著述，有明张溥《汉魏六朝百三家集》中所收的《阮步兵集》，其内容为：

赋：《东平赋》、《元父赋》、《首阳山赋》、《清思赋》、《猕猴赋》、《鸠赋》。

笺：《为郑冲劝晋王笺》。

奏记：《辞蒋太尉辟命奏记》、《又》。

书：《与晋王荐卢播书》、《答伏义书》。

论：《乐论》、《通易论》、《达庄论》、《通老论》。

传：《大人先生传》。

赞：《老子赞》。

诔：《孔子诔》。

文：《吊某公文》。

帖：《搏赤猿帖》。

诗：《咏怀》八十二首、《采薪者歌》、《大人先生歌》。

附录：本传。

清严可均《全三国文》所收阮籍诸文，有如下诸篇：

《东平赋》、《首阳山赋》、《鸠赋》、《猕猴赋》、《清思赋》、《元父赋》。（以上卷四十四）

《为郑冲劝晋王笺》、《诣蒋公奏记辞辟命》、《又》、《与晋文王书荐卢播》、《答伏义书》、《老子赞》、《通易论》、《通老论》、《达庄论》。（以上卷四十五）

《乐论》、《大人先生传》、《搏赤猿帖》、《孔子诔》、《吊某公文》。（以上卷四十六）

而黄节注，华忱之校订的《阮步兵咏怀诗注》，则收其《咏怀》八十二首，与《阮步兵集》合。

参考书目

《三国志集解》，卢弼集解，艺文印书馆出版。

《晋书斠注》，吴士鉴、刘承干斠注，艺文印书馆出版。

《世说新语校笺》，杨勇校笺，明伦出版社出版。

《文选六臣注》，李善及、吕延济等注，广文书局出版。

《阮步兵集》，张溥编，收入《汉魏六朝百三家集》中，新兴书局出版。

《全三国文》，严可均辑，世界书局出版。

《阮步兵咏怀诗注》，黄节注，世界书局出版。

《魏晋思想论》，刘大杰著，中华书局出版。

《魏晋清谈思想初论》，贺昌群著，三人行出版社出版。

《魏晋思想与谈风》，何启民著，“中国学术著作奖助委员会”出版。

《魏晋清谈述论》，周绍贤著，商务印书馆出版。

《魏晋之庄学》，黄锦鋐著，收入《汉学论文集》，惊声公司出版。

《竹林七贤研究》，何启民著，“中国学术著作奖助委员会”出版。

《记魏晋玄学三宗》，钱穆著，收入《庄老通辨》，新亚书院出版。

傅玄

韩复智 著

目　录

一、傅玄的传略及其著作

1. 传略

傅玄字休奕，北地泥阳（今陕西耀县东南）人。生于后汉献帝建安二十二年（公元二一七年），乃汉汉阳太守傅燮之孙，魏扶风太守傅干的儿子，是个典型簪缨世家的子弟。玄少时孤贫，博学多闻，通晓乐律，善于写作。魏时，官至弘农太守，统领典农校尉。晋武帝即位后，历任侍中、太仆、司隶校尉。他虽然久居重要的职位，但生活相当清苦，对于富贵也看得很淡。这和当时竞为奢侈的公卿外戚相较，真是一种强烈的对比。他的性格刚强爽直，不能容忍别人的过失，不愿意同流合污，这和那些苟合取容、尸禄取宠，不以国家为念的达官显贵们自然是格格不入的。他每有奏劾，虽然在日暮，也要捧着白简，理好簪带，整夜不睡，一直坐到天亮。这种作风，使得权贵们都很怕他。咸宁四年（二七八年），被免职，不久便去世了，时年六十二。

2. 著作的介绍

玄少年时在河内（今河南武陟县西南）避难，便潜心研读经书，后来虽做了大官，仍不断地著述。撰论经国九流及三史故事，评断得失，各为区别，名叫《傅子》，分内、外、中篇，凡有四部、六录，共合一百四十首，数十万言，以及文集百余卷并行于世。

千余年来，他的著作多已散佚，今天所存的，又多残缺，我们能看到的，约有下列几种书籍 ：

（1）《傅鹑觚集》，（2）《全晋文》，（3）《群书治要》，（4）《晋书》，（5）《意林》，（6）《全晋诗》，（7）《永乐大典》，（8）《太平御览》，（9）《北堂书钞》，（10）《艺文类聚》等。

二、傅玄思想的时代背景

傅玄生存的时代，是一个政治紊乱、杀戮不止、人口锐减、农村经济破产、民不聊生、豪族纵奢极欲、儒学衰微的大时代。我们要明了他的思想，不得不先叙述当日的这些社会环境。因为它们对他的思想发生着决定性的作用。现在分述于下：

1. 政治紊乱与人口的锐减

自东汉后期以来，纲纪已渐废弛，到了桓灵二朝，政治已腐败至极点。外戚的专横，宦官的乱政，豪族的骄纵，以及这三种势力的相激相荡，促成了帝国的崩溃。例如外戚梁冀，他仰仗家中曾出过三个皇后、六个贵人的裙带关系，以及出了两个大将军和七个侯爵的烜赫权势，乃一手迎立了三个皇帝，毒杀了一个皇帝；他又喜欢贪污受贿赂，封山禁泽，霸占百姓的田产，强夺良家妻女，后来桓帝被他逼得无法忍受，就与单超等五个宦官合谋，逼冀自杀，政府抄卖他的家产，得钱达三十余万万。这都是他家门侵夺人民财产而聚积的总概数。至于宦官，残害百姓的程度，更甚于外戚。他们愚蔽皇帝，杀害忠良，并将自己的兄弟亲戚布满州郡，和豪族歹徒勾结，剥夺民财，抢劫妇女，穷凶极恶，无所不为。而豪族更像饿虎饥狼似的，噬食百姓，兼并田宅，奴役穷人。所谓“豪人之室，连栋数百，膏田满野，奴婢千群，徒附万计”，便是他们生活的写照。总之，在宦官和豪族为非作恶，只顾个人利害，不管百姓死活与国家存亡的情况下，乃先后激成党锢之祸和黄巾之乱，接着是董卓和曹操举兵，三国鼎立的局面因以形成。再接下去，便是曹丕的篡汉，司马氏的阴谋篡魏。在这百余年中，百姓在兵连祸结的摧残下，或死于干戈，或毙于饥馑，或亡于瘟疫，或变成流民，或沦为私属，使得人口锐减。直到晋武帝太康年间，全国户口才达到东汉末年以来的最高数字。

2. 农村经济破产与豪族的纵奢极欲

自汉末以来，战乱频仍，结果除人口的锐减外，全国各地的经济也遭受严重的破坏。广大的沃野变成荒地，繁荣的城市化为废墟。例如初平元年（一九〇年），当董卓胁迫献帝迁都长安之时，洛阳和附近的地区首遭破坏。董卓的强盗行为，使得洛阳空虚，数百里内都无烟火。至建安元年（一九六年），献帝东归时，仍然是“宫室烧尽，街陌荒芜”，直到魏文帝时，洛阳还是“树木成林，荒芜不堪”。董卓死后，其部将李傕、郭汜互相攻战，使得长安和关中地区也遭受严重的破坏。当时长安谷一斛值五十万，人相食，二三年间，关中没有人迹。

此外，江淮一带，也因为军兴日久，百姓被迫离开农畔，使得士卒冻馁，人民相食。而中原地区，更因长期战乱，形成一种“百里内无人烟，城邑空虚”的萧条景象。

由于农村经济的破产，使得群雄的军粮也没有着落。例如袁绍的军人仰食桑椹，袁术的战士取给蒲蠃，曹操的军队竟杂食人脯。曹操志在消灭群雄，统一天下，在战斗的过程中，深刻地体验到法家农战思想的重要，又鉴于汉武帝推行屯田的效果，乃积极实行屯田政策。他的继承者，继续推行，并兴修水利，结果不仅使曹魏成为三国中最强的国家，也成为后来司马氏藉以篡魏，削平蜀、吴，统一中国的资本。但是屯田客在沉重的地租压力之下，面有饥色，衣裳破烂，生活仍然十分艰难。

至于这个时期的豪族，却都过着穷奢极欲的生活。王符在《潜夫论》中，对于东汉豪族奢侈淫欲的情形，有很深刻的描述。到了魏晋，其情况又超过东汉。晋武帝的勋臣和贵戚很多是奢侈的能手。例如侈汰无度的何曾，帷帐车服，穷极绮丽；每天膳费一万钱，还说没有可吃的东西。他的儿子何劭，衣裘服翫，新的旧的不知有多少；食必尽四方珍异，每天膳费限用两万钱。任恺比何劭更奢侈，一餐价值万钱，还说菜不好吃。羊琇、王济、王恺的资财都超过任恺，但还比不上石崇的巨富。后来，王恺和石崇争奢斗富，武帝时常助恺，仍不能取得胜利。由此可知当时奢侈之风的盛行了，西晋的速亡，和这点有很大的关系。

3. 儒学的衰微

儒学在汉代虽然盛极一时，到了魏晋，便呈现着极度衰微的状态。其原因一是因其本身的堕落与经学的支离破碎，再不能得到青年们的信仰了，其次是曹操的贵刑名，曹丕的慕通达，给予儒学的打击也是很重的。我们知道，汉武帝时代兴起的儒家，虽然挂着孔子的招牌，其学说的本质，已非孔子的本来面目了。后来又加进去阴阳五行的学说，谶纬符命等等的论调，一同杂糅起来，于是当代的儒家，带了浓厚的方士气味，哲学也就成了迷信的宗教。在这种气氛之下，还有什么哲学和真理？头脑清醒点的读书人，自然对这种学术状态不能满意的。难怪桓谭、张衡、王充之辈，都要起来反对了。但是这种迷信的哲学，因为是君主政治的护身符，非常为君主所爱好与拥护。至于破碎的经学，又是千万士子求富贵利禄的门径。所以在汉代的君主政治还能勉强支持的时候，这种学问还可以继续维持。等到政治发生动摇与用人的制度一旦发生变化的时候，自然就跟着动摇了。还有许多儒者，行为言论并不一致，满口讲的是仁义道德，其实做的是盗贼的行为。这种人自然更被一般人所轻视了。后来，曹操当权，一反传统，采用法治政策，他再三下令征求有治国用兵之术的纵横权谋之士。他的儿子曹丕，当了皇帝，又日夜追慕着无为政治，于是研经之士失去了利禄之门，儒学便呈现了极度衰微的状态。京师的太学和地方学校也都腐败不堪，变得有名无实了。《魏志》卷十三《王肃传》注引《魏略》描述儒学衰微的情形说：“从汉献帝初平元年，到建安末年，天下大乱，人怀苟且，纲纪既败，儒学衰微得更厉害。到了黄初元年（二二〇年）以后，政府下令，有想求学的，都到太学去。于是太学始开，有弟子数百人。到太和与青龙年间，太学诸生共有千数。而诸博士大都麤疎，不能教导弟子，弟子本来只想逃避兵役，也没能力去学习，冬来春去，年年如此。正始中，大小官吏在京师的近万人，而能应书与议的，没有几个。又当时朝堂公卿以下四百余人，能执笔的，不到十人，大多是混饭吃的。唉！学业沉陨，竟到了这种地步。”

此外，在那种党派对立、篡夺继续、内祸频仍的局面之下，读书人是动辄得咎，死于刀下的不知道有多少。所以，经过了这个大变乱，他们的思想也起了激烈的变动。于是讲仁义道德的儒学衰微，玄学清谈兴盛，老庄思想流行，隐遁养生之说、佛道二教，支配了当代的人心。

以上所述，便是傅玄生存的时代，也是他发出救世救民的呼声之前的客观形势。如何扭转与改造这种形势，便是这个大时代赋给他的大课题。

三、傅玄思想的分析

人类的思想，往往是环境的产物。因此，历史上某一时期的思想，和该时期的实际情形，有极密切的关系。傅玄生存在上述的环境下，为了实现他救世救民的愿望，乃折衷儒法两家的思想，揭示出整饬纲纪、安邦利民、挽救社会危机的三大方策。这三种方策一是改善民生，二是振兴教育，三是礼法并用。他深知经济政策是治国的根本，所以，他认为除了君明臣贤的条件外，必须先从改善民生着手。

1. 正身举贤论

季康子问政于孔子，孔子对曰 :“政者正也，子帅以正，孰敢不正？”正就是正身，这是儒家政治理论中最重要的一点。因为人君自己先正直了，才有资格管理百姓，才可以感化人。这种感化的效果，往往比刑罚的压力还有效。所以，傅玄认为人君治理天下，改善民生，空言训诫，对事无补，必须以身作则，先从正身做起。他说 :“立德的根本，没有比正心更好的了。心正了然后身正，身正了然后天下正。有了正心，必有正德，以正德管理百姓，就好像树表望影一样，是不令而行的。”这正是孔子所说的“其身正，不令而行；其身不正，虽令不从”，“不能正其身，如正人何”的意思。

人君虽正其身了，但是不能独自治理天下，所以须求贤良，任以宰相的职务，再令他推荐百官。不过人主之难，难在辨别真伪。真伪莫辨，则忠贤路绝，谗邪得志，小人一旦当朝，政治没有不纷乱的。有德的人君，应该有犀利的眼光，审核人才的贤愚真伪，不要被小人蒙蔽。故傅玄说：“贤者是圣人所与共治天下的，故先王以举贤为急务，举贤的根本，没有比正身和信任他更好的了。古代的明君，简拔天下的良材，选举天下的贤人，开着至公的路，秉着至公的心，不以小疵忘了大德，唯至公然后可以举贤。……明主委任人的方法须专一，罗致人的方法应广博，任人之道专一，所以奸邪不得闲；致人之道广博，所以社会上的贤才便不会壅塞。否则，就会谗说兴起，贤良被废弃的。”他这种见解，和仲长统所说“信任一人，政治便专一，委任数人，便互相倚赖；政专就和谐，相倚就违戾，和谐便导致太平，违戾则形成荒乱”是相似的。举贤之后，给他高爵厚禄，使他的家人丰衣足食，以防止他们背公义、营私利。然后再严加考核，使他奉职守法，这样才能谈如何改善民生。

2. 贵农论

晋武帝泰始初年，蜀汉虽平，然南有孙吴的对峙，北有鲜卑的扰乱，军国的费用很大，当时务农的又少，一旦遇着水旱之灾，百姓一定会遭受饥馑的。傅玄认为人君治理天下，在谈德治和法治之前，非先把人民的衣食问题彻底解决不可。这个根本问题不解决，任何政治理论都没有用处，一切仁术德化和严刑峻法都归无效。农业不但是人民衣食的本源，也是制胜的要素。所以，在武帝广纳直言、开不讳之路的时候，玄乃上疏，力陈时弊，建议除官吏和百工商贾不能兼顾者外，一律务农，就是使有用的劳动力参加实际的生产行列。这样不但家给人足，父慈子孝，兄友弟悌，而且天下的人都有足够的粮食，仁义之教，可不令而行了。

泰始四年（二六八年），他又上疏，提出了他的贵农政策：

（一）减轻佃租。减轻佃租是奖励屯田客乐于务农最有效的政策。曹魏时代，屯田客的佃租之多少，看他们用的牛是官府的还是私人的而定。用官牛的，须将六成收获物缴给政府，用私牛的，须缴五成。当时的人不以为多。傅玄认为这种政策施行已久，众心已安了。现在忽然改成用官牛的，官得八分，屯田客得二分，用私牛和没有牛的，官得七分，屯田客得三分的税率。这样，会使人失其所，必不欢乐。他主张用官牛的与四分，用私牛的与官中分。这样，天下的屯田客便会欢乐，爱惜成谷，没有捐弃的忧愁了。

（二）用死刑督农。当时二千石虽奉务农的诏书，但多阳奉阴违。傅玄主张应取法汉光武时以垦田不实，征杀了十余位二千石的旧典，以警戒全国地方官吏，使他们都勤心务农，以尽地利。

（三）选派专家，分区负责，振兴水利。我国农业是倚靠雨水的。如雨水不调，农业便受到很大的影响，往往使沃野变成沙田或沼泽。我们的先民，自战国以来，便非常讲求水利。傅玄鉴于当时掌管全国水利的官员，只有河堤谒者车谊一人，力量有限，而且他又不谙水势。所以，傅氏主张将谊他调，选拔通晓水利的石恢负责此事，并增加谒者为五人，使他们各精其方宜。可知他对水利是非常重视的。

（四）占田亩数的多寡，应视耕者的力量而定，不可强令他们垦殖过量的田地，以免得不偿失。从经济学的观点而论，土地利用应有一定的限度，如果超过限度，总是不利的。就是说，如果边际成本大于边际收入，对于生产者就得不偿失了。晋初所实行的占田制，就是如此。这种政策，表面上是耕者有其田，实际上是为了征收赋税，而忽略了耕种的技术和耕者的能力如何，强令他们耕种过量的土地，以达到政府增加收入的目的。所以，这种政策，在农民看来，只是负担，不是权利。因为田亩虽多，但受技术和劳动力的限制，势必作粗放式的耕作。结果，农民虽终年疲于耕作，每亩收获反而日益减少，甚至发生收获不够偿种的现象。傅玄认为魏初课田，不务多其顷亩，只注重功力，所以，白田收到十余斛，水田收数十斛。而晋自开国以来，日增田顷亩之课，田兵被分配到的更多，功力不能修理，以致每亩仅收数斛，有时竟不足以偿种。这并非和过去不同天地、横遇灾害的缘故，其原因是只知增加耕者的顷亩，不注重功力造成的。如果修功力，地就尽其利了。

其次，他对于陆田，认为人力难胜天时。对于水田，则认为人力可以预防水旱的灾害。可知傅玄虽不完全相信人定胜天，然比祈神免灾的思想，实在进步多了。

此外，傅玄对于农家的副业，也很重视。他在《傅子·检商贾》中，将田桑并称，即把蚕桑和农田看得同样重要。尤其对于山泽，反对集中在少数人的手中，而形成兼并，使得贫富悬殊，引起社会的不安，违反了国富民安的原则。

3. 贱商论

傅玄非常赞同古人四民分业的主张。他说："先王分士农工商以经国制事，各人专心从事性质不同的职业。农人负责耕种，让民众有足够的粮食吃；工人负责制造足够用的各种器具；商人负责流通各地的货物。施政的大要，是按照人口的多寡，设官置吏，分人授事，士农工商的分别是不可废除的。"他虽然这样说，但是他非常贱视商贾。不过，他的贱商，并不像西方重农学派所说的，只有农业才是生产的，工商业则是不生产的。他深知商人对于百姓的生活之贡献，认为商业是不可废的。既然如此，他为什么又坚决主张压制商业呢？关于这个问题，可分两点来说明：

（一）本于传统的重农轻商的观念。逐利求富是人的本性，故司马迁说："天下人高高兴兴，都为着财利钻营；天下人吵吵嚷嚷，都为着财利奔忙。"如果一个人，一旦发了大财，不但能满足物质上的欲望，也可满足精神上的需求。因为自春秋末年以来，贫富的差别，往往决定一个人社会地位的尊卑，名德的高低。故司马迁说："人富了仁义自然归附。富人得了势，名声就更显著；到贫穷失势时，宾客都离去了，就可悲了。"又说："一般的平民，对于财富比自己多十倍的就向他低头，多一百倍的就要怕他，多一千倍的就要受他的使唤，多一万倍的就只能做他的奴隶，这是一定的道理。"俗话说："家有千金产业的人，不会死在街市上。”在这种情况下，就是“兵车千辆的国王，食邑万户的诸侯，食禄百户的大夫，还都怕穷，何况普通的平民百姓呢！”总而言之，财富对于人类具有这么大的诱惑力，又经商最易致富。相反的，农业的生产力不但小，工作辛劳，农民的生活又很苦。所以，自战国、秦、汉以来，人们纷纷弃农经商，争着去赚钱。表面上虽促进了社会经济的繁荣，实际上已暴露出贫富悬殊、土地兼并和农民生活穷困不堪的矛盾现象。所以，数百年来，政府和学者虽然抑商，竭力提倡均富和重农，但是人们受重利和私欲的引诱，始终无法阻止住这种情势的继续发展。汉朝就是因为社会的发展不均衡而灭亡的。晋朝初年，傅玄目击时弊，遂发出贱商的呼声。

（二）受了当时环境的刺激。自魏晋以来，傅玄鉴于麋竺、何曾、王恺、羊琇、石崇等许多豪族，都过着纵奢极欲的生活，这些人不是以贪官聚财，便是以商贾致富。他处在这个时代，看见商业资本的畸形发展，贵族富贾生活的奢侈淫佚，农民伏于陇亩，而得不着饱暖，深知贫富的悬殊，是社会混乱的根源，所以主张贵农贱商的政策。故他说：“大概众利充实的地方，就是诈伪产生的地方，不可不审察的。古时，人民朴实，风俗淳厚，在上的人欲望少，人民很少作伪，丰衣足食，器具够用，房屋足以避风雨，都过着快乐的生活。日中为市，交易而退，各得其所。到了秦朝，搅乱了四民的职业，废除了贱商的措施，人民放弃农业，争着经商营利，一切诈伪之风就兴起了。……在上的人肆意的奢侈享受，人民则忙着准备他们的需求，使得城里有垄断市场的商人、商贾的财富比王侯还多，农民疲惫地或卧在陇亩上，或堕入沟壑中。这种情形真可悲啊！这样长此下去，经商的人越多，种田的便越少；奢侈品充斥市场，粮食布帛定会十分缺乏的。如此，是永远不会国富民安的。”

但是如何才能达到贱商的目的呢？他的办法有下列四点：

（一）察伪。他说：“大概众利充实的地方，就是诈伪产生的地方，不可不审察的。”其余详见前引，在此不再重复。

（二）不买卖无用之物。他说：“在上的人不要征收非常的物品，人民则不供给非常的索求；君主不索求无用的宝物，人民不卖无用的货品，……不是民生必用品，商人不能拿到市场上去卖……”

（三）反对专利和垄断市场。他说：“所以明君止欲，以减轻人民的负担，……贵农贱商，……不能使市场上有专利的商人，国中有专擅山泽的地主，……商人如专利，则社会的物资就困竭了，地主如专山泽，便开了兼并的道路。”

（四）防止投机取利。他说：“政府常征敛不是人民所生产的物品，百姓只得向商人购买，使商人乘机取得暴利。在商业兴盛、农业衰敝的情况下，要想国富民安是绝不可能的。”

4. 重工论

傅玄对于工业方面，虽然没有具体的主张，但是从他的言论看来，可知他是一个重工主义者。他在上武帝的疏中说：“汉、魏没有划定职分，以致百官子弟坐享爵禄；农业工业大都废弃了，……现在圣明的政治虽刚开始，然汉魏时代的缺点，仍旧没有改正过来，……游手好闲的人太多，务农的人很少，制造的器具不太实用。”又说：“建筑大厦的人，必须先选择良匠，然后简拔好的木材……大匠建屋，必用大材做栋梁，小材做榱橑，如处置得宜，尺寸的木材也不会废弃不用的。”

此外，他又极力推重马钧的奇巧，也可知他是非常重视工业的。

其次，傅玄不但主张社会的阶级必须严格限制，不要使它紊乱，所谓“自公侯到奴隶仆妾，尊卑殊礼，贵贱异等”。更进而主张大规模的分工制度。武帝即位之初，他上疏说：“……臣以为应赶快拟定士农工商的分工制度，统计全国若干人为士，足以副在官之吏；若干人为农，三年足有一年的储蓄；若干人为工，使有足够用的器具；若干人为商贾，足以流通货物。若果能精其防制，计全国的文武官员，足为副贰的使学，其余的人都使他们务农，若百工商贾多余的人，也使他们从事农业生产。”

由上看来，可知傅玄不但重视工业，主张用专才，使才能尽其用，并且主张分工，由政府统制全国的百姓，然后按比例分配，使他们从事各种职业，以适应社会的需要。他的分配比例虽不十分确定，大致上除少数预备官吏和百工商贾外，其余的都应致力农业生产，以实现他的国富民安的理想。

5. 分配论

人生下来就有欲望。但是人的欲望无穷，世间的物资有限，如不加限制，各图满足，必会引起争夺，那么社会便永无宁日，终会酿成天下大乱的。所以，生产固然重要，但分配的问题也不能不讲求。

在分配的问题中，最重要的是原则。荀子的分配原则是“以礼分施”，即分配以礼为本。傅玄对于这个问题的看法和荀子一样，他认为从利避害是人的本性，所以以礼让为分配利益的原则，则社会上便没有侵夺，秩序良好，彼此相安；如以力争为原则，则虽亲如父子，犹不免互相侵夺，有袭杀之患。更何况其他人呢！可知原则不同，其结果便有天渊之别。所以他在《戒言》篇里说：“贪荣重利，乃常人的本性。在上的人爱好荣利，在下的必然群起争赴，争赴不已，虽有死亡的危险，也不逃避。先王深知人有好善尚德的本性，而又贪荣重利。所以，尊崇人的所尚，抑制所贪；尊崇人的所尚，礼让便兴盛，抑制他的所贪，则廉耻便存在着。”

由上可知，傅玄明白地表示，以礼让为分配的原则，并辅以廉耻，即可使贪荣重利的心，无形中成为好善尚德，便自然没有争夺的祸患了。

我们现在看来，这种原则，只能用在经济组织简单的社会里，在经济组织稍复杂的社会里，便常至于穷了。在这种情况下，只能讲求方法和经济的适当分配，才是解决问题最好的办法。故孔子说：“有国有家者不患寡而患不均。”因为世界上有许多事端，不全起因于“寡”，实多数由于“不均”的缘故。管子也了解到这一点，乃从治者方面来观察。他说：“民富了就不可以禄使，贫了就不可以罚威；法令不能行，万民之不治，以贫富不齐的缘故。”因此，他用轻重之说（即贵贱的原理），换言之，即用货币实现他的分配政策。他乘着物品有高下之时，人民相兼并之时，乃利用货币，或买或卖，政府从此可以调剂物价，以免豪强兼并。物贱时便购买，使市场上供给不致过多，而价格低落；昂贵时出售，使市场价格不致太高，而小民受困。这种政策实行后，在当时颇有成效。但后世试行的人，因为环境不同，往往遭受失败。可知前人的良法美制，后人贵在知权达变，因时因地制宜，不可墨守成规，从而招致失败。

6. 财政论

（一）租税。我国的经济思想家，讨论财政问题的很少。有人认为这是后来的人，受了先秦时代轻税论的影响，以为对于租税方面，只有薄税敛这一条是天经地义的，哪一个人想从事什么建设事业，或整理财政，一定是掊克之臣了。孔子即从富民的观点，主张轻税。管子的财政政策，也和他的国民经济观念有密切的关系。在他的财政政策中，薄税敛，只不过是初政罢了。因为人民的心理，都很不愿意有税，所以，他的目的是无税。至于国家的政费，都是从国营事业中支出的。

傅玄也主张轻税，他对赋税的意见，除主张应征收百姓所生产的物品为赋税的原则外，并认为应有一定的标准，使上下有所遵循，不得多征少纳。他说："政府不征非常之赋，百姓不进非常之贡，上下同心，百姓虽然输力致财，而不怨恨政府，是为了公事，而制度有常规的缘故。"因此，他对屯田客的税率，主张"佃兵用官牛的得四分，用私牛的和政府平分"。这种四六或中分的税率，虽比两汉什伍税一、三十税一，已经过重，然在当时已算是仁政了。

（二）爵禄。管子说："仓廪实则知礼节，衣食足则知荣辱。"

所以傅玄极力主张重爵禄。他认为官吏家人的生活都无问题，才肯奉公守法，勤于职守。否则，在连家人的生活都难能维持的情况下，就是伯夷、叔齐复生，也会营私犯法的。他的重爵禄，是以“功”“德”做为分配等级的原则。他说：“爵禄是国家权柄的根本，富贵的所出，不可不看重。……德贵功多的人，应受重爵大位，高官厚禄。德浅功少的人，应受轻爵小位，卑官薄禄。”这是说，爵位的高低和俸禄的多少，完全以功德为转移。一个人如想获得厚禄丰赏，必须先修行崇德，才能实现他的希望。

7. 消耗论

汉末以来，战争连年，百姓陷于水深火热之中，礼法遭受严重破坏，而富豪权贵奢侈放纵，毫无节制。傅玄目击时弊，认为国家的祸乱实生于奢侈，乃主张无欲。他说：“天下的福，没有比无欲更大的了；天下的祸，也没有比不知足更大的了。无欲便无所求，无所求，便可养成节俭的德性。不知足，物质就无法满足欲望了。”“显达的人，如纵欲奢靡，便祸及于天下。”“天下的祸害，没有比女人的头饰更大的了。在上的人，不节制他的耳目之欲，殚生民之巧，以极天下之变。一头的装饰，价值千金，婢妾的衣服，兼有海内的珍奇。纵欲者无穷，用力者有尽，以有尽之力，逞无穷之欲，这就是汉灵帝之所以失掉民心的原因啊。”又说：“执政者如纵欲，百姓便遭受殃毒。同时，供给欲求的商贾，便乘机渔利，以致社会上的贫富悬殊愈来愈大，这都是纵欲的结果。”这种祸害既然如此大，不得不加限制，故他说：“治国立功有两种方法，一是息欲，二是明定制度。欲息制明，天下就安定了。”他认为要息欲，在上的人必须先励行，然后再及于百姓。但息欲并不是绝欲，只是息其过分的欲望罢了。人生分内的适当欲求，不能不使他满足。但傅玄怕人的欲望日益增加，所以又用“知足”来限制他，用“德”来警惕他。

由上可知，傅玄以为一个人平时的消耗，应有一个标准，如管子所说：“饮食有量，衣食有制。”过奢过俭都有害处。一切要合乎道就可以了，所谓道即是儒家的礼。

8. 兴学重儒论

孔子告冉子治国之道说：“既富而教。”这是说，民生问题解决了，才可以谈到政治教育。所以，孟子力倡明君制定人民的财产，必使对上足以奉养父母，对下足能养活妻子，遇到丰年的年成终身温饱，逢着饥馑灾祸的年成免于死亡，然后驱而之善，故民从之也轻。否则，恐怕救死还来不及，哪里有时间学礼义呢？所以管子也强调，“仓廪实则知礼节，衣食足则知荣辱”。汉代以来，王符和荀悦等也先后阐发孔子先富后教的道理。

傅玄承袭了传统的思想，深知民生问题解决了，始可谈政教。在为政方面，他主张德刑合用，在施教方面，是兴学重儒。百姓受了教育，有了知识，才懂得礼义，才知道守法。所以，傅玄认为普及教育，可以启发民智，陶冶品性。他说：“儒学是王教的首要，尊崇儒道，敬守儒业，重视选贤，犹恐教化之不崇，被忽视为是不急之务。臣担心日有陵迟而没觉察啊。孔子说：‘人能弘道，非道弘人。’然而尊其道的，不仅尊其书罢了，是说尊其人啊。贵其业的，不是妄教非其人啊。重其选的，不妄用非其人啊。倘若如此，学校的纲纪便举了。”《魏晋思想论》的作者，对傅氏的这种见解，有很高的评价。现在将它抄录于下，以资参考。

这一点比起法家的思想，要博大深远得多。法家是反对知识的，怕百姓有了知识，要发出反对政府的思想和言论，摇动社会，扰乱国家的治安。所以法家所讲的是道能弘人，非人弘道，这道的意思，自然变为法的道了。傅玄还有一点特识，便是注意到尊儒道者，非惟尊其书而已。尊书忘道，是中国二千余年来的儒家的大毛病。以儒名家者，一天到晚是那几本经书，训诂注疏的工作，今文古文的争辩，不知道费了许多纸笔，费了许多光阴，结果是对于实际的政治人生，一点没有用处。他们几乎全部忽略了儒家的思想。有的是咬文嚼字，有的是言心论性，一是迂腐，一是空虚，于实际的社会人生没有什么用处。难怪法术家们说儒家是头脑糊涂，要看得一钱不值了。傅玄觉得汉代那些皓首穷经，一章半句动辄就是数万言注解的儒者，只是没有头脑的经师，并不是儒家。真正的儒家，不仅是尊那几本经书，是要随时因变，表现着治国安民的思想的。在这一点，傅玄算是儒家里面最有见识的革新派了。

9. 德刑合一论

民生和教育问题都解决了，其次就是怎样治国了。在为政方面，他主张礼刑合用，赏罚并行，德威相济。他认为纯以德化，则民不畏，专用法威，则民不爱。他在《法刑》篇里说："立善防恶叫做礼，禁非立是叫做法，法者所以正不法也。明书禁令叫做法，诛杀威罚叫做刑。……人君的治国安民，先用礼，而后用刑。治世的人民从善的多，在上的立了德，在下的便服从他的德化，所以先用礼，后用刑。乱世的人民从善的少，在上的不能用德感化，所以先用刑，后用礼。礼法适当的运用，就会殊途而同归，赏刑更换着施用，就能相济。"可知他的这种见解，比只知用纯仁的末儒和专任法的偏法者的思想，确是一大进步。他又说："治国有二柄，一是赏，二是罚。赏是为政的大德，罚是为政的大威。人所以畏惧天地，以其能生而杀之，为治审持二柄，能使杀生不妄，则其威德与天地相比了。信顺是天地的正道，诈通是天地的邪路。人民所喜好的，没有比生存更甚了，所厌恶的，没有比死亡更甚了。善于治民的，开其正道，因所好而赏之，人民就乐其德了，堵塞住邪路，因所恶而罚之，人民便畏其威了。会赏的人，赏一好人，使天下的好人都增加了向善的情绪；善罚的人，罚一恶人，使天下的恶人都增加了畏刑的情绪。这是因为赏罚公平的缘故。做善事的人，虽然疏贱，也一定奖赏，作恶的人，虽然贵近，也一定诛罚。倘若奖赏了一个无功的人，天下的人就饰诈了；处罚了一个无罪的人，天下的人就怀疑了。所以，应该慎用赏罚，不可掉以轻心。德惠威刑是为政的两个基本原则，这两点必须相辅而行，不可偏废。所以，独任威刑，没有德惠，则民不乐生；独任德惠，没有威刑，则民不畏死。民不乐生，不可得而教；民不畏死，不可得而制。德威相济，始能达到教民制民的目的。"他承认德惠是根本，刑法是枝末，如果弃根本而重枝末，必会招致亡国之祸的；秦朝的速亡，就是弃本重末的结果。

由上可知，傅玄不但很赞同韩非子用赏罚以劝善惩恶的二柄，而且和桓范以德刑为治国二本的主张也不谋而合。所以，这种主张，在当时的确比纯以德化仁术治理天下的理论要实际得多了。

四、傅玄思想的评价和影响

总括上文看来，可知傅玄认清了社会一切的弊病，大都是由于经济组织之不良所引起的，所以，他的贵农贱商的政策，是很符合时代要求的。晋朝主张重农的，除傅玄及其子傅咸外，尚有齐王攸、杜预、刘颂、袁准、陆机、束广和后来的应詹等人，但从他们的言论看来，都无法和傅玄比较。不仅如此，就是从两汉以来重农者的言论看来，也没有出其右的。再者，傅玄之可贵，就是在他的政治思想内首先注意到民生问题与经济建设。他认为民生问题解决了，再振兴教育，民生和教育问题都解决了，再加以德刑合一的政策，则国可治民可安了。他这种思想，比曹魏以来，专讲礼乐仁义，以德化民的儒者进步和实际得多，在当时的儒家中，算是最杰出的人才了。所以，司空王沈看了《傅子·内篇》，便写信给傅玄说："阅罢阁下所著的书，言富理济，经纶政体，存重儒教，足以塞杨墨之流，齐孙孟于往代。每开卷，未尝不叹息也。'不见贾生，自以过之，乃今不及'，信矣！"可见他的著作在当时已很受重视了。只惜他的书文多已散佚，不能窥其全豹，实在遗憾得很！不但如此，就是后世的中外学者对他的书文和思想也都备加赞扬。明人张溥说：

晋代郊祀宗庙乐歌，多推傅休奕，顾其文采，与荀（勖）、张（华）等耳。苦相篇杂诗二首，颇有四愁定情之风。历九秋诗，读者疑为汉古诗，非（司马）相如、枚乘不能作。其言文声永，诚诗家六言之祖也。……赋好色者，何必宋玉哉！……晋武受禅，广纳直言，休奕时务便宜诸疏，剀切中理。至云："魏武（曹操）好法术，天下贵刑名；魏文（曹丕）慕通达，天下贱守节。"请退虚鄙，如逐鸟雀，晋衰薄俗，先有隐忧。干令升论："览傅玄、刘毅之言，而得百官之邪；核傅咸之奏，钱神之论，而睹宠赂之彰。"悼祸乱而美知几，清泉药石，可世守也。

又《四库全书提要》说：

此书（傅子）所论皆关切治道，阐启儒风，精意名言，往往而在，以视《论衡》、《昌言》，皆当逊之。

清方浚师也说：

李吏部尝谓浚师曰："傅氏书在诸子家上，笔力雄硕苍浑，上继江都，下启昌黎。"善哉言也，实获我心。

又日本学者渡边秀方也称赞说：

支那真是古国！一千七八百年前，现代社会经济学者绞头沥血的问题，那时已提出来了。……换句话：即国民大多数的病苦和贫乏，要因少数的贵族富豪，耽于奢侈，致把一般必要的生活品制出的劳力，也掠夺了。不待说他是古代人，其社会观经济观，自不能如现代人那般精密，又不如现代人那样过激；但其以经国致治的道，为在抑制资本阶级的私欲，及在于保护生活必需品的生产者——农民（现在的劳动者）的主张，真可说是拔时流的卓见。

总之，尽管如此，但傅玄的言论思想，在当时并没有发生多大的作用，西晋的速亡，与这一点可能也有关系的。

参考书目

《三国志》六十五卷，晋陈寿撰，（刘）宋裴松之注，新校《三国志》注本，一九七二年，台北，世界书局印行。另见台北，鼎文书局印行。

《中论》两卷，魏徐干撰，《四部丛刊》本，上海涵芬楼影印本。

《文献通考》三四八卷，元马端临撰，台北，新兴书局。

《史记》一三〇卷，汉司马迁撰，新校《史记》三家注本，一九七二年，台北，世界书局印行。另见台北，鼎文书局印行。

《四库全书总目提要》卷九一子部一，儒家类一，《傅子》一卷，台湾商务印书馆印行。

《世说新语校笺》，杨勇，一九七一年，台北，明伦出版社印行。

《全晋文》一六七卷，清严可均编，一九六二年，台北，世界书局印行。

《全后汉文》一〇六卷，同上。

《全三国文》七十五卷，同上。

《全汉文》六十三卷，同上（以上四书均见严氏编的《全上古三代秦汉三国六朝文》）。

《全汉三国晋南北朝诗》（上册），内有《全汉诗》五卷，《全三国诗》六卷，《全晋诗》八卷，以下从略，近人丁福保编，一九六二年，台北，世界书局印行。
《抱朴子》五十卷，晋葛洪撰，《四部丛刊》本，上海涵芬楼影印本，另见《四部备要》本，台北，台湾中华书局印行。
《孟子注疏》，《四部备要》本，台北，台湾中华书局印行。
《后汉书》一三〇卷，（刘）宋范晔撰，新校《后汉书》注本，一九七二年，台北，世界书局印行。另见台北，鼎文书局印行。
《晋书》一三〇卷，唐房玄龄等撰，新校本，一九七六年，台北，鼎文书局印行。
《晋略》共十册，清周济编，《四部备要》本，台北，台湾中华书局印行。
《通典》二〇〇卷，唐杜佑撰，台北，新兴书局发行。
《傅鹑觚集》五卷，晋傅玄撰，清光绪二年，广州书局刊本。
《资治通鉴》（汉纪、魏纪、晋纪，从卷九～一一八，共一〇八卷），宋司马光撰。新校《资治通鉴》注本，一九七〇年三版，台北，世界书局印行。另见台北，明伦出版社印行。
《荀子》二十卷，《四部备要》本，台北，台湾中华书局。
《群书治要》五十卷，唐魏征等编撰，《四部丛刊》本，台北，台湾商务印书馆影印。
《意林》十五卷，唐马总撰，《四部丛刊》本，台北，台湾商务印书馆影印。
《管子》二十四卷（凡八十六篇内十篇亡），《四部备要》本，台北，台湾中华书局印行。

《汉书》一〇〇，汉班固撰，新校《汉书》集注本，一九七二年，台北，世界书局印行。另见台北，鼎文书局印行。

《汉魏丛书》，全书不分卷，各书中有分，明程荣校刊，光绪甲午年，湖南艺文书局校刊。

《汉魏六朝百三名家集》，全书不分卷，明张溥编，光绪十八年，南雅书局校刊。

《汉魏六朝百三家集题辞注》，全书不分卷，每集中各有卷数，与《汉书》、《汉魏丛书》两书同，明张溥撰，一九六二年，台北，世界书局印行。

《潜夫论》十卷，汉王符撰，《四部备要》本，台北，台湾中华书局印行。

《论语注疏》《四部备要》本，台北，台湾中华书局印行。

《读通鉴论》三十卷，清王夫之撰，一九七六，台北，河洛图书出版社发行。另见台北，世界书局印行。

《永乐大典》共一〇〇册，一九六二年，台北，世界书局印行。

《太平御览》一千卷，宋李昉等编修，粹文堂本，一九七五年，台南，平平出版社发行，封面印有明伦出版社。

《北堂书钞》一六〇卷，唐虞世南撰，一九六二年，台北，文海出版社印行。

《艺文类聚》一〇〇，唐欧阳询撰，一九六九年，台北，新兴书局发行。

说明：以上最后四本参考书中有关傅玄的著作之资料，已由严可均编入《全晋文》中，所以可以不必去参考它们。

嵇康

何启民　著

目　录

一、嵇康传略

嵇康，字叔夜，谯国铚县（今安徽宿州境内）人。关于他的姓氏，传说很多。有的说，嵇，本姓奚，由于避怨，从会稽上虞（今属浙江上虞），搬迁隐居于铚县的嵇山旁，才改为嵇氏的。不仅他的姓氏，就是他的家世，也扑朔迷离，不太清楚。我们从残存的嵇氏谱中，知道他的父亲是嵇昭，字子远，官督军粮，治书侍御史，这在汉魏间，是一官品第六已上，内掌举劾，并分掌侍御史诸曹，出则督导平州郡盗贼，运漕及军粮事，是一清贵的职位。而《元和姓纂》则称后汉太子嵇蕃，字茂齐，生含，广州刺史，武昌，生康，魏中散大夫，生绍，晋侍中，更是谬误百出。因为嵇蕃只是嵇绍的从兄，嵇喜之子，而嵇喜则是嵇康之兄。从这些记载中，我们可以了解到嵇康家世是不会很高的。即使他的父亲真是督军粮、治书侍御史的嵇昭，对他也没有多少的影响，因为嵇康生于魏文帝黄初四年（公元二二三年），很早就做了孤儿，靠了母亲孙氏，及兄嵇喜的养育之下，才逐渐长成。一方面，由于嵇家经济环境尚不太差，再则母兄念他从小是孤儿，故而对他是宠爱有加，百依百顺。他们本是儒学世家，这在当时，是一个相当普遍的情形。而嵇康又从小就是天资聪慧，超出凡童，个性又强，不理会别人的批评和想法，虽然没有经过名师的正规教导，却是博闻强记。他不仅学问好，而且形貌不凡，身长七尺八寸（当今一·八八六米），风姿特异，见到他的人，莫不称誉不止。然而他的个性，是不讲究别人如何看法的，随便任性，听其自然，不加任何修饰，却更显出他的纯真。以他各方面的杰出不凡，故而他虽不追求名誉，而名誉却自己来了。不知是否因为这些条件的具备，他被选为魏的长乐亭主婿。长乐亭主，是沛穆王林的孙女，嵇康乃一变而成为魏亲戚，与何晏也成了亲戚，他们之间的关系，有如下图：

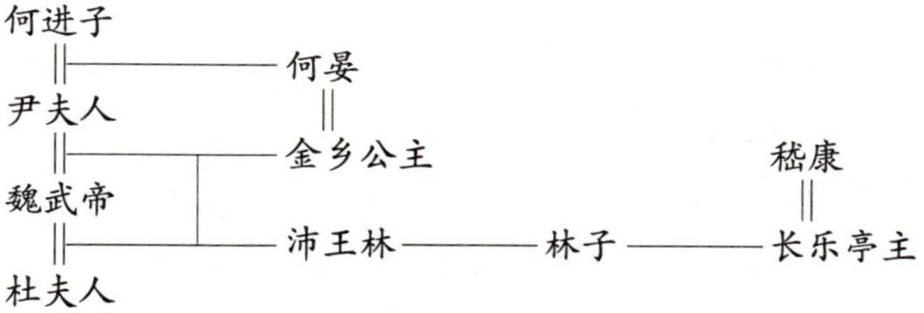

这次婚姻，对于嵇康的未来，是一个重要的关键。因为景初三年（二三九年）春，明帝崩，太子芳立，曹爽秉政，何晏进用。而明年为正始元年（二四〇年），时嵇康方十七岁。考嵇康之女生于正始十年（二四九年），可以推算嵇康之结婚，及因此而被选为郎中，拜中散大夫，莫不在正始的十年间。因为嵇康所做的这两个官（郎中，比三百石，第八品，无员；中散大夫，六百石，第七品，无员），皆为冗散闲官，无职事，可以看出来这全然是由于嵇康与魏宗室婚姻的结果。就嵇康短暂的政治生涯来说，事功是谈不到的。可是由于他本身所具备的优越条件，成为当代最具吸引力的青年才俊，为世人所共仰，当然不少仰慕他的人，而嵇康的交往是有选择性的，终其一生（二二三—二六二年），有记录可考的，不过阮咸、刘伶、王戎、山涛、公孙崇、赵至、袁准、山钦、阮籍、孙登、郭遐周、郭遐叔、阮德如、张叔辽、吕巽、吕安、向秀等十七人。至交，更只有二郭、阮德如、吕安、向秀等三五人。由于他是如此的自高身价，桀骜不群，又处在一个政争最为激烈的时候，自然容易因得罪人而为人中伤，难以保持他生命的安全了。

正始十年春正月，太傅司马懿乘大将军曹爽兄弟随帝朝高平陵，带兵先据武库，屯洛水浮桥，发动一次夺权的政变。政变获致完全的成功，曹爽、何晏等并被杀害。嵇康亦因此辞官而去，闲居不出，几乎有十三年的时间（二四九—二六二年），与他有往来的，不过前述十七人中的一部分，而他活动的地区，也不过是河东（今山西夏县北）、颍川（今河南禹州）、汲县（今河南汲县），居住较久的，则是洛邑（今河南洛阳）和山阳（今河南修武）。嵇康的家族既非豪富，做官又不久，而且官位不高，收入不会很多，在任时固然可以维持，却又不能长期赋闲，故而在正始十年以后闲散的十三年时间，毫无疑问，境遇必然是很困难的。他多才多艺，能锻铁，常锻铁以排遣这段难过的日子，表露出他孤寂的心境，却始终没有用它视为获取生活之资的意思。当时大将军司马师极为宠信的钟会，曾带了大批的随从，志高意得地前去探视嵇康，嵇康只顾自己锻铁，不理会钟会的来到。钟会乘兴而来，没有料到落得如此地扫兴，将去，嵇康问钟会：“听到了什么而来？见到了什么而去？”钟会回答说：“是听到了什么而来，也看到了些什么而去。”嵇康在正始十年以后，既绝望于政途，对当权的司马氏作消极的抗议，只想过过清贫的日子，教养教养子孙，与亲友往来叙叙旧情，酒一杯，琴一曲，也就心满意足了。所以山涛推荐他来接替自己的职位时，却收到了他的绝交书，除了表白他不适于做官外，更声称他时常非薄汤、武、周、孔，以讥刺当道。由于他的处世态度太令当道失望，遂而假借他好友吕安的事件，将他牵连在内。钟会在朝廷公开指责他说：“今日皇道开明，四海归心，风俗醇厚，边远之区，没有不顺的顽民，街巷之中，也没有不满的议论。只有嵇康这个人，上不肯臣服于天子，下不肯侍奉于王侯，轻薄而傲慢，不愿为世界尽一分力量。既无益于社会，又伤风败俗，过去，太公曾经诛华士，孔子也杀了少正卯，都是由于这两个人自负他们的聪明才资，惑乱人心。而今如不杀嵇康，将会产生很坏的影响，有妨碍于统治。”遂而将他幽禁起来。消息传了出去，数千太学生，来请求赦免嵇康。而当时才俊之士，甚且自动地愿意随他入狱。经过劝导之后，这些人才渐渐散去。这些事情发生了之后，当然更遭当道之忌。终于在常道乡公景元三年（二六二年），嵇康被杀害，时年四十岁。

二、嵇康思想的背景

嵇康的时代（二三六—二六二年），天下虽为曹魏所有，而内部政争正烈，司马氏在相当短暂的时间中，既夺军权，再夺政权，为了达到他最后夺取天下的野心，必须排除所有的残余阻力，以增加成功的机会，故而同时开始其消灭异己的努力，嵇康之终罹其祸而被杀，不过何进被杀后再一个例子而已。

正是由于这个原因，嵇康的某些思想和行为的偏激，如同前面所提到的，在他青年入仕之初，即弃官而返回家园，锻铁而意不在以此为业，饮酒而意岂在与亲友畅叙旧情，既不理世务，也不事生产，山涛推荐他出来做官，却得到他的绝交信，声称他的不适于做官，而又好非薄汤、武、周、孔，钟会也批评他，说他上不肯臣服于天子，下又不肯侍奉于王侯，轻薄而傲慢，不愿为世界尽一分力量，既无益于社会，又伤风败俗，自负他的聪明才资，惑乱人心。透过嵇康的政治背景和当时的政治环境，才可以理解嵇康的所以如此。

然而这些虽然关系了嵇康的政治生涯，甚至于他的生命，却并不足以说明嵇康的全部。嵇康所带给后世的，是他的一些论著，而这些论著，才是表露出他思想中的真正重要部分。而谈到这点，同样的，须先要了解嵇康的这个时代。只是，它不再是从他的政治环境，而是从思想方面着眼。

谈到这个时代的思想家时，自然都得谈到他们这个时代的思想背景。然而对每一位思想家来说，他们虽然同是生长在这一个时代，却不能用全然相同的背景来加以解释，每一个人都有他们各自的精神面貌，每一个人也都有他们各自不同的承袭，和他们对这一个时代的感受。因此在谈到嵇康的思想背景时，自也有它必须加以强调的地方。不过就大的方面，即是任何一个这时代的思想家，都不能摆脱这一时空所加予每一个人的当然影响方面来说，这也就是：从东汉一变而为魏晋的巨大变化。

话得从汉武帝（公元前一五七—前八七年）说起，他罢黜了百家，独尊儒术，固不论他是否真的崇信儒术经学，至少在表面上，他真的是做到了这点。他并为博士设置弟子五十人，以及如弟子若干人，一年后考试，按照成绩分发任用，由于这一办法，使得汉廷不必采用强制的手段，而天下自然向风，因为他替天下打开了禄利的路子，很自然地受到社会的普遍重视。自此到西汉末年，不过一百多年的时间，一经说至百余万言，从经学大师学的，多的有千余人，而京师太学，诸生亦有一万余人。王莽既以儒生而终篡汉位，儒术经学的公私传授，到此遂而达空前的高峰。而经学的本身，亦因设置博士，立于学官，有了家法门户，如《诗》有鲁（出于申公）、齐（出于辕固）、韩（出于韩婴）三家；《书》有欧阳（生）、大夏侯（夏侯胜）、小夏侯（夏侯建）三家，同出于伏胜；《礼》有大戴（戴德）、小戴（戴胜）二家，同出于高堂生；《易》有施（雠）、孟（喜）、梁丘（贺）、京（房）四家，同出于田何；《春秋》则为《公羊传》，有严（彭祖）、颜（安乐）

二家，同出于胡母生、董仲舒。有了家法门户，而后有了章句，用以教授弟子。而章句之末流，却成为烦琐的碎辞，如前面所称的一经说至百余万言，在如此情形下，所加予学子的，只是在章句中驰逐，迷于枝叶，而难识大体。

五经的有章句，在既有家法以后。而汉人讲经，自一开始，就出于非纯粹儒家的观点，不仅大儒董仲舒如此，就是孔孟，亦多有阴阳灾祥的色彩。到了东汉，由于光武帝的崇尚图谶，为了利禄，经师也多讲图谶，经学遂而成为一门神秘的、混杂的、又复是烦琐的学问，除了相互攻讦，争论不休以外，去道日远，去圣也日远。

古学的出现，虽然使得经学内部的纷争愈多也愈烈，然而它在扫除阴阳谶纬及讲求义理、不再拘泥于章句上，是有贡献的。“古学”是对于“今学”而言的，刘歆于西汉哀帝时，欲将中秘书中古文经典，诸如《左氏春秋》、《毛诗》、《逸礼》、《古文尚书》立于学官，而后经学开始有了今古文之争。古文经学家所讲求的，是义理，而非章句。他们的反图谶，也是很显然的。至于经学中讲阴阳五行，古学诸家所作净化的努力，则感不够，我们也无权要求古文经学家能彻底地做到这些，因为这不是一时之功，且亦需要一新的环境和极大的魄力。故对于刘歆尚讲五行灾异这一事实，应予以适度的谅解。因为，即使是扬雄、王充，尚不能完全摆脱象数符瑞的思想。

就一般而论，古文经学家对于其他诸子之学，似亦较之今文经学家，抱有较宽容的态度。马融曾注《老子》、《淮南子》，并且博通百家之言。古代思想之中，最与术数无关的，是道家。古文经学家不大讲术数，非以其必与道家具有若何之关系，然而，古文经学家多有好道家之说的，可能也是事实。或许由于经学本身的不能满足他们，或许由于表示博学多文，导致他们对诸子之学的探讨。他们用批判的眼光，看当时的今文经学，他们不讲章句，他们近诸子之学，然就东汉一朝来说，“经学”始终是学术思想的主流，“今文经学”更是“经学”的正统。在一般人看来，章句虽烦琐，究竟讲的是“经”的本身；而不用章句，专讲大义，则可能离经背道。因汉儒讲经，不离章句，章句虽不理想，汉儒之精神却在于是，固不能纯以后代之眼光来看。而经学的真正改革，仍须从经学的内部做起，章句不一定坏，坏的只是它的末流趋于烦琐，如能不烦琐，则章句自也有它可取的地方。经学的改革运动，即章句的删削，早在王莽时就已开始，浮辞虽多省减，犹有一二十万言，且只有欧阳《尚书》、齐《诗》、严氏《公羊》，未见普及。到了东汉末年的郑玄、刘表，成绩较好，影响较大，然而也不过是对于汉经学的正统——章句之学，所作的最后努力和最后的挣扎而已。

然而，章句之学一天不打倒，经学一天得不到解放；经学的权威性一天不打倒，真正的学术自由空气一天不能出现。它虽然已到了该变的时候，如果没有外力的影响，要它变，仍然是困难的。而逼使这根深蒂固的学术思想主流变，且不得不变的，第一是董卓所引发的一连串变乱。不过十年时间，长安城固为之一空，为汉政治文化中心的洛阳，同样因兵燹而残破难用了。汉室君臣，被驱迁徙往来，苟息于强敌之下，无复宁日，无暇，更无力于儒学之倡导，甚至连图书典籍，亦一时丧失殆尽。主持、推动汉家学术思想主流经学的两京，既遭受到如此极度的摧残，而不是暂时性的中断，此一变化，使天下所共仰的京师，对于地方，不再有控制、拘束和影响力了。而促使学术思想不得不变的第二个原因，是曹操的用人政策。董卓等之乱，毁灭了文化中心的两京，学术思想正统的儒学，失去了领导，力量虽猛，一时尚没有能影响到地方，基层大众还是崇尚儒术和经学的。曹操虽未明白地反对经学，排除儒术，但他严格的法治政策，好权术，严刑罚，不重视经学，他的用人唯才，而不计品德，明白地轻视儒家所最讲求的孝悌节义，影响所及，较之董卓之乱，还要深远得多。数百年来人们的精神依托，而今被曹操破坏了，他却并没有能够拿出一套来代替它。在这动乱的时代，使得人们一方面是彷徨，没有信仰，也无所依赖；另外一方面，却也解脱掉数百年来思想上的锁链和羁绊，人们开始可以尽量地去想，没有人会来干涉。前此在独尊儒术政策的阴影下，诸子之学不过是一道暗流，而今得以重见天日。学术思想自由的空气，不仅带给人们可以自由思想的权利，也带给了人们自由思想、尽情思想、和创新思想的信心。

这是一个大转变，由于这一个大转变，不仅儒术经学丧失了它们多少年来的主流地位，而清谈和玄学也由是兴起。

两汉的经学既有家法门户，甚至有今古文之争，为了了解经师们经义的优劣，学识的高低，唯有通过比较，始有可能。早在东汉光武帝，已在正旦朝贺时，令群臣能说经的，更相难诘。肃宗建初四年，更有白虎观讲论五经异同，相互论难的记录。以论难为手段，谈论经义，可说是已有相当的历史了。

而稍后，又产生了一股新的潮流，新的谈论潮流，它是与论难全然不同的，也是全然没有干连的，另外一种形式的谈论。像符伟明的幅巾奋袖，谈辞如云；像孔公绪的清谈高论，嘘枯吹生。他们所谈的，是偏重于人物的品评，然而谈论的本身，却是文辞佳妙，音制特美，源源不绝，引人入胜。它所给予人的印象，自然也就特别深刻，而易于为人所传播了。

在某些事理的讨论上，论难的方式是必需的，然而在趣味的保持上，以期获得更多的群众上来看，美音制，是更为有效的。辞清语妙的谈论，虽谈的是人物，而谈论的本身，即为显示其人才能的一种。在重视学识才能的汉魏之交，美音制的谈论，与乎论难的合流，是一个必然的发展趋势，因为如此一来，更可以表现其人的学识才能。而说经，则因经学失去了它本身在学术思想中独占的地位，也渐次地转而为说理了。

而这也就是一般所谓的清谈，它的另外一个名称则是谈玄。玄的意思是道，是天道、地道和人道。道的意思是理，是万事万物所以然的理。当我们理解到玄的意义时，才能认清这门学问到底是讲的什么。它追求万物之所然，追求万理之所稽。它所讲求的，只是天之道、地之道、人之道，而不是天、地、人。道既是理，因之，玄只是要明其理，而不必明其事。现实的一切，对它来说，都是毫无意义的。

而玄的特点，不仅在它讲天之道、地之道、人之道，也在于它藉谈论而进行，藉谈论而建立。而在谈论的过程中，推翻别人的，同时树立自己的理论。因之，我们可以说，谈论是求理的手段，而求理，则是谈论的目的。就因为玄和谈论是分不开的，所以有的人称这种谈论为谈玄。当然，谈玄是大有异于日常生活里的谈天说地，想到哪里说到哪里，不负责任地说，而是必须经过思考，加以组织，使它合乎逻辑，而不得自相矛盾，非但要推翻别人的理论，且须自立城围，防备别人的来攻，谈玄，自然而然地走上了论难的路子。它具备了以下三个特点：

（1）它纯粹为求理而求理，不与现实的一切发生任何关系。

（2）它通过谈论而产生，这种谈论的实质是论难，论难所得的最后之理，只是最胜义，而非理源所归。

（3）由于一切为论难，技巧的受重视，渐次地超过内容，结果是不能，也不可能产生伟大的思想。

然而清谈之所以为清谈，不仅由于它的本质是论难，它的目的在求理，也在于它讲求辞清语妙。唯有通过辞清语妙，才能显示论难之不完全等于清谈，自也不能用论难之名来取代或称呼清谈。

清谈的课题，一般说来，不出以下三点：

（1）书：如《易》、《老》、《庄》等，因为这些书，具有足够发人深省、复待阐发的有关天道、地道和人道问题的存在，内容的丰富，可以供给各方面所需要的题材。

（2）注：如以上三书的注即是。这些注，虽对文义已有相当的阐发，尚可以作进一步的发挥；或赋予新义，而新义的本身，即属一很好的课题。

（3）论：如才性四本、声无哀乐等论。当然，从《易》、《老》、《庄》三书中某一点加以发挥，扩大推演，都可以成为专论，甚且成为名论，如《周易》的互体、老氏的无名和庄子的逍遥。

此亦就是魏晋玄学的全部内容。《易》、《老》、《庄》三书虽然可以说是玄学的基本，在后期，它更有着三玄的名称，然而真正扮演玄学的主角的，乃是论和注。也唯有论和注，才真正能显示当时人的哲学意趣和造诣来。

清谈和玄学是一体的两面，它是自由空气下的产品，不讲传统，没有权威，无视阶级，但问理的能否成立，所讲求的，是过去人所不谈的，是偏重形而上的，开风气之先的荀粲，正显示出这时代精神的特质来。何劭的《荀粲别传》，谈到荀粲的兄弟都是讲儒术的，事实上，这正是两汉经学儒术的旧传统，而只有荀粲，独好言道，背离传统，与众不同。他常常倡言，认为子贡称夫子的话说性与天道从来没有听到过，可以见得六经虽然留传下来，那只不过是圣人之学的糠秕。他的哥哥荀俣质难他说：《易经》也提到过圣人用形象来尽他的意思，用文辞来尽他的言说，如此看来，圣人的精义为什么不被听到，这全然不是事实。粲回答说：因为一个理的精微奥妙处，不是物象所能包举的。现在既说用形象来尽他的意思，却没有能表达出他意思以外的意思。用文辞来尽他的言说，也没有能表达出他言说以外的言说。可见形象以外的意思，文辞以外的言说，是蕴含在内而没有能显出的。荀粲这套理论，使得当时善于言辞的人都没有办法来加以批驳。当荀粲在魏明帝太和年间（二二七—二三二年）挟着这一套理论来到京师洛阳时，带给京师的学术界一个新的刺激，因为这种思想已超出当时人的知识、常识以外了。而今，使得他们知道学问不全在儒术经学之中，也不全在于现实世界所能得到印证的名实问题之中，而在性与天道之中，更在形象、文辞之外。然而这些性与天道，及形象、文辞以外的东西，与现实的人生究属隔绝，不太容易立即接受，一直要到齐王芳的正始年间（二四〇—二四九年），才孕育开创了一个新的时代。从清谈和玄学来看，正始是一个颠峰的极盛时代，而正始之成为正始，主要是靠了何晏和王弼两个人。

这时，何晏是富有权势的吏部尚书，他与皇室曹家有极其密切的关系，具备聪明才智，不仅学识好，而且善于清谈，是当时的清谈领袖人物。而王弼呢？则是另外一型，可以称之为职业的清谈谈士，一代的思想家。在他们两人的手上，正始成为清谈历史上的颠峰时期，树立了言辞简至不烦的标准，也引道入儒，在清谈玄学的内容上，起了革命性的改变，是划时代的创举，出现了所谓的玄论。他们谈论《老》、《易》，注解《老》、《易》。对圣人的有无喜怒哀乐，各抒己见，精义纷呈。也就在这一时期，阮籍、山涛、嵇康等人开始了他们的宦途。从前面看来，以嵇康和何晏的特殊戚属关系，以嵇康的过人才慧和缜密的思想，而又如此年轻，自必深受这正始风气的感染，然而嵇康的天才是倾向理论的，文字的，而没有多少清谈的长才，因之，他在正始的清谈世界中，没有地位可言，然而另一方面，在玄学上，却有不朽的贡献。

三、嵇康的思想

在现存的嵇康著述中，保存了不少我前面所提到过的玄论，这些玄论的理，可能是纯粹就理而理论，也可能是作为清谈的课题和依据。除了这些玄论以外，其他的篇章里，也有不少可以显示他在其他方面的思想和观念。虽然这些不可能包含所有的嵇康作品，不过就大体来说，已经足够使得我们对嵇康的思想有了一个通盘的了解和认识。

嵇喜，有的记载说是嵇康的哥哥，是不是真实，可以不管，至少是同时代，又是同宗，那是没有问题的，他对嵇康的了解，虽然可能受到这些关系的影响而有所隐瞒或过分强调的地方，不过，由他来为嵇康作传，当是最适当的人选。根据嵇喜所作的《嵇康传》，说到他的家世儒学，这在汉魏之际，是为社会的一种极其普遍的情形。然而在嵇康《与山巨源（涛）绝交书》中，却说他没有与闻经学，这与他从小就丧父，母兄对他既宠又怜，有慈无威，靠了祖上的财产，兄长的俸禄，在经济条件并不是太好的情况下，过一种还算是相当优裕的生活有着很大的关系。嵇康自小就表现极其聪敏，却在放任的环境下，没有能加以严格的督导和训练，造成他懒散的作风。也因为在这样一个放任的环境中，使他能够就兴趣的所至，博览群书，闻见日广，纯粹自学而获致成就的。

嵇康自成长，以至娶魏长乐亭主、迁郎中、拜中散大夫的这段时期，正当齐王芳正始前后。嵇康与何晏既有了戚属关系，而何晏又是朝廷的吏部尚书，掌用人的大权，深得曹爽的信任，真正的权重一时，在何晏的领导下，清谈成为一时的风气，洛阳也成为清谈的中心，学风同时自儒而转向了道，这对正在洛阳为官的嵇康，不用说是有着很大影响的。不过，这时也正是政争很剧烈的时候，正始十年（二四九年，嵇康二十七岁），曹爽、何晏、邓扬等皆以谋不轨被杀，并夷三族。嘉平三年（二五一年，嵇康二十九岁），司马懿又以王凌谋立楚王彪，逼使凌自杀，彪赐死。嘉平六年（二五四年，嵇康三十二岁），司马师以李丰、张缉等谋以夏侯玄辅政，而俱被杀，夷三族。废帝芳为齐王，立髦为帝。正元二年（二五五年，嵇康三十三岁），毌丘俭、文钦起兵讨司马师，被杀。甘露五年（二六〇年，嵇康三十九岁），司马昭弑帝，废为高贵乡公，立奂，改元景元。无穷尽、无休止的因夺权而杀戮异己，使得青年时期的嵇康，思想和处事态度为之大变，由积极而趋于消极，由随和而趋于偏激，这两者似乎是冲突的，是矛盾的，却正显示出了嵇康对时局、对当道最深沉的抗议，锥心泣血地，在他的作品中，每时每刻，随处都表露出这种无可奈何的，似是强项，而又不倔的傲气，似乎全然是带着道家色彩的，在内心深处却又是带着儒家道德的精神。

能够先有着这样一个认识，才能了解嵇康的思想，也才能了解嵇康这个人。

在上节开始时，虽然我曾提到，透过嵇康的政治背景，和当时的政治环境，对嵇康的某些思想和行为的偏激才可以理解。也谈到这些虽然关系了嵇康的政治生涯，甚至于他的生命，却并不足以说明嵇康的全部。嵇康带给后世的，是他的论著，而这些论著，才是表露出他思想中的真正重要部分。这与现在所说，岂不是有矛盾的地方？然而我们要知道，整个思想的背景，决定他要走的思想路子，而政治环境，则使他的这条思想路子更加曲折和多彩多姿，两者并合来观，才是他思想和精神的全貌。

我们说过，嵇康思想和态度，由于时代的关系，是倾向于消极的、偏激的。嵇康在长大以后，喜好老庄，恬静无欲，嵇喜对嵇康的这项描叙自然不错。不过，也许可能是由于他所处的环境，使得嵇康眼见因政争而伴随来的无数次杀戮，使本来已经短促的人生，因了人为的因素，而使得人生更加短促。这种悲观的人生观，带着他走向道家采药服食的一条路子。嵇康对一切都看得很淡，唯一看重的，只是他自己，他自己的身体。因之，他最关心的，也是他最感兴趣的，是如何养生，如何养性保命。嵇康有一篇很重要的论文，就叫做《养生论》，在论文中，他阐发他对于养生的看法：

世人有的主张神仙是可以经过学习而成就的，不死可以用人为的办法得到的；也有人说，高寿活到一百二十岁，这是古今相同的，超过这个岁数，不是妖就是胡说了。事实上，这两种说法都有问题。让我们来为它分析一下：

神仙虽没有见过，然而从书籍所记载、历史所叙述来看，神仙必定是有的。只是神仙之所以成为神仙，得之天赋特异，不是长期学习而就能成就的。至于从道家导引养生得法，能尽性命，多的获致一千多岁，少的活到几百年，是不成问题的。但是世人行而不精，因之活不了那么长。为什么这样说呢？

当我们服药以求汗，很可能没有能收到多少效果，然而当我们因某事感到惭愧，而大汗淋漓；当我们一天没有吃而渴望食物，然曾子守丧七日，因哀痛而根本不感到饥饿；当我们入夜而思睡，心中有事，则通宵不合眼。从这些事例来看，精神之对于身体，就好似国家之有君主，内在的精神稍一浮躁，外面形态实时受到影响。也就如国君昏暗于上，而国家动乱于下。

世人常说，一次的怒气不至于伤害本性，一次的哀痛不至于伤害身体，因此就轻易地放任，这是不对的。是以一个君子，知道形是靠神而立，而神则是靠形而存，了悟生理的容易丧失，一次过错的有害于生，所以要修养本性以保神，安心以全身，情不受爱憎的左右，意不为忧喜所干扰，对事物怀抱一种淡泊的心情，体气自然平和，另一方面，则藉呼吸吐纳，服食药物以养身，使得形神，内外兼相顾及。

再说田地，一亩能收获十斛的，称为良田，这是天下人普遍的看法，听说还有可以收一百多斛的，用来种植的田地是相同的，却由于处理的不同，结果悬殊。一般说商品没有十倍的价格，农地没有百斛的希望，这是指保守而不知变通的人。又豆令人重，榆令人睡，合欢令人除忿，萱草令人忘忧，这是不论愚智都知道的事。而熏辛有害眼睛，也是常识。虱因生长于人头以致色黑，麝因食柏而香，颈部因位置关系以致长瘿，牙齿亦因所在而变黄，这样推演下去，凡是呼吸饮食，与未来所造成的结果，都是符合相应的。服食的功效，也可想而知了。神农说：上药可以养命，中药可以养性。以此知性命的道理，有赖于辅养。然而世人不能了解，只见到五谷，沉思于声色，眼惑五色，耳闻淫声，腑脏享受的是滋味，肠胃充溢着酒醴，骨髓腐于芳香，喜怒干扰了正气，思虑消糜了精神，哀乐影响了平和。以一微弱的躯体，攻击他的不止一事。以易尽的身子，而内外受敌。身体不是木石，在这种情况下，能够维持多久？其中还有过分糟蹋的，饮食没有节制，致百病丛生，贪好女色，以致绝后，再加上风寒交侵，百毒加身，中年即已夭折，世人皆以取笑的态度悼念他，说他不善于保养，保养而不得其理。事实上，是在于没有注意到微细的地方。积微细而便成亏损，积亏损而使身体衰弱，因衰落而发早白，发早白而衰老，因衰老而死。中智以下的人，不能了解这一情形，说他是自然如此，很少能觉悟的。即使能觉悟，也都叹恨当初，而不知道防患于没有征兆以前。像桓侯抱必死的病，怒恨扁鹊的早有所见，以为感觉病的时候，是得病的开始。一种祸害，成于微弱，而救之在已显现，所以救治才徒劳而无功。在这样一个环境之中，情形相似，各方观察，莫不如此。以多数以自证，以相同来自慰，认为天地间的道理，就是这样。纵然听到养生的事，也强断以一己的私见，认为不可置信；其次的则感到狐疑不决，虽然少有所得，也不知道其原因；再其次的，自力服药，半年一载，劳而无功，不能坚持，中途而废。也有坐等立收显效的；也有的，以为要压制情欲，放弃荣誉，动乱人心的事物就在眼前，而希图的却在数十年以后，到时可能两皆落空，怀着犹豫，而内心交战，外面事物又相诱引，终至失败而不能尽全功。

像这样一件事情，是非常微妙的，可以用理来推知，而难以用眼来看。好似豫章生长七年，才能察觉。而今以浮躁的心理，蹴涉希静的路途，思速至而事迟来，希望近而应验远，所以很少人能全始全终的。对于一般人来说，既以未见功效而不去追求，求的人亦以不能专心而丧志，偏执的人因不能内外兼修而无功，好术的人又以小道沉迷，故而即使想求的也万无一个能成功的。善于养生的则不一样了，清虚静泰，少私寡欲，知道名位的有伤于德，所以忽略而不加理会，而不是欲念生而强加压抑；认识味道的有害于性，所以放弃而不顾，不是贪念动而强加压抑。外面的事物，以有累于心，而不放在心上。神气以纯厚而独显，心怀淡泊而无所忧，孤寂而无所思，再加能守一，而养平和之气。平和之气日增，终而与自然相合。然后蒸灵芝，润甘泉，迎朝阳，调五弦，无为而自得，体妙而心玄，忘记欢乐而后大乐，遗忘生命而后身存。如此，才能与羡门比寿，同王乔争年。

在嵇康的《养生论》中，开始即已标出了两点要旨，一是导养可以延年，一是神仙不可力致。因为神仙特受异气，非积学而后就能成就的。然而在嵇康看来，积学亦自有他的意义，因为至少可以延年益寿。世人之所以失败，是持之无恒，且易受外界干扰，不能内外兼修。据理推演，当时同为竹林七贤之一的向秀曾有《难养生论》，然多自世俗经验认识来谈，嵇康另有《答难》，循前面的理路逐条论辩。说的虽是世间事，却以玄论方式来加以处理。在当时，清谈玄学多为说理而说理，而嵇康，至少就《养生论》来看，是可以作如此观的，不过更加切身的体验，态度虽谨严，读起来倒分外感到亲切的。

在嵇康的另一篇重要论文《声无哀乐论》中，假借东野主人与秦客之间的论难，阐扬他的独特看法：

秦客向东野主人说：“听到前人立论：治世的音乐是安乐的，而亡国的音乐是哀思的。国家的治乱在于政治，而音乐相为呼应。可见哀思的和安乐的心情，显现于音乐。仲尼闻到韶乐，认识虞舜的仁德；季札听了弦音，认识各国的风气。这些事，先贤认为是当然而不疑，而今你独独以为声音没有哀乐，这理由何在？希望能解说一下。”

主人回答说：“这理论，长久以来，沉滞不显，没有人来加以阐扬，以至于遭人误解。而今你既然提起，就谈一谈吧！

天地合德，而万物以生。寒往暑来，五行以成。显为五色，发为五音。声音如同天地之间的臭味，它的善与不善，虽遭混乱，自身却无变化，不会因爱憎而改变哀乐。

由于宫商的调和，声音趋于和谐。这是人心的大愿，也是情欲的所望。古人知道情欲不可以放纵，故而加之以节制。使得哀而不至于伤，乐而不至于淫。然而所谓乐，指的岂是钟鼓；所谓哀，指的岂是哭泣。由此而言，玉帛并非是礼敬，而歌哭也不是哀乐。玉帛、歌哭只是外表的闲事，而礼敬、哀乐才是内在的真情。何以这样说呢？

不同的地方，有不同的风俗，而歌哭也不同。如果用得不对，或者听哭而欢笑，或者听歌而哀戚。然而他们哀乐的情感是一样的。而今用相同的情感，而发为万般不同的声音，这岂不是音声的变化无常。然声音平和，是感人最深的。如果内怀悲痛的心情，则成哀切的言语。言以成诗，声以成音，咏唱以出，聚而听之；心因和声而动，情因苦言有感，而不自觉泣涕流涟。

哀痛的心藏于内，听到和声而后发出。和声是没有所谓哀乐的，而哀痛的心是有主的。以有主的哀痛的心，却由没有所谓哀乐的和声而发出，所感受的只是哀痛。事实上，和声自和声，是客观的存在。

一国的风俗，成一国的政治。所以国史探明政教的得失，审查国风的盛衰。吟咏情性，以讽谏其上。所以说：亡国之音哀以思。喜怒哀乐，爱憎惭惧，这八种情绪，众生所以接物传情，各得其分。在味而言，或甘或苦。而今以甲贤而心爱之，以乙愚而情憎之。则爱憎在我，贤愚属他。不可以因为我爱，而称之为爱人；我憎，而称之为憎人。所喜，则称之为喜味；所怒，则称之为怒味。

由此而言，则外内殊用，彼我异名。声音自当以善恶为主，无关于哀乐。哀乐也自当以情感而后发，而无关于声音。声音既无哀乐的实，自无哀乐的名。去掉名实，而后可见声音的本真。

就前例来看，季札在鲁，采诗观礼，以辨别风雅，不因声而决是非善恶；又仲尼闻韶乐，因其调谐而称叹，不因声音而察知虞舜之德，然后叹美。粗举一例，想见其余。”

这以后则七难七答，自为客主，使一千多年以后的今天，得以稍窥魏晋谈玄的大致情形，也是一件很有意义的事，至于内容的精辟，过程的紧张，更不在话下。

从这两篇论文，可以看到，嵇康不仅在政治方面、为人处世方面，甚而至于思想方面，也是反流俗的。他在《卜疑集》中，透过宏达先生，自许超世独步，机心不存，泊然纯素。而在《家诫》中，一开始即指出：人没有志，简直算不了人。然而一个君子，他的用心，他想作为未来行动的方针，是推量其中善的，规划而后动，遵循其志，心口合一，守死无二，以不达为耻，期望其志之必行。如果心神疲劳，身体懈怠，或因于外在客观或内在主观因素，不能忍受近患，小情，以去就力争，所遭致的结果，是君子最为痛心而叹息的。全篇嵇康处处以君子自居，以君子立论。而在《释私论》中，嵇康更为君子作本质上的探讨。嵇康不像阮籍、刘伶的好言大人先生，他所谓的君子，为内怀至人的用心，而为入世以立志，是有血有肉的感情的人。《释私论》说：

一个被称为君子的人，他的心，对是非无所措意，毫不关切，然而行为并不违反道，何以这样说呢？

气静神虚的，心不在做作。体亮心达的，情不系于所欲。不存心做作，才能超越名教而听任自然。情不系于所欲，才够审别贵贱而通物情。物情顺通，不会违反大道。超越名教而任自然，才能对是非无所措意，毫不关切。所以说，君子对世情，以无所措意，毫不关切为主，而以通物为美。而一个小人，则藏匿真情，违反大道。君子小人的分别，一在小人有所隐匿，怀抱私心，而君子则对一切无所措意，光明磊落，坦荡无私。是以大道称等到我没有了自身，我尚有什么祸患？能遗身者，必然贤于不能遗身者。所以有所措意，即非至人的用心所在。

因此，伊尹不惜有名于殷商，而名显天下；周公旦不顾嫌疑而隐藏他的行为，假摄政而天下以治；管夷吾不隐藏他的长处于齐桓，而国霸主尊。他们的用心，岂为一身而系于私心？所以管子说：君子行道，忘了其身的存在。就是这个意思。

一个君子的行事，是不会先加以考察的，而听任心意，自然坦荡，不去理会是否善而后作。显情而无所措意，不先论定而后有所作为，因此乃能傲然而忘贤，虽任心而自然与善合，光明磊落，无所措意，自然事成而不会有差错。

所以论公私的，虽说是志于道，存善而心无凶邪，无所怀抱而不隐匿，不可以不说是没有私心。又欲情虽伐善违道，无所怀抱而不显露，也不可以说是不公。而今执着必公的理，以衡量不公的情，使得虽然向善的，不离于有私。虽然欲的善，不及于不公。这全然是重它的名，而贵它的心。如此则是非之情不得不显露了。是非既必然显露，有善的，没有隐匿情的不是；有非的，也不加以不公的大非。没有不是，则善莫不得；没有大非，则莫过其非，如此则所以救其非。不仅在于尽善，也所以激厉不善。善在于尽善，非以救非，何况以是非之至极。是故善与不善，物之两极至。处在两者之间，必然是公成而私败。所以公私，可说是成败、吉凶的关键。

嵇康的论公私，全视于隐匿不隐匿。隐匿即有私，虽然善亦非。不隐匿即公，虽非而无大非。依此发挥，一层层地深入，诚如牟宗三氏所说，此论为嵇康诸论中最具哲学意味者，理趣既精，辩解亦微，只是原文多错乱，几不可读。故而稍举部分文字，大致可以考见嵇康的一些观点。

看了这些论文的片断，我们可以再重复地申述一下本节开端时所说：无穷尽、无休止的因夺权而杀戮异己，使得青年时期的嵇康，思想和处世态度为之大变，由积极而趋于消极，由随和而趋于偏激，这两者似乎是冲突的，是矛盾的，却正显示出了嵇康对时局、对当道最深沉的抗议，锥心泣血地，在他的作品中，每时每刻，随处都表露出这种无可奈何的，似是强项，而又不倔的傲气，似乎全然是带着道家色彩的，在内心深处却又是带着儒家道德的精神。

四、嵇康对当时及后代的影响

嵇康的学问不是得自家传，所以谈不上家法；也不是得自师授，所以也谈不上师法。他全然是自学成功的，不仅博洽多闻，而且思想细密，尤长于论理。嵇康学问上的朋友，和他们之间所讨论的课题，如与向秀讨论《养生论》，与张叔辽讨论《自然好学论》，与阮德如讨论《宅无吉凶摄生论》等，是尚传至今而为我们所知道的。这些都是成文的玄论，由此也可以知道，他的长处在于文笔，而拙于言谈，所以在曹魏正始清谈极盛的时代，他虽然与何晏有亲戚关系，在清谈的圈子中，却没有丝毫地位可言。可是由于他的龙章凤姿，天质自然，仪表出众，在崇尚男性美的时代，颇为世人所注目，像代郡赵至，十四岁去太学，见而追问姓名，自认是看他风器非常。加上他婚姻、政治的背景，和发自内心、反司马的惊人言论，遂以轻时傲世，乱群惑众，为钟会借口下狱。当时太学生数千人，为他请命，一时豪俊，也随他而入狱，可见他在当时的声誉。也可以见出他的声誉，不是学术上得来的，而是他批评当局，敢于反抗仗杀戮异己以夺天下的司马氏而得来的。

嵇康生前，在学术思想界，和清谈圈子中，虽没有多少地位和影响，不过在死后，渐引起注意。永嘉之乱，怀、愍相继为匈奴刘氏所掳而被害，王导劝琅琊王睿南下，即位建康，王导以丞相，中兴大业，可说是成于一人之手。开放政权，使吴人归心。更抚辑自中原南下之人，在南方重开清谈之风，且首自倡导。《世说新语》记载王丞相过江左，止道声无哀乐、养生、言尽意三理，宛转关生，无所不入。三理中，除言尽意为欧阳坚石所说，声无哀乐、养生二理，则并为嵇康所主，亦即前面所引述的。与嵇康同时诸家，有的在清谈席上享有盛名，今则不显，是由于谈说无据，而玄论成文，不因时空而有所变化。再者，嵇康立论谨严，在魏晋玄论中，是相当特出的。所以，刘勰《文心雕龙·才略》中，虽以为嵇康师心以遣论，而在《论说》中，则称许嵇康之论，允理而不支离。王僧虔在刘宋时，写了一篇《诫子书》，也提到在当时，论注百氏、荆州八袠、才性四本、声无哀乐，都是言家口实，任何一自命为谈士的，对这些不能不精熟，是客人随时可引起的话题。总明观，亦号东观，既经创立，儒、玄、文、史四学并存，可见刘宋时，玄学已成一独立而极受重视的学问，而嵇康的《声无哀乐论》更成为研讨玄学，从事清谈的最基本，也是最重要的有名玄学论著之一。嵇康在玄学中的地位和影响可想而知了。

五、嵇康传世的著作

《三国志》注引《魏氏春秋》，称康所著诸文论六七万言，皆为世所玩咏。

《北堂书钞》卷一〇〇引《嵇康集》，《三国志》裴注亦引《嵇康集目录》，此当即《隋书·经籍志》所著录之《魏中散大夫嵇康集》十三卷，夹注云：梁十五卷，录一卷。

明张溥编《汉魏六朝百三家集》中，有《嵇中散集》，其目录：

赋：《琴赋》（有序）、《怀香赋》。

书：《与山巨源绝交书》、《与吕长悌绝交书》。

设难：《卜疑集》。

论：《释私论》、《养生论》、《答难养生论》、《声无哀乐论》、《难宅无吉凶摄生论》、《答释难宅无吉凶摄生论》、《难自然好学论》、《明胆论》、《管蔡论》。

赞：《原宪赞》、《襄城童赞》、《司马相如赞》、《许由赞》、《井丹赞》、《琴赞》。

箴：《太师箴》。

诫：《家诫》。

乐府：《秋胡行》七首。

诗：《幽愤诗》、《杂诗》、《赠秀才入军》十九首、《酒会诗》七首、《答二郭》三首、《与阮德如》、《游仙诗》、《述志诗》二首、《惟上古尧舜》、《唐虞世道治》、《知慧用》、《名与身孰亲》、《生生厚昭咎》、《名行显患滋》、《东方朔至清》、《楚子文善仕》、《老莱妻贤名》、《嗟古贤原宪》、《思亲诗》、《琴歌》。

附录：本传。

清严可均《全三国文》卷四十七至卷五十二收嵇康文凡六卷：

卷四十七：《琴赋》（有序）、《酒赋》、《蚕赋》、《怀香赋序》、《卜疑》、《与山巨源绝交书》、《与吕长悌绝交书》、《琴赞》。

卷四十八：《养生论》、《答向子期难养生论》。

卷四十九：《声无哀乐论》。

卷五十：《释私论》、《管蔡论》、《明胆论》、《难张辽叔自然好学论》、《难张辽叔宅无吉凶摄生论》。

卷五十一：《答张辽叔释难宅无吉凶摄生论》、《嵇荀录》（亡）、《太师箴》、《灯铭》、《家诫》、《嵇康集目录》。

卷五十二：《圣贤高士传》：广成子、襄城小童、巢父、许由、壤父、子州支父、善卷、石户之农、伯成子高、卞随、务光、庚市子、小臣稷、涓子、齐子、商容、老子、关令尹喜、亥唐、项橐、狂接舆、荣启期、长沮、桀溺、荷莜丈人、太公任、汉阴丈人、被裘公、延陵季子、原宪、范蠡、屠羊说、市南宜僚、周丰、颜阖、段干木、庄周、闾丘先生、颜歜、鲁连、田生、河上公、安丘公、司马季玉、司马相如、韩福、班嗣、蒋诩、尚长、禽庆、逢贞、李劭公、薛方、龚胜、逢萌、徐房、李云、王尊、井丹、郑仲虞。

冯惟讷《诗纪》辑嵇康诗凡五十三篇。

迄今可见最佳《嵇康集》，为鲁迅据明吴宽《丛书堂钞》十卷本之手钞校本，其目录：

第一卷：《五言古意》一首、《赠兄秀才入军》十八首、《秀才答》四首（坿）、《幽愤诗》一首、《述志诗》二首、《游仙诗》一首、《六言诗》十首、《重作六言诗十首代秋胡歌诗》七首、《思亲诗》一首、《郭遐周赠》三首（坿）、《郭遐叔赠》五首（坿）、《答二郭》三首、《与阮德如》一首、《阮德如答》二首（坿）、《酒会诗》一首、《四言诗》十一首、《五言诗》三首。

第二卷：《琴赋》（有序）、《与山巨源绝交书》、《与吕长悌绝交书》。

第三卷：《卜疑》、《嵇荀录》（亡）《养生论》。

第四卷：《黄门郎向子期难养生论》（坿）、《答难养生论》。

第五卷：《声无哀乐论》。

第六卷：《释私论》、《管蔡论》、《明胆论》。

第七卷：《张叔辽自然好学论》（坿）、《难自然好学论》。

第八卷：《阮德如宅无吉凶摄生论》（坿）、《难宅无吉凶摄生论》。

第九卷：《阮德如释难宅无吉凶摄生论》（坿）、《答释难宅无吉凶摄生论》。

第十卷：《太师箴》、《家诫》。

至于未能传世的作品，隋唐《经籍志》著录《春秋左氏传音》三卷，魏中散大夫嵇康撰；《玉海艺文》称嵇康作《言不尽意论》、侯康亦称嵇康有《周易言不尽意论》一篇；本集有目而亡的《嵇荀录》。

残缺不全的更多，《全三国文》所收最多残章断篇，可以考见一二。《隋书·经籍志》著录有梁有《养生论》三卷，嵇康撰，亡。《文选》五十三、《艺文类聚》七十五，载嵇叔夜《养生论》，叶树藩曰：康所著全书已散佚，仅存此篇耳。是以知本集所收，虽有《养生论》，及《答向子期难养生论》，已非全貌。其他多有残缺，可以想见。

参考书目

关于嵇康，尚没有专门性的著作，如果想进一步地了解，和作深一层的研究，主要的参考书有以下几种：

《三国志集解》，卢弼，艺文印书馆出版。
《晋书斠法》，吴士鉴、刘承干，艺文印书馆出版。
《全三国文》，严可均，世界书局出版。
《汉魏百三家集》，张溥，新兴书局出版。
《世说新语校笺》，杨勇，香港大众书局出版。
《魏晋思想论》，刘大杰，中华书局出版。
《魏晋清谈思想初论》，贺昌群，三人行出版社出版。
《魏晋玄学论稿》，汤用彤，庐山出版社出版。
《记魏晋玄学三宗》，钱穆，收入《庄老通辨》，新亚研究所出版。
《魏晋之庄学》，黄锦鋐，收入《汉学论文集》，惊声公司出版。
《魏晋清谈述论》，周绍贤，商务印书馆出版。
《竹林七贤研究》，何启民，“中国学术著作奖助委员会”出版。
《魏晋思想与谈风》，何启民，“中国学术著作奖助委员会”出版。
《才性与玄理》，牟宗三，人生出版社出版。

王弼

林丽真 著

目　录

一、生平与才情

王弼，字辅嗣，三国魏山阳高平（故城在山东兖州府邹县西南）人。生于魏文帝黄初七年，卒于魏齐王芳正始十年，即公元二二六至二四九年，死时年仅二十四。因他心智成熟的年代是在正始期间，所以东晋袁宏作《名士传》，便把他列为“正始名士”看待。他的一生短若飙尘，但成就却极不凡，在魏晋思想界及清谈界，乃是人人所公认的一位大天才。尤其是他的《易》《老》二注，当时既尊为权威，后世也奉为圭臬，这两部著作不仅大胆地廓清了汉学的糟粕朽臭，而且还更换入时的新装，建设了儒道融通的玄学理论。这对当时思想界的影响，实无一人能出其右！

凡人能有非常的成就，无不因他具有非常的才华，王弼自亦如此。他自幼才情超异，个性浪漫，聪明机敏，又通辩能言。不但拥有艺术家的技艺，富有哲学家的冥想，也具有清谈家的口才。何劭为他作传，说他性情纯真，体气清妙，喜欢跟高朋雅士宴饮游乐，以音乐解怀，以投壶添趣，要求自由自在地寻求心之所安的乐趣，以期发抒真实的情感，得到美化的人生，而每每在五音六律的审解上，或投壶技艺的表现上，总能博得大家的喝彩。这一分追求艺术生活的情趣，说明他有扬弃繁琐古板、矫揉造作之礼俗的精神；所以，在汗牛充栋的古籍中，独有《老子》的玄远自然最能引起他的共鸣。他衷心爱慕《老子》的自然，又有能力析解其中的玄奥，为《老子》作注，进而建立自己的思想体系；并以老学搀入儒理，完成《易经注》及《论语释疑》。一个二十出头的青年，涉手于《易》、《老》、《论语》之领域而能有所建树，此非具有特殊的哲学头脑及玄学兴趣者，何人能够！

听说在他着手写《老子注》的时候，大他三十岁左右的玄学权威——何晏，曾找他玄谈，自知见解不如，便自动放弃注释《老子》的计划，静候王弼注的诞生。果然，王弼《老子注》一告完成，其立论之精当超奇，直叫何晏神伏不已，惊叹道："孔子称后生可畏，像王弼这样的天才，简直可以跟他讨论天人之际了！"王弼《老子注》的不凡，由此可以想见！至若《易经注》一书，也是转移时代见解的巨著；古来赞誉者多，诽议者也不少，或言其廓清之功，独冠古今，或评其笼统玄旨，罪浮桀纣；但这部书的价值，却高稳如泰山，直为义理易及魏晋玄学辟出一条新蹊径。

王弼的才华，表现在音乐及投壶的技艺上，叫人喝彩；表现在《易》《老》二注上，叫人神伏；同样，表现在清谈论辩上，也叫人倾倒！据《世说新语·文学》上所载：正始年间，王弼尚未弱冠，曾参加何晏所主持的一次大谈座，因何晏素闻其才，举出所有胜理来探问他，王弼便随机提出精湛的见解，以犀利的口才，压倒群芳；又自为客主数番，皆一座人所不及；尤其是一代谈宗的何晏，更佩服得无以复加，誉为千古罕见。我们可以说，正始的谈座，就因王弼的加入，而达到高潮。在当时的清谈大师中，何晏和王弼，就像两座灯塔，互相辉映地照耀了整个清谈的水面，何晏善于附会文辞，王弼则以自然出拔制胜。

因为王弼的才情、玄思、颖语、名气，从小便已如此地耀眼而扰人，所以真能欣赏他、并与他交游谈辩的人，不是名流，便是才俊！比如最能赏识和提拔王弼的何晏，就是当代最具位望、又能清言的玄谈领袖；曾经一见王弼而异其才的裴徽，乃是当时能通易老庄、且具高才远度的论坛高士；与玄论派的何晏见解不合，卻对何晏所抬举的王弼加以赞赏的傅嘏，亦是达治好正、喜论才性的识量名辈；意凌青云，曾找王弼抬杠过的刘陶，亦为一时善论纵横的专家；至若年岁与王弼相当，感情与王弼友善，又每服王弼之高致的钟会，更是一个精练名理、有才数技艺而博学的俊才。我们可以想象：王弼的才情足以充分地发挥，未始不是得力于这些高朋雅士的赏识和鼓励。

然而，正因王弼才气过人，性好自然，一时名流才俊又大都赞赏他，所以他的为人，便常随其性之所之，而一无顾忌，往往独恃己长，瞧不起人，引起一般士君子们的嫉妒和怨恨。这种高傲不拘的个性，曾使王弼在官场的竞争上吃到暗亏。大概在他二十岁前后的光景，黄门侍郎一职累缺，吏部尚书何晏因为素赏其才而想抬举他，但在党羽互相争衡较量下，当时的执政大臣曹爽，决定录用丁谧所推荐的王黎，只好委屈王弼，让他补作台郎。这点小小的不如意，本算不得什么打击，但对一位初出茅庐而自恃甚高的王弼来说，却是不堪忍受，为此他便嫉恨官场竞敌的王黎，与他断绝旧有的交情。这种做人的态度，实在是太天真太傲慢了！难怪何劭要批评他的为人“浅而不识物情”呢！接着，由他就职台郎以后的表现看来，也同样天真浪漫到极点。就在就职典礼的那天，他谒见了曹爽，曹爽摒去左右之人，单独与他会谈，王弼便想趁机一展己长，跟他的顶头上司清谈论道；结果，谈了一个多时辰，他还不知察言观色，转移话题，适可而止，含敛谦退，以致带给曹爽一个极恶劣的印象。所以，王黎死后，黄门侍郎仍然是被别人抢去，连荐举他的何晏，看在眼里，都深深为他惋惜。

其实，这都是个性与志趣使然，王弼一生最大的热情乃在玄学上，事功自非他的专长，对他当然是无足轻重的。因此，经过两次官场的挫折后，他就不再希求政治功名的发展，而集中全力于注书论道了。也好在他不汲汲于功名，没有深入曹爽的行列，所以正始十年，太傅司马宣王（司马懿）族灭曹爽兄弟、何晏、邓扬、丁谧、李胜、毕轨、桓范等，王弼仅以公事被免职，接着便患上疠疾，死于那年秋天。天不假年，固是一大不幸，而其身处乱世，能不死于斧钺之下，难道不算幸运吗？

王弼的学术著作，前面略略提及《周易注》、《老子注》及《论语释疑》三种，其实见于诸史著录的，还有《周易略例》、《老子微旨例略》及《大衍论》等。然而，《周易略例》及《大衍论》都是关于易学的著作，《老子微旨例略》则与《老子注》有关。现在我们就对这六种学术著作的存佚问题，简单介绍一下：

1.《周易》方面

《周易注》六卷：此书自唐朝颁修五经正义，定为《周易》的标准注解以来，便极通行。王弼只注了六十四卦卦爻辞及《彖象》《文言》，《系辞》以下则由韩康伯注续成，所以王韩注必须合起来，才是一部完整的《周易注》。清代阮元所校刊的《十三经注疏本》，用的就是王弼和韩康伯的注，以及孔颖达的正义。

《周易略例》一卷：这篇著作，申明《周易》的一般原则，篇章不多，向来都附在《易注》之末而并行于世。现所通行的阮刻《十三经注疏》本虽未辑录，但可见于汲古阁十三经注疏本及明朝程荣校刻的《汉魏丛书》中，并有唐朝邢璹为之注。

《大衍论》三卷：此于《新唐书·艺文志》的易类中有著录，但却未见行世，今已亡佚。然而在《易·系辞上传》“大衍之数五十，其用四十有九”之下，韩康伯注引了王弼的一段话，大概是《大衍论》中的言语无疑。而何劭《王弼传》上说，颍川人荀融曾经驳难过王弼的大衍义。这个大衍义，想必也跟《大衍论》有关。

2.《老子》方面

《老子注》二卷：自魏晋以来，此书一直被认为是《老子》的标准注解，但因流传既久，文字错误很多，经过宋朝晁说之的整理，才成现在通行本的样式。近人陶鸿庆《读诸子札记》中的《读老子札记》附有“王弼注勘误”，很有参考价值。

《老子微旨例略》一卷：与《周易略例》的性质一样，此篇讲的是《老子》的一般原则。因它久未行世，大家以为是不存在了。然而，宋朝张君房编辑的《云笈七签》卷一抄有一篇论文，题为《老君指归略例》，而道藏中又有《老子微旨例略》，其中包括有《老君指归略例》，二者皆未题作者姓名，经严灵峰先生考证，认为《老子微旨例略》应是王弼的著作无疑，故自一九五六年六月起，才自明刊正统道藏本中检出，予以影印行世，并附有校记，收录于《无求备斋老子集成初编》之中。

3.《论语》方面

《论语释疑》二卷（或云三卷）：此于新旧《唐书》及《经典释文》皆有著录，但今已不存，唯间见于皇侃的《论语义疏》与邢昺的《论语正义》中。清代马国翰的辑本，乃是从皇侃《义疏》、邢昺《正义》与陆德明《释文》中采辑而得，共有四十节，合为一卷。虽不甚全，亦可窥得一鳞半爪。

以上六部著作中，《大衍论》及《论语释疑》，已不告全，但影响不了我们对王弼学术思想的研究，因为从《周易略例》、《老子微旨例略》及《易》《老》二注中，已经足可掌握他的思想特色及学术成就。

二、家学与时运

看了王弼学术著作的简介以后，在惊叹天才早成之余，也许有人会进一步追问：促成王弼学术成就的思想背景究竟如何？到底有什么天时地利的优越条件，助此天才成就了伟大的事业？俗语道："英雄造时势，时势造英雄"，王弼的成功，固然由于天才早慧，而家学与时运自是不可抹杀的因素。再说，王弼虽是道家心灵，却尽全力以治易，并能一扫象数，建立义理的新易学，这段因缘的蛛丝马迹也是不容忽视的。因此，我们若要追溯王弼的思想渊源，便不能不了解他的家庭环境与时代背景。

王弼的家世，从《三国志·钟会传》裴松之注所援引的何劭《王弼传》、《博物记》及《魏氏春秋》里，可以得到一个粗略的轮廓。他的父亲王业，官至谒者仆射；哥哥王宏曾作司隶校尉，并撰有《易义》；在当时都还算是颇有学问和地位的人。至其外曾祖刘表与族祖王粲，均是荆州学派的中心人物，刘表为汉九家易之一，王粲入建安七子之林，乃是汉魏之交的学术权威。而刘表的老师，也就是王粲的祖父王畅，更是汉末家喻户晓的一代名臣。可见王弼的出身，显然是一个赫赫书香世家的子弟，特别是易学传统的名家子弟，他的家庭背景，实在是不比寻常的。为清眉目，现在再附上一个家系简表：

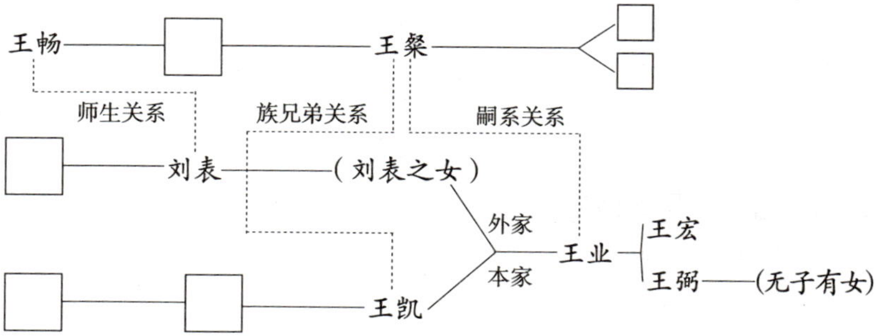

原来，王弼的祖父王凯，是王粲的族弟，汉末投奔荆州而成了刘表的女婿。王粲本有两个儿子，因为跟魏讽之案有牵连，于建安二十四年被杀，于是王弼的父亲便过继到王粲家去，作了王粲的嗣续。这么一来，王弼不仅是王粲的族孙，也是他的嗣孙了。难怪王粲死后，家中藏有蔡邕所赠的万卷图书，便完全转入王弼家，给王弼的治学环境提供了最好的设备。

既然，王弼的外曾祖及族祖都是荆州学派的泰斗，他的祖父及父亲皆深受荆州学风的洗礼，当然是不成问题的。而王弼生在魏文帝黄初七年（二二六年），上距汉献帝建安十三年（二〇八年）荆州破亡，才十八年光景，纵使他未曾住过荆州，但从父祖们的口头谈话中或治学方法上，多少还是可以呼吸着荆州的学术气息的，许多大师的流风余韵，对他应该并不陌生，这样便可以想象王弼和荆州学派的精神之衔接了。

有关荆州学派的缘起，大致是这样的：盖在汉献帝初平元年至建安十三年（一九〇—二〇八年）的十八年间，刘表作了荆州刺史，驻节襄阳，当时中原大乱，只有荆州一带还能保留一点安宁的气息。就《后汉书·刘表传》所称：荆州辖地，南接五岭，北据汉川，地方数千里；而刘表本人，招诱有方，威怀兼治；因此万里肃清，大小皆心悦而诚服，关西兖豫学士前来投奔的，大概有一千多人，中原人士都视荆州为托庇之所，王弼的祖父王凯和族祖王粲也是在那时候归依刘表的。于是刘表便领导来归的天下学者，对经学重新加以研讨、整理和改定，特令綦毋闿、宋忠等撰立《五经章句》，称为“后定”。据近人的研究，后定之学大致是介于郑玄的杂糅今古文经，以及魏晋的崇尚易老庄等玄学理论之间，可以说是郑玄变乱家法、统一经论以后的进一步发展，也是魏晋玄学的滥觞。兹就汤用彤先生在《魏晋玄学论稿》一书研究所得，稍作补充及归纳，综合而得荆州学风的特质及其对王弼思想的启发凡四：

1.《周易》见重，并及《太玄》

荆州学风的领导人物，如刘表、宋忠辈均治《周易》；宋忠更对扬雄的《太玄》（仿《易》之作）别有研究。所以《周易》与《太玄》，可以说是当时最热门的学科。直接受荆州学风熏陶的王肃、李撰（皆从宋忠受业），不仅治《易》，还治《太玄》；间接受荆州学风影响的虞翻、姚信、董遇，也都以《易》而厕于著作之林；足证《周易》见重，并及《太玄》，实为当时学风之表现。王弼对易学发生特别的兴趣，且其力量能够申张而建立义理的新易学，自是直承荆州学风而来。

2. 荆州八帙，有契玄理

按《南齐书》所载王僧虔《诫子书》称“荆州八帙，言家口实”，又说“八帙所载，共有几家”，可见荆州学派的家数和卷帙实在不少。若就其书为清谈家口实一点来看，八帙的内容势必跟玄理大有相通之处，所以时至南齐，清谈家还认为那是必读的材料。以王弼父祖们与荆州关系的密切，荆州八帙对王弼思想的启发是可以想象的。

3. 删划浮辞，芟除烦重

本来经学发展到郑康成（名玄），可以说是小统一了。当时海内之士，莫不仰望，咸称“伊雒以东，淮汉以北，康成一人而已”，又说“先儒多阙，郑氏道备”，郑玄的学问，要在括囊大典，网罗众家，删减章句的繁芜和琐碎，以调停折衷今古文的纷争。然而，郑玄的删裁并未透彻，而遭通人讥其繁；所以，刘表幕下的荆州学派便继续郑玄经学的简化运动而起，作进一步的“删划浮辞，芟除烦重”的工夫。他们尚简要、重义理，反对今文学派末流的浮华与破碎的章句，这种作风实替日后王弼廓清汉学的繁琐树立先声。

4. 喜张异议，不守旧说

荆州学风固然继承郑玄作删烦去芜的净化工作，但也绝非一味因袭，以郑玄之学为满足。当时刘表令綦毌闿、宋忠等主编的《五经章句》，与刘表本人所著的《周易章句》，以及宋忠的《周易注》、《太玄解诂》、王粲的《尚书问》等书，都可说是郑玄统一经论以后的异军突起。到了宋忠的弟子王肃，治《易》、《书》、《诗》、《论语》、三《礼》、《左氏春秋》等，特与郑玄之学大相径庭，其能不守郑说而独树一帜者，也正表明了刘表、宋忠一系人的作风。他们踔踔不羁，守故之习薄，创新之意浓，所以，汤用彤先生说："刘表后定，抹杀旧作；宋（忠）王（肃）之学，亦特立异；而王弼之易，不遵前人，自系当时学风如此也。"这话诚然可信！

就荆州学风的这四项特质来看，其重易、涉玄、尚简、标新，在在都可替王弼的求学背景——尤其是易学渊源——找到根据。因此，有人说："王弼注《易》，祖述王肃"（清张惠言），又有人说："王弼之学，出于宋忠"（汤用彤），更有人说："王弼之学渊源于刘表，而实根本于王畅"（清焦循），这些话都是按其家学出于荆州的线索上追溯出来的。由王弼、王宏，溯至王肃，再至刘表、宋忠，乃至王畅，其家学渊源，不可谓不深远矣！

如上所述，王弼的成功，由于他有一个优异的家世背景，提供他最佳的治学环境，又给予他最新式的教育。但其思想得以孕育成熟，也在乎他生长在一个最适合他发展的时代。众所周知，王弼所生长的时代，乃是我国历史上的一个大乱世——魏晋南北朝。这个时代，从公元二二〇年曹丕篡汉以后，到公元五八一年杨坚建立隋朝，大概上下三四百年间，是我国从古典的秦汉王朝进展到新形态的隋唐王朝的过渡阶段，也是我国历史与文化发生蜕变的关键时期。因为就当时的政治局面和社会情势看，实在是不景气，甚至到了混乱的程度；然而，若就文化思潮的演变看，却又是一个奇异风生、新潮澎湃的时代。沈刚伯先生便说："这是我国历史上第一次的文化大革新！"

近人研究这个时代的很多，追溯时潮蜕变的主要原因，不外有三：一是东汉桓、灵二帝以来，宦官、外戚、党锢、黄巾之乱，杀戮连绵，民不聊生，导致老庄思想的复活，与佛道二教的流行。二是独尊儒术的政策，由权威走向定型、僵化、衰微，以致流于繁文缛节、拘泥训诂、支离琐碎的毛病，而丧失其维系社会文化的效用，所以求原理、尚简化的玄学理论，便应运而生。三是曹氏父子的风尚皆于儒学的发展不利，以魏武的贵刑名、魏文的慕通达、曹子建的尚玄虚，对于当代士风的影响，自然是很重的。因此，时至魏晋，整个思潮便一转而大异于汉代的儒学统治。在经学上，由儒家思想的经典，变为掺杂道家思想的经典；在哲学上，由天人感应的阴阳五行之说，逐步走向易老庄等玄学理论的建设；在文学上，脱离附属于经学的地位，而有文学理论与纯文艺作品的出现；在宗教上，张陵的五斗米教与张角的太平道开始大行于民间，而佛学思想也慢慢伸进中国人的信仰圈了。在人生观的改变上，则以人性的觉醒为基础，而以个人主义、自然主义为归宿。总而言之，这个时代，无论在经学、玄学、文艺及宗教诸方面，都有一个共同的特征，便是觉醒与自由。所以，钱穆先生说：“魏晋南北朝的学术思想，亦可以一言以蔽之，曰‘个人自我之觉醒’是已。”

王弼就是生长在这样一个自我意识觉醒而道家意味浓厚的时代。以他的个性，笃好老子的自然与玄远，又灵敏察慧，带有几分艺术家的浪漫精神，再加上他的家学——荆州学风——鼓吹新学作风的影响，所以他便毫无顾忌地穿了入时的新装，站在时代潮流的尖端，以热烈的怀疑精神，摆弃汉儒囿于训诂的经说，用极自由奔放的态度，建设了自己的思想体系，正如朱熹所谓“舍经而自作文”，迥异于汉儒解经的“依经演绎”了！他一面注《易》，结束两汉以来象数易发展到泛滥无归的弊习；一方面注《老》，下开魏晋三百年老学之玄风。易老庄三玄之学，他就独有其二；且其与时人的清谈论辩，也叫晋人追思不已。王弼固是时潮中人，而时潮也因他而添辉不少！

三、正始谈辩与王弼思想基础的奠立

清朝的赵翼在《廿二史札记》中说："清谈者起于魏正始中，何晏、王弼祖述老庄。"近人虽有许多反对的意见，认为早在东汉末叶已有清谈之习；但是，清谈真正树立规模，并在一时代中引起发酵作用的，还是当从何、王的正始谈座开始。所以晋以后的清谈者，每逢剖辩理源，谈到最精彩的时候，便要追思"正始之音"，并将最健谈者比为何平叔（晏）及王辅嗣（弼）。正始年，是魏晋新思潮刚刚勃兴的时代，当时的论坛高士，如裴徽、傅嘏、何晏、王弼、钟会等人，处在新旧文化交替的关键上，一方面固然能够呼吸着自由思想与尽情发表的空气，另一方面也有许多彷徨迷失和没有信仰的痛苦。比如孔老地位的高下、理想圣人的标准、才性的同异离合、养生的效果、宇宙的本体、人生的意义、求学的态度、《易经》的道理、梦神鬼的怪事、有与无的分辨、言与意的关系……，凡此等等，在在都是困扰时人心胸的大问题，所以一时便成为谈辩论难的主题。他们借着谈辩以建立、充实并完成自己的思想，也借着谈玄说道来抒解心中的怀疑和苦闷。王弼思想基础的奠立，就从他与裴徽、何晏的谈辩中，便可找到一些主要的线索。

在何劭《王弼传》及《世说新语·文学》中，都曾引了一段王弼与裴徽的论辩，讨论到孔老思想“有”“无”的分辨问题。该段记载的内容是这样的：

当时裴徽为吏部郎，王弼尚未弱冠曾登门造访，裴徽一见而异其才，便提出一道难题来考问他，说：“无，实是万物资取的根源，为何圣人不肯说它，而老子却说个不停？”王弼简捷地回答：“圣人体认‘无’，而‘无’又不可训解，所以不去说它；老子则未曾超越‘有’以体认‘无’，所以常要谈谈‘无’，来满足自己的不足。”

王弼回话的重心，显然是在“圣人体认无”与“老子未曾超越有”两句。这里不仅涉及孔老地位的高下，也可看出王弼调和儒道思想的努力。由这段文字，我们可以分四个小点来理解他的思想层次：

第一，裴徽说“无是万物资取的根源”，这话实际上代表着王弼及魏晋人士共同的观念。他们都认为“无”才是万物的根本，所采信的正是老子“天地万物生于有，有生于无”的宇宙观和本体论。

第二，王弼所推崇的理想人格是孔子，而非老子。他跟裴徽所论及的“圣人”，指的就是孔子。盖自汉代以来，孔子一直被尊为上上等之圣人，而与尧舜禹汤文武同列；虽然时至魏代，老庄思想已经抬头，可是孔子的权威地位还是存留于玄学家们的心目中，他们不但没有轻视孔子，对于经学也还没有完全放弃，而且一致认为老子不及孔子。

第三，王弼既然不敢否认孔子的圣人地位，但又私心爱慕老子的道体，所以便采取调和的论调，说孔老二家，都知道“无是万物资取的根源”，只是在老子的思想中，尚有“有”“无”的对立，他从“有”希望“无”，所以不说“有”而常说“无”；而在孔子的思想中，“有”“无”的对立已统一起来，孔子已与“无”同体，他从“无”观“有”，所以不说“无”而常说“有”。由此，老子之所以不如孔子，乃在于老子只是口头无，孔子才是真正的体认无。

第四，表面上，王弼固然推尊孔子过于老子，也尽了调和儒道“有”“无”冲突之能事；实际上，他对孔子的观念，已经大大变质了。因他以其所了解的道家之“无”，来说“圣人体无”，对于孔子立教与孔门义理的真精神——仁与天道性命——便被误解了。所以他所推崇的孔子，就不再是体仁行仁的儒圣，而成了道家化的孔子了。

如此说来，王弼为要调和“有”“无”的冲突，故在有意无意间已歪曲了孔子的本体思想。然而，他对孔子的一切言行举动及礼乐教化，是否就因此而抹杀了呢？不！他并不抹杀，他乃是接受，且认为这一切言行教化都是孔子体无而言有的实际。这点可从他与何晏讨论“圣人有情与否”的问题上得到证明。何劭《王弼传》上记载着说：

何晏主张圣人没有喜怒哀乐的感情，论证相当精辟深刻。钟会等人都赞同何晏的看法，只有王弼一人不以为然。他认为：“圣人超人的特性是神明，与一般人相同的则也有五情。由于圣人具有超人的神明，所以能体冲和以通无；但却和一般人一样同是具有五情，所以受了外物的刺激，不能没有喜怒哀乐的反应。只是圣人的感情虽然能反应外物，却不受外物的缠累和拘绊罢了。现在许多人因为看见圣人不受外物的缠累和拘绊，便说圣人不会反应外物，这种论调未免离谱得太厉害了！”

由这段记录，可见当时论者对“圣人无累”一问题的看法，显分二派：一派是何晏的“圣人无喜怒哀乐”说，一派是王弼的“圣人有情”说。为透彻明白王弼思路的进展，以下且分数点详加申说：

第一，在王弼的“圣人有情”义未出以前，何晏的“圣人无喜怒哀乐”说，乃是一时所最流行的论调。虽然它的主要内容今已不存，但就思想史的演变来看，当是继承汉人的“圣人象天”之旧说，再参以汉魏之交的自然哲学（以天谓自然，而非有意志的天）所形成。认为圣人与天地同德，故一任自然，而无心于喜怒哀乐，故能不受外物的缠累和拘绊——这派见解坚持“圣人无情”，即是王弼反驳的着眼点。

第二，王弼认为圣人的无累，并不是说他没有喜怒哀乐的感情；也不是说他受了外物的刺激，而没有反应；乃是说圣人具有超人的神明，能在表达情感的同时，不使自己受到外物的缠累和拘绊。换句话说，圣人所以能无累，并不在于他的“五情”与人有何异样，乃在于他的“神明”超人一等。神明与五情，在王弼看来，是并行而不相悖的，就如现代人所谓理智与感情可以互相协调制衡一样。因为神明是属于理性的，是由外在反应所促起的内在自发的思维能力与判断；五情则是由于外界存在的对象所激发的感受，是属于感情的。圣人所以能够不受外物的缠累，乃因他所激发的喜怒哀乐之情，能够透过理智的反省过程，最后将神明与五情调和为一，使其心灵达到“体冲和以通无”的境界。

第三，按照上面的讨论，王弼的“圣人有情”义，的确有他胜人一筹的地方。为什么在大家流行“圣人无情”说的时候，只有他能独树一帜，发表这番特殊的见解呢？据我看，也是本乎他对圣人的观念而来。因为他对孔子的言行举动及礼乐教化，十分敬崇；对《论语》所载的一言一语，也未敢轻易反对，且认为是圣人体无而言有的实际。所以当他研读《论语》，发现孔子的圣明足以寻察幽微，却不能脱去天然人的性情，故对颜渊也有“遇之不能无乐，丧之不能无哀”的感情时（见何劭《王弼传》引《弼答荀融语》），他就开始对“圣人无情”说产生怀疑，直到他想通了圣人“体无”与“有情”的不相冲突后，便由此得到启发，找着了驳斥何晏、钟会等的“圣人无情”说的证据。可见王弼的思想线路，主要还是在于调和儒道“有”“无”的冲突。

综上所论，王弼思想的支柱，乃在“圣人体无”与“圣人有情”两大端。这两大端合起来，就是一个体用问题。他想用老子的精神为体，而以儒家的表现为用，来融会儒道的不同。在儒家思想上赋予形而上的“无”的概念，以拉近于玄理的范围中；其次再把儒家的“情”发挥，以补充道家形而下世界的处理。他便是以此观念为基础，注解了《易经》与《老子》，并作了《论语释疑》的。表面上是要调和儒道，骨子里已经是老子的思想取得了压倒式的胜利。

四、易学

《周易》是一部丛书性质的书："经"的部分，包括卦辞与爻辞，乃是西周初叶卜筮官的占筮记录，其中有义理可以究诘的实在很少；"传"的部分，就是通常所说的《十翼》，大体则是战国秦汉之际儒门学者所为，要在发挥儒家天人一体以及政治伦理的思想。所以，真正使《周易》的巫术变质，进而提高它的哲学意义，并且成为儒家经典的第一部宝藏的，乃是"传"。西汉宣帝以前的易学，可以说是易传的延续，它的范围还未离开儒门《十翼》义理之外。然而，随着时代风尚的转变，易学的发展，从孟喜开始，便已脱离《十翼》的精神，逐渐附上阴阳、五行、天干、地支等理论，而有十二消息卦、六日七分、纳甲、爻辰、飞伏、互体、半象、旁通、世应等新奇怪异的名目出现。从此，象数成为汉易的主流：前期的象数易，由西汉宣帝年间到新莽时止，如孟喜、焦延寿、京房、费直、高相等家，都以占验灾异为主；后期的象数易，由东汉顺帝以后到王弼以前，如郑玄、荀爽、虞翻、马融等家，则以卦变为主，并以之注解经文。虽然自费直、郑玄以还，渐有以传解经或以传合经者，但仍不脱占筮及卦变的范围。故环顾整个汉易的天下，不是关乎历，就是关乎象，可以说是象数说的总汇，云来雾去三百年间，儒门易的影子早已湮没不显了！王弼鉴于此弊，故挟象数之革命而起，努力使《十翼》义理重见天日，所以，他的出现，实在是使易学重趋哲理的一颗救星。

王弼的易学著作，有《周易注》六卷、《大衍论》三卷，及《周易略例》一卷；除《大衍论》外，余者皆全保存。其中，《周易略例》是王弼《易注》的总纲，申明《周易》的基本原则，凡其注解《易经》卦爻辞的方法，即本此而出。此文分为七节：(1)《明彖》，(2)《明爻通变》，(3)《明卦适变通爻》，(4)《明象》，(5)《辩位》，(6)《略例下》，(7)《卦略》。《明彖》篇由"易简"的道理，说明"彖"的意义；《明爻通变》篇由"变易"的情由，说明"爻"的变化；《明卦适变通爻》篇综合《明彖》与《明爻通变》篇的主旨，再论卦的时义与爻的变动；《明象》篇申述忘象以得意的原则；《辩位》篇讲明爻位的阴阳；《略例下》补述前五篇的不足；《卦略》篇举出屯、蒙、履、临、观、大过、遯、大壮、明夷、睽、丰等十一卦的要领。在此诸节短文中，又以头两节的《明彖》与《明爻通变》作为基本：《明彖》篇就本理上看易，故特能把握一卦的主爻和卦义；《明爻通变》篇就作用上解易，故能由阴阳质异相求的道理，显示六爻成变的原则。本此两大观点作为基础，再加上王弼对于卦时、爻位与忘象得意论的主张，整部《易注》的原则和体系，也就可以了如指掌了。

1. 就本理上看易

《易经》一书，包罗万象，小者明人事之吉凶，大者阐天道之变化，但它绝不是一部漫无条理的大杂烩。特别是从易传解经以来，便已将它当作有系统的哲学书；王弼以义理说易，他对《易经》的看法，自亦莫之能外。在《易注》中，他喜欢添入“理”字为说，据钱穆先生的研究，“理”字见于《易注》中者共有九例：其中，乾卦用九注，举出“所以然之理”；讼卦九四注，举出“本然之理”；豫卦六二注，举出“必然之理”；而就其统宗会元者言，则为“至理”；《略例明象》篇更申言“理一以治众”的道理。照王弼看，在宇宙万象繁复流变的背后，必定有一个根本的原理存在；这根本的原理，就是至简不二的法门，也就是制动御繁的宗主——众物因之而存，百动以之而运；有了这个“至简不二”、“制动御繁”的本理作中心，宇宙万象才能显出“繁而不乱、众而不惑”的秩序。而在《易经》六十四卦里，处于宗主地位的，就是各卦的彖传，因为彖传是“总论一卦之体，明其所由之主”者，只有从彖传中才能找到每一卦的卦义和本理。

基于王弼对彖传的重视，他释卦辞，便大致不出彖传之外；且其掌握卦义的方法，也与彖象（尤其是彖传）大同小异。或以某爻为主以见卦义，或以内外二体以见卦义，或参以卦名以见卦义，或以阴阳消长以明卦义，是皆遵循彖象的启示而来。此中，尤以对主爻的把握，最能切中“就本理以观易”的要旨。在其《易注》中，明文标立卦主者，有三十二处之多：凡五阳一阴或五阴一阳的卦，每以唯一的阴爻或阳爻为卦主，如小畜、履、同人、大有、师、比、谦、豫等卦皆是；此外，因第五爻居尊处中，故以之为卦主者也很多，如夬、剥、讼、观、噬嗑、贲、无妄、大畜、习坎、恒、益、涣、节、中孚、未济等卦皆是。由此足见王弼对于《易经》“本理”问题的注重。

2. 就作用上解易

易，就本理上看，诚如右文所述，皆可寻其主爻或卦义。但就作用上看，易则变化无端，乃如《系辞下传》所说："易之为道也屡迁，变动不拘，周流六虚，上下无常，刚柔相易，不可为典要，唯变所适。"为什么易能成就天地间伟大的变化？且其变化的原则又是什么？这是王弼在《明爻通变》及《明卦适变通爻》篇所注意到的问题。王弼认为使易神通广大，应变万方，甚至超出算数、巧历、圣明、法制、度量等所能测度的程度，完全由"爻"的作用显示出来。而爻之所以能够成就易道的变化，又在乎爻的"情伪之动"——也就是指爻与爻之间有"阴阳质异相求"的作用。因为，就爻而论，其奇者（—）称阳，偶者（--）称阴，阴阳两者，体质本不相同：阳刚阴柔、阳躁阴静、阳实阴虚、阳尊阴卑、阳贵阴贱、阳大阴小……，可以说各居于相反而又相对的两极端。验诸人情事理，相反的往往相吸，相对的也往往相求；所以，体质的差异，反而造成情愿的吸附力，阴与阳之间的变动，便在此中产生。故阴之所求者阳，阳之所求者阴，一阴一阳而无穷，也就成就了易道"变动不拘、周流六虚"的伟大能力。

根据这个"阴阳质异相求"的道理，《明卦适变通爻》篇举出"六爻成变"的主要原则有六：(1) 应者，同志之象也；(2) 位者，爻之所处也；(3) 承乘者，逆顺之象也；(4) 内外者，出处之象也；(5) 远近者，险易之象也；(6) 初上者，终始之象也。

此中，第（2）与第（6）条指出爻位的重要性；第（1）（3）（4）（5）条，显示爻与爻之间有相应、承乘、远近、外内的种种关系；举凡易爻之间的变动、趋合、出处、逆顺、吉凶与安危等，即依此关系而定。这几条原则，就是王弼注释爻辞的主要根据。

3. 就时位以明易

任何现象的存在，都离不开时间上和位置上的因素，《易经》上的每一卦，代表着天地间每一类的现象，自然特别重视“时”与“位”的作用。彖象之释卦义，所最贵者即是“时”，故于豫、随、颐、大过、坎、遯、睽、蹇、解、姤、革、旅诸卦，皆有赞美“时义”的话；而于各爻所处的爻位，小象也常有“当位”、“不当位”的分别语。王弼以《十翼》解经，对于彖象所最注重的时位问题，当然不会轻易放过。在他的《易注》里，强调“时”与“位”的地方，简直不胜枚举，现在只就《略例》的《明卦适变通爻》篇与《辩位》篇所提示的，稍作原则性的陈述：

（一）卦时的作用：王弼认为，卦所表现的是一卦的大义，爻所表现的就是一时的变动；换句话说，“时”是决定卦义的主要因素，同时也是影响爻变的一个基本原则。《易经》的六十四卦，每一卦有每一卦在时间上的特别性，譬如：“比复好先，乾壮恶首，明夷恶暗，丰尚光大”，时义皆各不相同。因着时义的不同，六爻的变动也就必须配合卦时的作用；如果犯了时忌，不论罪过大小，失适遇悔，乃是理所当然。所以，在他的《易注》里，以卦时的吉凶否泰，来说明爻的进退屈伸者，是屡见不鲜的。尤其，对于一些不合乎承乘比应等爻应原则的例外，他便拿出“时义”作为解释，这点实在可以作为上文所提示的“爻变六原则”的补充。

（二）爻位的辨别：王弼对“位”的看法，可以分两方面来说——第一，从整体的意义上看，他认为“爻之所处，则谓之位。卦以六爻为成，则不得不谓之六位时成”，因此每一卦都有六个位。第二，从个别的价值上看，他认为“位”是“列贵贱之地，待才用之宅”，所以从初爻到上爻，每一个位便象征着尊卑、贵贱、先后、终始的不同意义。——这两方面，他特别重视后一方面。他认为初上两爻是事之终始，无阴阳定位；要论位分，必须摒去初上而论：则三、五爻各在一卦之上，亦何得不谓之阳位；二、四爻各在一卦之下，亦何得不谓之阴位。这么一来，不仅爻有阴阳之分，位也有阴阳之别了。所以，“爻”的阴阳与“位”的阴阳相配，便会发生“当位”、“不当位”，或“得位”、“失位”的问题，于是每一爻的吉凶顺逆，也就很容易从这里得到解释。王弼的《易注》，几乎在每一爻的爻辞下，必先辨明爻位的上下终始与得失当否，就是这个缘故。

4. 忘象以得意

王弼易学最大的贡献，也最为古今人士所颂扬的，就是他“扫除象数”的成就。《略例》的《明象》篇，可以说是他揭橥象数革命的誓师辞。首先他对“象”字下了一个新的定义，说：“夫象者，出意者也。”这个定义并不是死板板地依据《系辞传》对

“象”字的解释而来，但却酌取了《系辞上传》所谓“书不尽言，言不尽意”以及“圣人立象以尽意，设卦以尽情伪”的要义，并参以《庄子·外物》的“得鱼忘筌，得兔忘蹄，得意忘言”等话而来。根据以上这些资料，王弼在“言”与“意”之间，巧妙地安上了“象”字，作为他排斥象数易的理论根据。在他看，言是象的代表，象又是意的代表；尽意莫若象，尽象莫若言；故寻绎言之理，则可以得象；寻绎象之理，则可以得意。换句话说，言和象二者，不过是工具，只可用以得意，而不是意的本身。用《庄子·外物》的比喻来说，言之于象，就好比蹄之于兔，象之于意，也好比筌之于鱼；蹄是得兔的凭系，筌是捕鱼的器具，若是兔已得、鱼已获，则蹄自可忘、筌自可舍。同样，言只是为了明象，象只是为了得意，故若能由寻言观象中，进而获知本理本意，则言与象自须忘却。否则，拘执于言，必反失本象；拘执于象，必反失本意：这就永远体会不到圣人立言、设象、画卦的内蕴之义了。所以说“得意在忘象，得象在忘言”。

基此观点而理解《易经》，在《乾文言》的注里，王弼举了一个实例，说：“《易经》的哲理，每用卦象来表现。然而卦象的产生，必先有某种内涵的意义作基础。譬如以龙来叙述乾健的德性，以马来说明坤顺的道理，都是先有健、顺的意义，而后才用马、牛的象征来表现。”在《略例·明象》中，他更进一步说明了这个道理，他认为：“只要合乎所要表达的意义，凡物都可取为象征。故义苟在健，乾卦何必一定取象于马？义苟在顺，坤卦何必一定取象于牛？然而有人解易，每每定马于乾，而案文责卦；以致有马无乾，伪说滋漫；互体不足，遂及卦变；卦变不足，又推及五行；一旦失其本原，穿凿附会之奇巧则愈演愈深，纵有勉强可以说得通的，但在意义上却一无可取，这就是存象忘意的流弊。因此，必须忘象以求其本意，才能窥得《易经》的真谛。”很明显地，王弼这番“忘象得意”的主张，乃是针对着汉代象数易的毛病开刀的。他指斥象数易的荒诞不经处，真是一针见血，不留余地！直替时人普遍厌倦象数易的心理吐了一口气。从此，光怪陆离的象数学便一蹶不复，逐字训诂的风气也走向末路，抽象玄虚的思想取得优势，既简且文的易学体系，便被王弼轻而易举地建立起来了。

以上四大原则，一就本理上看易，二就作用上解易，三就时位以明易，四则忘象以得意，此是王弼《易注》的纲领。这些纲领，比起汉儒的卦变术数之学，实在很能把握易简之理要、易变之法则与《十翼》之精神。这点我们只消将他的注文与彖象传的话两相比照，就可证实。尤其从他的爻辞注，更不难看出王弼运用四大原则的主要步骤——第一步，他必先辨明各爻上中下的位置，以明其事之终中始；第二步，则以爻位之上中下，配合爻德之阴与阳，以明其位之得失当否，并在关键处点明一卦之主爻与卦义；第三步，乃利用爻变承、乘、比、应等原则，说明爻者爻之间的变动关系；第四步，再添附《十翼》的义理、道家的玄学或他个人的意见，以便充实注文的思想内容。——以上这几个基本步骤，被王弼运用起来，煞像探测各爻吉凶顺逆的验候仪。特别是前三个步骤，可以说是爻注的基本骨架，后一个步骤才涉及注文的思想内容。全部爻注，除了乾上九及兑初九两爻无注外，其余大都依循此例以为注。

说来王弼实在是一位聪明绝顶的人：一部《易经》包罗万象；爻与爻的变化，又如此复杂；汉代三百年间许许多多的学者投身其中，总在象数易的圈子里消失了踪影，王弼年少初成，却能根据彖象传的提示，找出几个简明的原理，把《易经》说得头头是道，不再从卦象符号上去玩弄技巧，而专就本理、时位及爻变中，去进行哲理的分析，这真不是一桩简单的事！

透过上文提及的王弼《易注》之原则与方法，我们已不难看出王弼的注《易》态度及思想路线。然而，若要更彻底地明白王弼易学的思想内涵，我们还需从他“添字解经”的部分去认识。诚如本文第三节所说：王弼的思想支柱，乃在“体无”和“用有”两大端，他便是以此观念为基础而建立义理的新易学。一方面固然以《十翼》解经，用彖象传的儒门思想来补述卦爻辞义的不足；另一方面，只要经文可以牵附老旨的地方，他也一点都不放过：这正表明他有意调和儒道的作风。所以在《易注》里，我们常会发现一些道德性的格言，或是哲学性的玄思，归根究底，不是本诸儒，就是取乎道。儒家的政治伦理思想，跟道家对形而上世界的观点，王弼总想挖空心思，把两者兼容并蓄。这种努力的痕迹，点点滴滴地留散在整部《易注》的每个角落。以下且就“以传解经”和“援老入易”两点，进探他的易学思想内容：

·以传解经

《系辞上传》说：“天生神物，圣人则之；天地变化，圣人效之；天垂象见吉凶，圣人象之”，易传的主要思想，在推天理以明人事，故于处事接物之理多所发挥。譬如进德修业、迁善改过、著信立诚、存公忘私、敬慎防患、乐天待时、尚义斥利、主正反邪、执两用中，以及亲仁善邻的思想，均是《十翼》义理的根本精神。王弼注《周易》，所本的是费直“以彖象系辞文言解经”的古文易，对于儒家的这些伦理思想，明引或暗用的，自属不少。例如蛊象、蹇象、困象、既济九五诸注，即均强调“进德修业”的重要；噬嗑初九、益象诸注，内中含有“改过迁善”的见解；北初九、随九四、中孚九二诸注，解“孚”为“诚”与“信”；此皆不失孔门义理的精神。乾九四、泰九二、同人六三、大有六五、井上六诸注，申述“存公忘私”的思想；坤六四、需九三、否九五、观上九，未济上九、萃象诸注，力倡“敬慎不败”的道理；屯六二、困初六诸注，表现“乐天待时，否极泰来”的见解；此亦深合易传思想的真谛。乾九三文言、颐初九、明夷初九、蹇六二、井九五、渐九三诸注，申明“义利之辨”，主张君子须尚义而行；乾用九、否初六、解九二、渐卦辞、巽九二、兑六三诸注，倡言“理中之道”，认为柔顺以不失正为度；坤象、谦上六象、豫六二、家人上九、夬象、兑彖诸注，强调“刚柔并用，尊卑得当，上下有方，恩威兼施”；讼九四、复六二、家人九五、家人上九诸注，讲求“为人由己”与“亲仁善邻”；这些观点也都跟儒家思想取着一致的步调。由此可知，王弼不仅不反对儒家的伦理思想，而且还相当接受儒家劝人为善的生活准则。不但如此，对于儒家的政治或军事主张，比如为政以德、小人勿用、断讼在直、征讨有常、法制应时等，王弼也都十分推崇，其例随处可见，兹不赘举。

·援老入易

王弼之易，以传解经，总算是费氏家法。如果全经之注都能如此，他也配得成为孔门中的一大功臣。无奈他的思想并不这么纯正，儒家的政治伦理哲学他固表示赞同，但于孔门天人一体的基本思想则未真确把握，倒是老子的玄思才更折服他的心。宋朝的赵说之说："以老氏有无论易者，自王弼始"，这话一点也不错，《易注》中有一部分关键性的思想，的确是被老子笼络了。比如坤六二、蒙六五、随大象、观象、离九三诸注，即搀有"自然无为"的思想；复大象、咸六二、恒上六、中孚彖诸注，也附上"主静反躁"的见解；讼六三、师六五、蛊象、大畜六五、颐初九、姤上九、萃初六、中孚六四、皆本于"贵柔不争"的哲学；乾用九、坤六三、讼初六、损六五诸注，实不违"处下不先"的要旨；履初九、贲六五、贲上九、艮卦辞诸注，极符合"素朴寡欲"的修养之道；履九二、九五，困九二、九四，鼎九二诸注，显富有"尚谦恶盈"的收敛色彩；乾彖，大有上九、蛊上九、遯上九、夬九三、渐上九诸注，强调"不为物累"，不待说乃从老氏思想衍来；至若主张初上二爻无阴阳定位，故不为位所累，实际上也受到道家哲学相当的影响。由此诸例，可见王弼《易注》中搀附老子人生政治思想的一般。此外，他还援用了老子的本体论，在复卦彖注中，王弼表示：复乃反本之谓，而其所反之本，实为"寂然至无"的道体。此体固由静默中显现，但它绝不是死寂无用的"空无"，而是一个生成万物的"无限妙用"，万物以之为心，亦因之而存。正因它一无所有，才能应有尽有、无所不有，成就天地间伟大的变化。——这些见解，显然是老子"体一用殊"及"无之以为用"的思想复现！在他解释"大衍之数五十，其用四十有九"中的"其一不用"，云："不用而用以之通，非数而数以之成，斯易之太极"，这话也与复卦注一样，纯以老氏抽象玄虚的本体论为说，而把汉儒那些繁乱支离的气化观和术数论一笔拘去，遂成汉魏间学术思想的一大转捩。

综上所述，王弼之易，从原则上说，《周易略例》标示《易注》的纲领，颇能把握易简之理要，与易变之法则；从方法上论，不论卦爻辞之注，实是依据《略例》所提示的原则，相当谨严地遵循《十翼》的启示，而作广泛的运用；从内容上看，一面以传解经，结束两汉以来象数易发展至泛滥无归的弊习，一面援老入易，开创魏晋以下老学之玄风。其能摈落象数，申张义理，在汉易发展到穷极斯滥的时候，而以明朗清新的面目出现，诚为易学史上的一件大事！

由于王弼之易有原则、有方法，又有适应时人口味的玄学内容，所以在他《易注》刚问世的时候，代表旧易学派的荀融曾向他的《大衍论》挑战，非但无法难倒他，反而还被他戏了一顿。从此，王弼的《周易注》便势如破竹地登上了易学界的舞台，地位与日俱增，是非褒贬也跟着漫天飞扬。喜欢他的人，把他捧上青天，说是“独冠古今，功不可泯”（清黄宗羲），讨厌他的人，把他踩在脚底，斥为“惑世诬民，罪深桀纣”（晋范宁）；单就“扫象”这点来看，有人赞许他“一切扫除，畅以义理，天下耳目焕然一新，圣道复覩”，（《经义考》引黄宗炎语）有人则责备他不该“并象变而去，则后之学者不知三圣命辞之本心”；（《经义考》引丁易东语）真是功之所在，过亦随之，此亦一是非，彼亦一是非，皆非持平之论。评及他的易学内容的，也是一样人自为说，而有无穷之辩。譬如孙盛、程颐、郭雍、朱震、陈振孙、何乔新、杨时乔等人，都断言他崇尚玄虚，杂述异端；而黄宗羲却持相反的论调说：“顾论者谓其以老庄解易，试读其注，简当而无浮义，何曾笼络玄言？”另有一些人如宋祁、陈澧等，又认为他是“自发胸臆，自作子书”。以上这些评论，可以说都是只见其一端，而不能窥其全貌。事实上，王弼的《周易注》，既未叛离儒门，亦非独宗老氏，而是采取调和折衷的立场，将儒道杂糅；本乎老子之形上学，以求易道之本原，又采取儒家之道德论，以资于人事之训诫，纵有独发议论之处，也不出此范围。

《易·系辞上传》说：“易有君子之道四焉：以言者尚其辞，以动者尚其变，以制器者尚其象，以卜筮者尚其占”，王弼之易侧重义理而扫象占，自属于“尚其辞”的一派。历来研究易学的人，要分为三：汉代焦延寿、京房之推灾祥，郑玄、虞翻之论互体爻象，即属于象数易学派；魏代王弼、韩康伯之黜象数而搀玄理，宋代程颐、朱熹之以儒理解易，即属义理易学派；宋代陈抟、邵雍之演图书以穷造化，即属图书易学派。在这三派中，尤以义理派为重，故订为官书者，则非王注、程传、朱义三家莫属。清修《四库》，易类著录凡一百六十七部、一千七百六十卷，存目三百十八部、二千三百七十二卷。在此将近五百部的易学名著中，王弼之易能够列于学官，专置博士，流行千余年而不断绝者，其特质之不凡，可以想见。

五、老学（简附论语学）

《老子》一书，在先秦时代乃天下之显学，杨朱庄周之徒，无不祖述其言，韩非也有《解老》、《喻老》之篇。降及汉初，文景贵黄老，朝野上下，奉读《老子》，固有邻氏之《老子经传》、傅氏徐氏之《老子经说》（见《汉书·艺文志》著录，今皆亡佚），外如《淮南子》等书，也都以老子思想为主。然而武帝以后，罢黜百家，独尊儒术，老子之道乃湮没而不彰，刘向虽有《说老子》四篇，今亦不存。直到汉末扬雄、王充以还，老子学说中的自然主义才又渐次抬头，但真能发挥老学之幽光，重振老学之衰亡，阐明其书，又表扬其道的，则当首推魏朝的王弼。他的《老子注》及《老子微旨例略》二书，不仅被时人誉为天人之见，也是今日研读老书者的指南。在汗牛充栋的老学研究中，王弼注实是最早、最好，又最成系统的一部。相传河上公之《老子章句》乃汉文帝时之作品，但据今人考证，实为晋人伪托，且其书颇杂俗俚，故亦不如王弼注之见重于士林。

王弼的老学著作，如上所提，有《老子注》二卷及《老子微旨例略》一卷，今皆保存。前者为王弼对《老子》原书所作之注释与演义，后者乃王弼既注《老子》，又撮其大要，总其指归，所作的心得与论文。王弼极重理统，故于易有《周易略例》，于老也有《老子微旨例略》。在《老子微旨例略》中，王弼替老子五千言找到了一贯的思想体系，云："老子之书，其几乎可一言而蔽之噫！崇本息末而已"，这"崇本息末"的观念，其实也是王弼本人的思想，及其注释《老子》的基本法则。何谓崇本息末？在《老子》三十八章及五十二章的注中说得很明白：乃是"守母以存其子，崇本以举其末"及"得本以知子，不舍本以逐末"的意思。可见此"息"，并非一般所谓的止、休或庆，而是生、长或存之义。王弼以无形无名的道体为"本"，以有形有名的事物或教化为"末"，故崇本息末，换言之，亦即"守无存有"、"体无用有"之义。诚如本文第三节论及王弼思想基础的奠立时所云：王弼的思想支柱，乃在"圣人体无"和"圣人有情"两大端，他不仅以此观念注解《周易》，也以此观念注解《老子》。在他看，唯有老子的道体才是本，儒家所主张的一切处事接物之道都是末，故若无老子的本体思想作中心，而一味讲求儒家的仁义礼智信，那就是"舍本逐末"了。由此可知，王弼虽未反对儒理，但他既以老学为本，而以儒理为末，则其根本精神显然是道家化了。故欲明白王弼的本体论及人生论，可由《老子注》及《老子微旨例略》中找到很多的数据。

1. 本体论

王弼《老子注》，贵阐体无之学，他的本体思想在以"无"为体，《晋书·王衍传》即说："王弼立论，天地万物皆以无为本"，的确，他论宇宙的道体及万物的生成，可以说完全摆弃了汉儒的元气、阴阳、五行等怪说，而实行老子的见解。他认为：道是万物的宗主，在万物未形无名之时，能生成万物，为万物始；在万物有形有名之时，亦能长养万物，为万物终；道永存而不变，无始无终，而为万物之宗主；不仅在一切形物之先，也在一切形物之后，乃是超时间又超空间的一个主宰。

这个自有、永有、先有、遍有的道体，身具主宰性、常存性、先在性及遍在性等诸种特质，但它究以何种方式而为万物的宗主？在王弼看，“道”并非实有之物，乃以冲虚为性，它寂然至无，不可名象，完全不受形与名的限制，所以包罗广大，能作万物的主宰。《老子微旨例略》开头处说：“物之所以生，功之所以成，必生乎无形，由乎无名；无形无名者，万物之宗也。”正因道以无形、无名、冲虚为性，故其生化万物，便不假任何干涉，而任万物自然而生、自然而济、自然而长足，以显出自然无限的妙用来。可见“道”乃以“冲虚无物，自然无为”的方式，而为万物的宗主。

2. 人生论

既然，王弼以老子的“无”为宇宙万象的本体，故其人生论也以“崇本贵无”为鹄。他认为“无”的妙用很大：天道所以能成就万有之造化，乃在无为而自然，故圣人法天，亦可以无为自然而治理万事万物。在《老子》十一章的注里，他表示：一切器物的用处，全在于“无”，譬如车毂（车轮中心的圆圈）能统御三十辐，乃在于车毂本是一个中空之物，所以能安插众辐，成就车轮的用途。因此，他的人生哲学也根据这个自然无为的观念，以为人生不必勉强着去违反自然，更不必讲求察察之明，以图有所作为。他批评名法儒墨杂各家都是举终证始、舍本逐末之学，因为他们汲汲于定真、齐同、纯爱、俭啬、不系之道，却不反从根本之“无”作起，以致欲求其治，反而离治愈远。所以王弼说：欲定物之本，则虽近而必自远以证其始；欲明物之所由，则虽显而必自幽以叙其本。譬如存者不以存为存，而求其不忘亡；安者不以安为安，而求其不忘危；同样，闭邪乃在存诚，不在善察；息淫乃在去华，不在滋章；绝盗乃在去欲，不在严刑；止讼乃在不尚贤名，不在善于听讼。总之，凡事必谋之于未兆未始之际，使其无心于为，无心于欲，而后能顺理平治，这才是治本之道。故若只在政治上竭尽圣智之才以治巧伪之民，在社会上崇尚仁义之人以敦凉薄之俗，在经济上发展巧利之器以厚民生之用，便都不如使百姓朴质无华、少私寡欲，于事更有所补。

这么说来，王弼是否反对智圣、仁义与巧利呢？不！并不！在《老子微旨例略》上他承认说：“圣智是人才中的俊杰，仁义是行为中的大德，巧利是实用上的善法”，而且他的《易经注》，也常以《十翼》之儒理来解释经文，可见他并未排斥儒墨名法各家所标榜的价值，只是站在本末有别的角度上，他认为圣智、仁义、巧利等，都是细末之学，唯有自然无为的道体才是万事万理之本。若是“本”未立而求其“末”，“体”未达而论其“用”，那才是他所极力反对的。

根据上文所述的“崇本息末”的观念，王弼替老子五千言作了注解。大致说来，他的注文可以称得上“清通简要”四字。因他极重本体之理统，主张得意在忘言，故其注恒要言不烦，谨饰有序，而不留心于章句训诂或文字之解释。如二十章“绝学无忧”

数句，王弼注云 :“学习在求增进其技能，并广益其知识。但若无欲而足，则何须孜孜于增进？若不知而中，则何须矻矻于广益？譬如燕雀及鸠鸽，皆各有其匹配，寒乡的百姓亦自知披穿毡裘，此皆自然已足，若以人力干涉，势足以增添忧患。故续凫之足，何异于截鹤之胫？……”此注何等精详！王弼举例作解，显然只在阐发老子“自然无为”之旨，而不拘拘于文字之训诂。又如十八章“大道废有仁义”数句之注，王弼首先提出“失无为之事”为反仁义、反智慧、反孝慈之先决条件，且举“鱼之相忘江湖，始生相濡之德”为譬，申述老子“守母以存子，不舍本以逐末”之旨，这也可以看出王弼《老子注》“重意不重章句”的特色。总之，王弼随文作注，要在择其证成己意处会通其旨略，而未必迁就于文句之解释。故就长处言，其注简明切要，而无汉儒支离破碎之弊 ；但就短处言，则部分注文因过于简略，便不免失之空泛或独断。比如七十一章 :“知不知上，不知知病。夫唯病病，是以不病。圣人不病，以其病病，是以不病。”王弼注文仅有“不知知之不足任，则病也”寥寥数字，这不是太过于空疏苟简了吗？（有关王弼《老子注》之详简得失，王淮先生的《王弼之老学》一书，审查甚详，读者可以参见之。）

案世俗多以老子思想玄远难明，且为反仁义、反智慧、反孝慈者，今观王弼之注，实超世俗之上。他以“崇本息末”、“得意忘言”的观点来理解《老子》、注释《老子》，也以此观点调和了孔老两家的冲突，进而建立自己的玄学体系。就其理解老子的思想而论，王弼堪称老子的知音，对道体“自然无为而为万物之主”的特质认识得极为透彻。就其注释《老子》的方法而论，其注清通简要，不受文字名象的牵制，而能尽脱章句训诂的烦琐。就其调和孔老思想的冲突而论，王弼以孔子为“体无”之圣人，这点固然是替孔子戴错了高帽，全然歪曲了孔子的本体思想，不过在众人看为互不相容的老子之“无”与孔子之“仁义”，他竟能以“崇本息末”的理论，把两者联合为一，认为本立则末亦存，体立则用乃彰，所以孔子所提倡的仁义礼智信，便成孔子体无而言有的实际。这个调和孔老思想的本事，的确相当高明！无怪乎王弼的《老子注》一出，魏晋名士对孔老冲突的种种悬疑便全然释解，老子的体无思想因此驾乎儒理之上而响彻了云霄，王弼也成为大家所公认的玄学之祖了。

除了《易》《老》二注外，王弼还作有《论语释疑》，此书大概是取《论语》中文意难通者加以疏抉，故于《论语》十卷，只有《释疑》二卷（或云三卷）。不过此书既已亡佚，故亦难知其详，现在仅能从皇侃的《论语义疏》或邢昺的《论语正义》中，窃得一鳞半爪。大致看来，这部书也不外根据“崇本息末”及“得意忘言”的观念写成。就其思想内容来看，此书跟《易经注》一样，在以老子的本体思想搀附儒理、以建立其“崇本息末”之学。如《论语·阳货》“予欲无言”条，皇疏引了王弼的一段话，大意是说：“孔子虽以言教人，而其本意实在于无言，所以说‘我欲无言’，乃希望世人藉此明白他的本无思想，进而举本以统末，建立系统之学。如果不明本体，而一味拘执言教，便会导致汉人章句训诂之弊。欲脱此弊，唯有反求其本，修本废言，才能达成顺天行化的目的。”这里，王弼以“举本统末”、“修本废言”的思想来理解孔子，这正是“援老入儒”的明证；次如《述而》篇“志于道”条，邢疏引王弼的注解云：“道者，无之称也，无不通也，无不由也，况之曰道。寂然无体，不可为象，是道不可体，故但志慕而已”，这话也俨然如从老子之口所出，跟朱熹解“道”为“人伦日用之间所当行者”比起来，简直是玄极了；再如《为政》篇“六十而耳顺”条，皇疏引王弼的话说：“耳顺，言心识在闻前也”，这话就更玄了，且玄得有点让人摸不着边际。大家都说王弼改装孔子成为道家化的圣人，由以上三例，已足可证实众言不虚。

王弼除了这样有意无意地援老入儒以外，在《论语释疑》中，我们发现他还经常使用一种“假言”的办法。如《公冶长》篇“回也闻一以知十，赐也闻一以知二”条，王弼便注说：“这是假数以明优劣之分”；又如《宪问》篇“君子而不仁者有矣夫，未有小人而仁者也”，他则注说：“这是假君子以甚小人之辞。”所谓“假 ×× 以明 ××”，正是告诉人要注重本理本意，不要拘执言语与象征，这就是“得意忘言”的解经方法。在《易》《老》二注中，王弼曾以此法将象数之学一举廓清，建立了清通简要的玄学体系；同样，在《论语释疑》里，王弼也用此法摆脱汉儒章句训诂的拘绊，完成《论语》玄学化的一贯目标。

六、结论与评价

汉自武帝以后，独尊儒术，经学盛极一时。当时，治学的范畴，以五经为主，《论》《孟》次之；学术思想，多本天人感应；解经方法，前汉尚明大义微言，后汉则详章句训诂。在政治清明的时候，这种学风乃是维系社会秩序的原则；然而，学术久则必变，尤以后汉阉竖乱政，内乱外患交织，作为汉代精神基础的儒家思想便渐次失去屏障，于是老庄之学乃应运而生。自东汉扬雄、王充、王符、仲长统以及荆州学派以来，学者即间尝企慕玄远，对神仙图谶之说颇加排斥，但在时风积习难拔之下，就如扬雄、王充之特异，似乎还未能尽脱“符瑞吉凶”、“天人感应”等观念的牢笼。直到魏正始年间，何晏、王弼以老学搀附儒理，整个学术思潮才一转而大异从前，追求放旷、企慕玄虚，乃成一时风尚。所以，王弼可以说是魏晋新旧文化交替中的一个关键人物，他在思想史上的地位和价值，不仅不容抹杀，而且极其重要。

如本文所述，王弼治学的范畴，除《易》与《论语》之外，已及于《老子》；并且高抬老子的本体思想，附会到孔子的仁义学说上，而倡言“崇本息末”、“体无用有”的理论，以调和折衷孔老两家思想的冲突；其解经方法也大异汉儒，而主“得意忘象”

及“得意忘言”的学说，以驳斥章句训诂及阴阳术数的流弊。王弼这种“体无用有”、“得意忘言”的学说，在当时来讲，正合乎“适者生成”的条件，因为他的思想见解及治学方法，乃是应“汉学弊极之后必须改革”之运而起的。他的崇本息末、援老入儒，适合六朝人的口味，固不待说；他的文字既简且文，一变训诂之习，容易让新文化界的魏晋人士接受，也是理所当然。所以当他的学说一出，便立即蔓延开来，形成一股众莫能倾的庞大势力，侵入魏晋文化的每个角落，造成极大的影响。

像王弼这样一位年纪轻轻的少年，何以能有如此巨大的影响力呢？综括本文的研究，其成就实非偶然：所谓天时、地利、人和，在他身上，的确是一应俱全的。他自幼聪颖察慧，又独好玄理，此其过人者一；他有良好的家学，培养他的实力，此为人所不及者二；他的时代自由开放，容让他去高言阔论，此其适时而生者三。如此三大因缘辐凑，造成了一个王弼，当然不是偶然的了。若说他是一个能够承受时势，又能随顺个性，并不错过境遇的人，这话一点也不夸张。

正因天地人三大因缘的辐凑，所以王弼的学术著作流传得很快。就拿《易注》来说，在他死后不久，韩康伯马上补足了《系辞》以下的注文。一入晋与南北朝，其他的易学都被摈落，只有他的《周易注》，足与汉末大儒郑康成的注并驾齐驱：王弼注行南，康成注行北，二者皆列于国学。而且一转进隋代，康成注也渐渐不是他的对手了，于是王弼注便独据鳌头，挟其众莫能倾之势，到了唐修正义，遂被定为一尊，直到伊川、朱子之易起，才能与之抗衡。

他的《老子注》，不消说，也是古来一部名著，而且是大家所公认的老学权威。其注未出以前，已先折服何晏；其注既出以后，更为士林所重。我们由此注脍炙人口的事实，就足以证实王弼极善领悟老子之精髓，并能宣扬老子之学说。故自其注一出，魏晋人士争相仿效，注释《老》《庄》的书籍殆如雨后春笋，陆续出土。如何晏的《道德论》、钟会的《道论》、阮籍的《通老论》、孟康的《老子注》、荀融的《老子义》、范望的《老子注训》、王尚的《述老子》、程韶的《老子集解》、张凭的《注老子》、孙登的《老子集注》，以及崔撰、向秀、司马彪、郭象、李颐等人的《庄子注》，张湛的《列子注》等等，简直不胜枚举，差不多可与儒家经传的注解讲疏互相拮抗，道家学说因此大得复兴，而为魏晋思想之主流。推其所由，寻其所自，王弼《老子注》，实为玄风之祖。

至于《论语释疑》，虽然比不上《易》《老》二注之洋洋大观，但它的影响力也同样不小。尤其是援老入儒，道化孔子的作风，《论语释疑》可以说是开先锋者。因为何晏的《论语集解》，虽已略杂玄言，但所集仍以汉儒之说为主，玄味还不怎么大；可是王弼的《释疑》，就今所见者看来，玄味却比何晏浓多了；因此若说王弼才是道化孔子的始作俑者，这话并不过分。我们从今日仅存的南北朝儒学经疏——皇侃的《论语正义》中，发现其中所载录的郭象、孙绰、王充、殷仲堪、缪播、缪协、刘歆、颜延之、顾欢、太史叔明、沈居士诸家的话，都是基于道经，甚或佛典，把孔子讲成寂静的、玄远的、消极的、无事无为的圣人；就连作义疏的皇侃来说，他不但采了别人的玄言，自己也屡发玄言；这些显然都是因循王弼道化孔子的故智，所作的进一步的发展。王弼变乱孔子真相，遗害之大，特以《释疑》一书为最。

《文心雕龙》上说："魏正始中，何晏之徒，始盛玄论，于是聃周当路，与尼父争涂"，这里所谓何晏之徒，指的就是王弼这一类人。他一面注《易》与《论语》，一面又注《老子》，因为在他的眼光中，儒书与道书并没有什么不调和的，孔子偏谈形而下的待人处事之原则，老子偏谈形而上的无形无名之道体，二者正好可以互通有无，综合而成"体无用有"的思想架构。王弼以为这是一个大发现，因此才把老学灌注到《论语》、《周易》内去，使儒道二家的思想混合起来。但他哪里晓得，由于他将老子提高到孔子并肩的地位以后，老庄的玄理便堂而皇之地戴上了孔子的面具出来迷惑大众，整个社会风尚也就渐趋于放浪旷达的一途了。起初大家还口头承认孔子的礼教，后来简直就正面地攻击了。攻击之不足，更进而由理论而见诸行动，彻底表现到生活行为上来。衍至七贤八达之流，无论当官在野，无不是肆情酒色，蔑视礼义，不负责任，因此导致清谈误国的惨局。王弼本无意于菲薄孔子、排斥礼教，但因他是第一个申张老学，并替孔子穿上道装的玄学家，所以，玄学之毒败坏了士风，违误了国事，他是难辞其咎的。

固然，站在学术的教化功能上讲，我们不能不批评王弼遗祸匪浅；但若就学术思想本身来评价，王弼实可称得上是天才哲学家。他注《易》、《老》、《论语》三书，是有其一贯思想作基础的。所谓"体无用有"、"崇本息末"之论，的确有其得心之处；而"得意忘象"、"得意忘言"的解经态度，比起东汉末叶咬文嚼字的腐儒作风，也属进步之学。再说，他的《易经注》，能够一扫象数，恢复哲理易的价值，其功实不可泯；而其《老子注》，既阐明了老子之书，更表扬了老子之道，也可算是老子的功臣。

参考书目

（一）主要参考书籍

《周易注》，魏王弼、晋韩康伯注，唐孔颖达正义，台北，艺文印书馆影印嘉庆二十年江西南昌府学重刊宋本十三经注疏第一册，一九六五年六月三版。

《周易略例》，魏王弼撰，唐邢璹注，台北，新兴书局影印程荣校刻《汉魏丛书》本，一九七〇年初版。

《周易集解》，唐李鼎祚辑，台北，商务印书馆《国学基本丛书》，一九六八年三月初版。

《古周易》，宋吴仁杰撰，台北，大通书局影印《通志堂经解》第三册，一九六九年十月初版，总页一四一九至一四三一。

《易学象数论》，清黄宗羲撰，台北，隆言出版社，一九六九年十月出版，《梨洲遗著汇刊》上册，卷四。

《周易补疏》，清焦循撰，台北，复兴书局影印《皇清经解》第十六册，一九六一年五月初版，卷一一四七至一一四八。

《谈易》，戴师静山撰，台北，开明书局，一九七〇年十二月二版。

《先秦汉魏易例述评》，屈师翼鹏撰，台北，学生书局，一九六九年四月初版。

《两汉易学史》，高怀民撰，中国学术著作奖助委员会，一九七〇年十二月初版。

《王弼及其易学》，林丽真撰，台大中文研究所硕士毕业论文，一九七三年六月成稿。

《论语集解》，魏何晏集解，宋邢昺疏，台北，艺文印书馆影印嘉庆二十年江西南昌府学重刊宋本十三经注疏第八册，一九六五年六月三版。

《论语义疏》，南朝梁皇侃义疏，台北，兴中书局缩印《知不足斋丛书》第三册，一九六四年十二月出版。

《经典释文》，唐陆德明撰，艺文印书馆影印《四部善本丛书》经部，一九六四年出版，卷二《周易音义》，卷二十四《论语音义》，卷二十五《老子音义》。

《经学通论》，清皮锡瑞撰，台北，台湾商务印书馆《人人文库》，一九六九年九月一版，页一六一三七。

《经学历史》，清皮锡瑞撰，台北，艺文印书馆，一九六六年九月一版，页五一一二〇一。

《汉书》，汉班固撰，唐颜师古注，清王先谦补注，台北，艺文印书馆，《二十五史》第三、四册，卷二十《古今人物表》，卷三十《艺文志》。

《后汉书》，南朝宋范晔撰，唐李贤等注，清王先谦集解，台北，艺文印书馆，《二十五史》第五、六册。卷四十九《耿弇传》，卷五十一《任光传》，卷五十七《郑均传》，卷五十八《桓谭传》，卷六十《杨厚传》，卷六十二《樊准传》，卷六十六《郑兴、范升传》，卷七十二《楚王英传》，卷七十八《翟酺传》，卷七十九《王充、王符、仲长统传》，卷八十九《张衡传》，卷九十上《马融传》，卷九十下《蔡邕传》，卷一〇四《刘表传》。
《三国志》，晋陈寿撰，南朝宋裴松之注，卢弼集解，台北，艺文印书馆，《二十五史》第七册。《魏书》卷四《高贵乡公传》，卷六《刘表传》，卷九《曹真、夏侯玄传》（附《曹爽、何晏、邓扬、丁谧、毕轨、李胜、桓范传》），卷十《荀彧传》（附《荀融传》），卷十二《何夔传》（《附何劭传》），卷十三《王朗传》（附《王肃、董遇传》），卷十四《刘晔传》（附《刘陶传》），卷二十一《王粲、傅嘏传》，卷二十三《裴潜传》，卷二十八《钟会传》（附《王弼传》）；《蜀书》卷四十二《李譔传》。
《晋书》，唐房乔等奉敕撰，清吴士鉴、刘承干斠注，台北，艺文印书馆，《二十五史》第八、九册。卷三十五《裴颇传》，卷三十六《卫玠传》，卷四十三《王衍传》，卷四十七《傅玄传》，卷四十九《阮籍、嵇康、向秀、刘伶、谢鲲、胡母辅之、毕卓、王尼、羊曼、先逸传》，卷七十五《范宁传》，卷九十二《文苑李充传》。
《经义考》，清朱彝尊撰，台北，中华书局据扬州马氏刻本校印，《四部备要》史部，卷十，页四至八。
《两晋南北朝史》，吕氏撰，台北，开明书局，一九六九年一月初版。
《老子注》，魏王弼注，台北，艺文印书馆影印《遵义黎氏校刊古逸丛书》本，一九七一年一月再版。
《老子微旨例略》，魏王弼撰，严灵峰《无求备斋老子集成初编》辑，台北，艺文印书馆据明刊《正统道藏》本影印。
《庄老通辨》，钱穆撰，九龙，新亚研究所，一九五七年十月初版，页三一九—四一八。

《老庄研究》，严灵峰撰，台北，台湾中华书局，一九六六年六月初版，页五三一—六一二，页六三四—六三六。

《读诸子札记》，陶鸿庆撰，台北，艺文印书馆，《老子》第一，页六—十九。

《王弼之老学》，王淮撰，台北，兰台书局，一九七三年一月初版。

《世说新语》，南朝宋刘义庆撰，梁刘孝标注，杨勇校笺，台北，明伦出版社，一九七〇年九月初版。

《朱子语类》，宋朱熹撰，正中书局影印本，第四册，卷六十七。

《日知录》，清顾炎武撰，台北，台湾中华书局聚珍仿宋版排印，《四部备要》子部，卷一《朱子周易本义》、《卦爻外无别象》、《卦变》、《互体》、《六爻言位》诸条。

《东塾读书记》，清陈澧撰，台北，台湾中华书局聚珍仿宋版排印，《四部备要》子部，卷四、卷十六。

《玉函山房辑佚书》，清马国翰辑，台北，文海出版社据清同治济南皇华馆书局补刻本影印，一九六七年初版，第三册，总页一六六九至一六七四。

《全后汉文》、《三国文》、《全晋文》，清严可均《全上古三代秦汉三国六朝文》辑，台北，世界书局据清光绪甲午年黄冈王毓藻刊记本缩印。

《中国中古文学史讲义》，刘师培撰，台北，大新书局，一九六五年出版，《刘申叔先生遗书》第四册，总页二六六三—二七〇七。

《梅园论学续集》，戴师静山撰，台北，艺文印书馆，一九七四年十一月初版，页一至一四九。

《魏晋玄学论稿》，汤用彤撰，台北，庐山出版社，一九七二年十月一版。
《魏晋思想论》，刘氏撰，台北，台湾中华书局，一九六七年三月二版。
《才性与玄理》，牟宗三撰，九龙，人生出版社，一九七〇年六月再版，页六七——六七。
《魏晋的自然主义》，容肇祖撰，台北，台湾商务印书馆《人人文库》，一九七〇年八月一版，页一——四五。
《魏晋清谈述论》，周绍贤撰，台北，台湾商务印书馆，一九六七年四月二版。
《魏晋思想与谈风》，何启民撰，“中国学术著作奖助委员会”，一九六七三月初版，页一——一五八。
《魏晋学术考》，日本狩野直喜撰，东京，筑摩书房，一九六八年一月初版，页三一六〇，页二七一——二八〇。

（二）主要参考短文

余英时：《汉魏之际士之新自觉与新思潮》，《新亚学报》第四卷第一期，页二五——四四。
王韶生：《荆州学派对于三国学术之关系》，《崇基学报》第四卷第一期，页三六一四一。
沈刚伯：《论文化蜕变兼述我国历史上的第一次文化大革新》，《中山学术文化集刊》第一集，页五〇一——五一八。
朱宝梁：《清谈考》，《幼狮学报》第四卷第一、二期，页一——七。
逯耀东：《魏晋玄学与个人意识觉醒的关系》，《史原》第二期。
萧天石：《老子与魏晋玄学之关系》，《学园》第二卷第八期，页四一五。

葛洪

尤信雄　著

目　录

一、传略

1. 生平事迹及行谊

葛洪，字稚川，自号抱朴子，丹阳句容人（句容即江苏省句容县）。生卒年不详，约生于魏齐王嘉平二年，约卒于东晋成帝咸和五年（约公元二五〇年—三三〇年），年八十一岁。

他的先祖，世代仕宦。祖父葛系，博学深涉，精通文艺；仕吴为大鸿胪，封吴寿县侯。父亲葛悌，兼有文武之才，也在东吴任五官郎中、太守等职，入晋迁至太中大夫。葛洪十三岁时，父亲去世，而家境贫困，以致饥寒交瘁，但却很好学。由于家贫，不得不亲自下田耕种，过着承星履草的农耕生活。他家虽是书香门第，但先人所遗留的典籍，由于屡遭兵火，而荡然无存。因此，在农耕之暇，却无书可读。然而困苦的环境阻止不了他求知的热切，于是常徒步各处，向人借书；而且以伐薪出卖所得，购买纸笔，夜晚则抄写诵习。由于环境的限制，到十六岁时才读《论语》、《孝经》、《诗经》、《易经》等书，也无力到远方拜访名师。但也由于他的刻苦好学、广览博涉，几乎六经诸史、百家之书无所不读，而终以儒学知名。在儒学之外，他尤好神仙导养之术。在这方面他有很好的师承：他的从祖葛玄，别号葛仙翁，尝从汉末名道士左慈学九丹金液之经，葛玄又以炼丹秘术传郑隐，郑隐又传授给葛洪，而尽得其法。另外他的岳父鲍玄，也传授他内学和医术，并能传其业。因为在这一方面能得到名师的指点，所以成就颇为可观，而成为当代一个很著名的弘扬仙道的高士。

在西晋惠帝太安年中（葛洪大概五十岁左右），石冰率暴民在扬州作乱。* 吴兴太守顾泌为义军都督，起兵讨伐。葛洪因精通武艺，能射、能使刀楯及单刀双戟（晚年又学七尺杖术，可以入白刃、取大戟），于是被征召为义军将兵都尉。他虽不慕事功，但为了急疾之义和桑梓的安危，乃募合义勇数百人，与诸义军攻乱贼。他的部队，因纪律严明，不但打了胜仗，而且也挽救了义军的危亡。他也因平乱有功，被封为伏波将军。但他不计论功赏，却前往洛阳，想要搜求异书，以扩大并充实本身的学识。可是，此时中原已乱，想避地于南方；于是当广州刺史嵇含的参军，后来嵇含遇害，他在南方停留了几年，就回到了故乡。这时朝廷的征召，他都没有接受。元帝当丞相时，曾辟举他为掾，并因以前平贼乱有功，而赐爵关内侯。成帝咸和初年，司徒王导举为司徒掾，又迁为咨议参军。此时，他的好友干宝认为他才堪国史，于是推选他为散骑常侍，领大著作，他坚持不受命，而想专心研究异学秘典。又因年老，想要炼丹以追求长寿；听说交趾出产丹砂，乃要求当句漏的县令，并带子侄同行。到广州时，由于刺史邓岳苦苦挽留，不让他前去，于是乃停留在罗浮山中，一心炼丹修道，

---

* 简体版编者注：石冰为当时起义民众将领，作者的说法原文保留，但请读者注意。

并继续完成《抱朴子》等书。后来到八十一岁时，端坐至日中，兀然若睡而死，而颜色如生，身体柔软，轻如空衣，相传是尸解成仙。

葛洪为人朴拙木讷，淡泊寡欲，不追求荣利，也无所嗜好玩乐；又不善交游、奔走权贵之门，因此闭门却扫，隐居于田园。正如他自己所说的，偶耕薮泽，只是为了苟存性命，而不求闻达于当世。虽然家境困苦，却安之若素。他做人的原则是，信心而行，毁誉皆置之不顾。在生活服用上，期于守常，不随世俗而变。言行举动，任性率真，绝不做作，或轻浮嘲戏；如果没有适合于说话的对象，就终日默然不语。与人交往，则敦厚相待，口不及人之是非，不谈别人的阴私，但却嫉恶如仇，尤其痛恨无义之人。世俗的人不了解他，就说他傲物轻俗，而明鉴之士，知道他的本性如此，不是故作清高，因此都称呼他为“抱朴之士”，后来他也就以“抱朴子”自号了。

他一生淡泊荣华，绝弃势利，与世无争。尽管他的基本态度是出世的，但并没有完全遗忘那个苦难的社会，平石冰之乱就是最好的例证：这烜赫的事功，在他平静孤寂的人生中，是一件很特殊也很有意义的事。他一生最大的期望，就是一方面想经由修炼和服食而获得长生，一方面又要著作一部子书，传之后世；并由此二者以获得肉体的永生和精神的不死。长生虽然无法达到，但由于他精诚的修养锻炼和学习武术，使他本来瘦弱多病的身体，终于能达到八十一岁的高寿。至于著作子书，前后经历十余年，也终能完成。如此，不但正如他所期望的，使后世的人知其为“文儒”而已，而且终其一生，我们称呼他是一位文武兼修的高士，实在是不为过的。

2. 葛洪的时代及其背景

中国历史发展至东汉末叶，由于朝政腐败，纪纲紊乱，以至天下扰攘不已，而形成一新的乱世。从宦官外戚的争权，到党祸和黄巾贼的屠杀，以至董卓和曹操的举兵，不但动摇汉朝的政权，甚至没落，而且造成三国分裂的局面。到了司马氏篡魏，世乱愈甚，而乱端更裂；内则八王为乱，司马氏的循环互相残杀，延续了十余年，死丧数十万。外则五胡入寇，晋军莫敌，光是永嘉五年之乱，匈奴刘渊子刘聪攻陷洛阳，怀帝被虏，而王公以下死者十余万人。愍帝虽即位于长安，但四年后刘渊族子刘曜续陷长安，而愍帝出降，只延续了五十二年的西晋，就这样破灭了。到了东晋，虽然偏安江左，但强臣如王敦、苏峻、桓温、桓玄等，相继作乱，而且篡夺成风，于是刘裕篡晋而自立，东晋也终于覆亡。

从东汉末叶，以迄晋亡，在这两百多年的历史中，经历无数的变乱和战祸，这是中国历史上，继春秋战国后的另一段黑暗时期。葛洪，这一位弘扬仙道的高士，他的一生就处在这一段黑暗时代的中心点；在他所经历不到一世纪的生命（八十一岁），也就完全地被这乱世所覆盖，这对他的人生和思想，是有决定性的影响的。难怪在《抱朴子》外篇的《汉过》和《吴失》二篇中，他对汉魏的祸乱，无不慷慨直陈，而深致其强烈的感伤。汉世的扰攘，葛洪虽非亲身经历，但由于他的老师郑隐常常教诲他“吴世尤剧之病”，以及郑隐转述其师左慈慨叹汉世的衰乱，而深戒其门生之语，使他对那道微俗弊的汉魏乱世，有很深刻的印象。

至于晋世之乱，则是他所亲身经历目睹的：从晋朝王室的互相攻杀，到五胡乱华，以至天灾流行，官民作乱，盗贼蠭起，真是四海鼎沸，天下糜烂，无尺寸之乐土。灾难疾苦如此之烈，仁人志士，蒿目时难，而丧乱未已，诚然惨不忍睹；试想在此情况下，他们的心灵所受到的打击和震撼，当是如何的重大和强烈！

由于长期的丧乱，使社会的根本发生了动摇，人们的生活和思想也发生了很大的变动，而传统的道德，旧时的信仰，已无法再维系人们的心灵。于是社会各阶层自然产生了对新信仰和新宗教的要求，而老庄的玄学和道佛的信仰，正可医治他们心灵上所受的创伤。而且在如此苦闷的时代环境里，既使人失去人生积极追求的目标，也使文士毫无顾忌地除去负荷道统的尊严。于是，下焉者消极颓废，寄情声色；而上焉者则挥麈谈道佛，或韬光高蹈，避世山林，成为养性全真的高士。

如上所述，葛洪所处的是一个苦闷的乱世，是一个道德沦落，人命无常的黑暗社会，也是一个颓废思潮、老庄玄思和神仙思想弥漫的时代。在这样悲惨和复杂的时代环境里，超旷出世的道家玄思，正可养性灵而避乱世；而神仙的思想，不但可抗拒人命无常的威胁，克服死亡的恐怖，而且能在悲惨的逆境中，赋予人们一种对生命热烈追求的欲望，也带给人精神上无限的慰藉。因此，饱受乱世折磨的文士，接受老庄的玄思和神仙思想，是必然的现象，而葛洪之所以成为一弘扬仙道的高士，也自是不足为奇的事了。难得的是，他并没有完全摒弃传统和儒教，而整个随波逐流；他的真诚、理想和卓识，终究使他成为两晋间一位很突出，也是最具有代表性的思想家。

二、学术思想

1. 重要著作

葛洪的著作有《抱朴子》内外篇、《神仙传》、《隐逸传》、《肘后备急方》及碑诔诗赋杂文等。其中《神仙传》是给那些“求道成仙”的人作传记，《隐逸传》是给那些崇尚老庄玄思，隐遁逃世的高士写传记，只是他神仙思想和道家思想的一小部分而已。《肘后备急方》，则是他养生医药保健的一部分数据。诗赋杂文等则属文艺上的创作，与学术思想无关紧要。而《抱朴子》七十卷这部子书，才是他各种重要思想寄托之所在，也是他的代表著作，爰略述于下：

《抱朴子》内篇有二十卷，外篇有五十卷（皆每卷一篇）。内篇的内容，谈的都是神仙方药、鬼怪变化、养生延年、禳邪却祸的事，自序谓属于道家。外篇所论述的，则是人间的得失和世事的臧否，自序谓属于儒家。在内篇里，固然有不少的道家思想，但很显然的，最主要的还是道教的神仙思想和各种养生术，他自己说是属于道家，这是一种依托。在魏晋之世，道教附会依托于道家，原是很普遍的现象（详论于后），不足为怪；但后人不察，常常把道教和道家混为一谈，因此也都说他内篇的思想是属于道家，这是很笼统含混的。至于外篇，大致上是以儒家思想为主，而杂有一点道家和法家的思想，因此《隋书·经籍志》、《旧唐书·经籍志》、《新唐书·艺文志》和《宋史·艺文志》，都把它列入杂家，并非没有道理。不过儒家的思想，在外篇是很突出的，也是很值得我们特别注意的；大致而言，他是接受儒道和传统的。这一点从《抱朴子》外篇里，是很明显可以觉察出来的。可是由于遭逢乱世，再加上老庄出世思想的弥漫和神仙思想的泛滥，却使他终于成为一个逃世的高士。

从《抱朴子》一书里，我们不难发现他的思想是如此的丰富而复杂。当然，就一个逃世的高士而言，醉心神仙，炼制丹药，讲究养生术，以追求长生不老，自然成为他的中心思想；而这些道教典型的思想和追求的目标，也成为他思想上最显著的特色。尽管如此，但他并不因此而否定儒教，因为在魏晋之世，虽然老庄思想盛行，但却存在一特殊的现象，即是一般名士尽管倾向于道家，而仍尊奉儒家为正统。所以，在《抱朴子》的思想里，可以说是儒道并陈，而且有意斟酌折衷于其间；其所以如此，也是基于时代实际的需要，而求合于世用。这又是《抱朴子》思想的另一特色。而其政治观和人性论，很明显地带有一点法家的色彩，但却容易为一般人所忽视。至于他的文学批评，也有很多独到之处，颇能表现一家的特色，而在魏晋的文学批评史上，具有很重要的地位。兹就道教、道家、儒家、法家、文学批评等五者，分别叙论其思想于后。

2. 道教思想

道教起源于东汉，为张道陵（原名张陵）所创。因凡是入教信道的人，都要缴纳五斗米，故又称五斗米教。因信徒称张道陵为“天师”，而他后世的子孙也都叫“张天师”，于是又有“天师道”之名。道教自初创起，就依托于道家，而奉老子为祖师，《道德经》为圣典。因为道家的玄思富有神秘的色彩，道家的人生崇尚虚无清静，这些跟道教神秘的思想、神仙的境界都很相似，正可以附会依托；而老子和《道德经》崇高的地位，更可以借重他来抬高本身的地位和身价，也容易博得社会的崇敬，和争取智识分子的信仰。故自东汉以迄魏晋，道教莫不披上了“道家”的外衣，而流行活动于社会各阶层，如晋朝像王羲之父子那样的名士，都笃信其道，下阶层的人入教附从则更不用说了。自来道教既然标榜道家以自重，而后人稍为不察，就很容易把道家和道教混为一谈。其实道教的思想，并不如道家那样的高妙和精纯，而且它的内容是很混杂的。它包括了神仙出世的思想、导引行气的工夫、炼丹服药之术、宝精的房中术，以及阴阳占验之说和祝祷符咒的治病术，甚至于掺入了民间的迷信和神话传说，然而这些复杂的内容，在早期是杂乱而缺乏系统的，到了葛洪的《抱朴子》一书出现后，才给予理论化和系统化，这在道教的发展过程上是很重要的转折点。以下就将葛洪理论化的道家思想，分神仙思想、宗教观和养生术等三者，分别论述于次。

·神仙思想

神仙思想可说是葛洪思想的中心，但这种思想并非始于葛洪，而是前有所承的，只是到他才加以集大成而发皇之。神仙之说，春秋以前原产生于燕齐滨海一带，但到了战国，连江汉流域的楚国，都已非常盛行，这从《楚辞》的《远游》诸篇，即可窥其一斑。至秦始皇时，由于特别沉醉于神仙之事，而遣人入海求之，(见《史记·封禅书》)因此更热烈地助长了神仙思想的发展。到了汉代，这种思想仍然非常盛行，帝王如汉武帝，和秦始皇一样，非常醉心于神仙的追求，而《淮南子》一书，更是带有浓厚的神仙思想。到了魏晋，由于世乱的刺激，也由于老庄思想的推波助澜，而造成神仙思想的泛滥。葛洪既然生活在如此的环境和思潮里，而且性又简素好道，于是著书立说，畅论神仙之道，而深信不疑；不但成为个人思想的代表和特色，也使神仙思想的发展达到最高潮的境界。但有一点值得注意的是，他的神仙思想也是附会依托道家。他说黄老二圣，深识独见，受仙经于神人，而传之于后世。这种附会虽然充满神秘性和戏剧性，但如前所述，这种依托原有它的背景和动机，了解了也就不足为怪。

《抱朴子》神仙思想的建立，固然是由于时代环境和思潮的刺激，但最主要的是由于对人死生问题无法获得圆满的解决，而内心又无所依托，于是乃退而追求长生和神仙之术，以为人生最完美的归宿。《抱朴子》以为，人生是可爱的，而死亡却是可怕的。因为在深暗的九泉之下，长夜漫漫无极，而尸体不但变成蝼蚁的粮食，最后也必归于尘土；每一想起人生最后竟是如此的下场，不禁令人怛然心惊而无限感叹。于是长生养性以避死，乃成为人生所追求的必然目标了。既然求长生以成仙是人生求解脱的最好法门，于是对于神仙的存在和成仙的可能性，就必须加以确定。这一点他先从理论上去求证神仙的存在和成仙的可能性，以坚定求道的信心，再辅以各种求道的秘诀和养生诸术，如此神仙的境界自然可达到。

对于神仙的存在，他是很有信心的。他认为人的智慧和经历是有限的，而宇宙的奥妙、事理的深微，并非人类所能完全了解。因此，不能因为世俗的人，用他们短浅的耳目看不到神仙，就否定了神仙的存在。何况神仙和人，殊趣异路，绝弃人间声名和荣华富贵，岂是那些追求名利如行尸之人所能看到的。退一步说，即使神仙游戏人间，也必定匿真隐异，外同凡庸，纵然和凡人比肩接踵，常人也无法认识。至于神仙不愿为凡人所见，潜遁隐形，那就更不用说了。由这些理论推演的结果，他特别强调，人类不能以所见为有，也不能以所不见为无，如此自然不能随便否定神仙的存在。更进一步的，他认为人经由某种的修养锻炼和服食药物，可以做到常人想象不到的事，并达到某种奇妙的境界。如汉朝左慈断谷绝食一月，而气色精神不变。又如甘始以药物饲养活鱼，然后把鱼放入煎沸的油锅中，不但不死，而且仍能悠然游戏终日；他又用药物洒在桑叶上，然后采桑叶以养蚕，这些蚕到了十月还不老死。又如《史记·龟策列传》所载，有人年轻时用龟垫床脚，至死移床而龟仍活着。从这些例子看来，其中必有不死之道存在。因此，利用人类的聪明才智，以某些特殊的药物和秘术，可以创造生命的奇迹，或改变自然对生命的限制。由此推论，可以确定人类经由后天的修炼，追求长生不老以成仙的可能性。

既然肯定了神仙的存在和成仙的可能性，于是他得到一个结论，就是凡能达到不老不死的，就是神仙之法。因此他否定了尸解化形成仙的说法，他认为一个人既老而死，生命已结束，怎能以尸解来附会。退一步说，假如成仙之说有尸解之法，但他为什么不能住年不老，然后离开人间呢？他这种严谨的态度，和一般动辄以尸解来附会成仙的道教说法，是不可同日而语的。

然则如何才能达到长生不老的境界呢？《抱朴子》认为必须兼顾以下四者：一曰宝精，即是房中之术；二是行气，即是吐纳之法；三是导引，亦即是屈伸之法；四是服丹药，亦即黄白之术。在这四者之中，他特别强调炼丹服药的重要性。因为前三者只能保持人的精气体力不致枯绝，而延长年命；至于服食金丹，则可使人直接成仙。因此，服食金丹大药成为成仙最重要的一个关键。谈到炼丹，最重要的是必须得明师的传授和指点；而且必须在名山之中炼制，只要绝弃荣华，精诚以赴，则仙乐可成。这些仙乐共有九种，称为九转还丹：其中九转之丹，服之三日立可成仙；七转之丹，服之则需三十日始可成仙；四转之丹，服了半年才能成仙；一转之丹，则必需三年才能成仙。而成仙后的境界，也有三种：最高的境界，可以升为天官，其次可以栖集于昆仑山，最下也可长生于世间。

尽管服食九丹金液是成仙的关键，但成仙仍有种种困难：其一，炼制丹药，明师难求，所要支出的费用金钱也相当可观，非一般人所能办到，如此看来，成仙也不是容易的事，因此他主张用渐进的方法以求之，先行宝精爱炁之术，继之修炼导引、吐纳诸法和各种方术，再服以小乐，亦可延长年命而渐进于精微之境。其二，炼制丹药必须精诚坚信，疑则无功；而世人往往不能精诚专一，不能坚信勤修，以致金丹不成，自然无法成仙。其三，修道炼丹，不可为恶犯过，必须善积阴德，不伤不损，以感动神明，则学道速成，亦可助成金丹。故凡人格品德，稍有缺陷不足，亦有妨碍于成仙。

由此看来，虽然他认为成仙是可能的事，但九丹金液的炼制，却受上述三种情形的限制，因此实际上丹药并非人人可得，但他却特别强调，假如因此而不能成仙，那不是成仙本身有问题，而只能归咎于修炼的人不诚不信，或不得明师的指点，或不隐处名山炼制。于是他又把炼丹术加上一层神秘的色彩，而带有宗教信仰的意味。这样一来，使得他的神仙思想和逻辑，转趋圆融，但也把它带进一更深远的神秘世界。

·宗教观

葛洪的道教思想，主要的虽然只是在成仙一念，但纯就宗教的形式和内容而言，仍是相当复杂的。它包括了鬼神论、因果报应之说、各种方术、符箓和禁咒等。其中杂有阴阳谶纬之说，和一部分佛教的思想，也混合了民间的传说和迷信，可以说充满了神秘的色彩。

对于鬼神的存在问题，他的态度也是很审慎的。他认为天道邈远，以至鬼神之事难明，但山川、草木、井灶、洿池等都有精气，而人不但有精气，而且有灵魂；何况天地如此之大，从道理上讲应该有“精神”，所以鬼神之事，不能说没有，而且特别强调，山无大小皆有鬼神。不过他对鬼神并不是盲目迷信的，他认为鬼神是超然公正的，不能以巧言动，不可以饰赂求；如果光是迷信鬼神，而本身不修明德，不但没有好处，而且有很大的祸害。因此，淫祀妖邪之事，不可信，也不可从。并且一再强调，祭祷之事，无益于杜祸却害，因为鬼神对于一个修德明道的人，是不能加害的（这一点，看起来跟儒家“敬而远之”的态度，倒有些相似）。于是他进而提出因果祸福之说，他以为鬼神既是超然公正，必定赏善罚恶。因此，凡是不忠不义、为非作歹、淫佚倾邪的人，每作一件坏事，就有一样罪过，会招来灾祸，折损自己的寿命，甚至殃及子孙。但若作坏事而事后悔改的人，也可行善加以补救，而转祸为福。至于不为恶而能行善不懈的人，一定有好报，不但能延年益寿，而且学道也可以速成。这种因果报应之说，很显然的是受佛教三世因果说的影响。

在他的鬼神论里，虽然他一再地强调，鬼神对于有德求道的人无能为害，但另一方面，他又特别指出，山林里的鬼神魑魅百怪，对入山求道者多加祸害，且引有“太华之下，白骨狼藉”之谚语，以资强调。从表面上看来，两者似乎矛盾冲突，其实这些说法都是为神仙之说而设的。因为尽管鬼神妖怪能为害入山求道的人，但却有种种预防保护和禁制的方法，于是又引出了道教的方术和符箓禁咒之说。

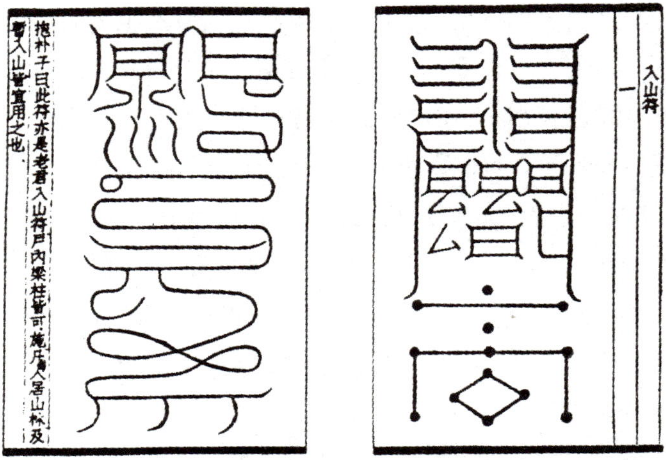

抱朴子入山符

（据《四部备要》平津馆校刊本）

道教所讲求的方术，其内容颇为复杂，包括各种秘术和禁咒符箓等充满神秘的禁避异术，而他们追求方术的目的不外有二：一在平常生活中可以却患防灾和抵抗疫病，一在入山修炼过程中，可以不受鬼怪虎狼百毒五兵之害。就秘术而言，《抱朴子》所常谈的，有以下数种：(1) 守身炼形之术：此术有口诀，学会的人可以不畏万鬼五兵。(2) 遁甲之术：此术以禹步法念咒语而隐身，使人鬼不能见，可避百邪虎狼毒虫，而且盗贼不能近，山精鬼怪亦不能为害。(3) 守“真一”之术：此术最微妙，能“守一存真”，就能通神，而能陆避恶兽、水却蛟龙，不畏鬼怪，不怕兵刃。(4) 其他有含影藏形、守形无生、九变十二化、二十四生等，思见身中诸神，而内视令见之法，也都能却恶防身，不为百鬼兵寇所害。这些方术都是流传自仙经秘典，或师徒世世歃血口传，充满神秘奇异的色彩，而为道教信徒所津津乐道的。

至于禁咒符箓，和各种秘术一样，除了平常可保身却恶之外，大都也是为了入山求道、护身除害之用的。禁咒之法，乃以“炁”禁之，可以禳天灾，可以抗大疫，也可以禁邪魅山精，不使害人，能禁虎豹蜂蛇，不使伤人，也可以禁白刃，不使杀害人。其他可以“炁”禁水，使之逆流，禁沸汤止沸，禁水大寒不结冰，禁火不热等等，真是精奇玄虚之至。符箓则有入山箓、三皇内文、五岳真形图、七十二精镇符等等。其中以三皇内文、五岳真形图二者最为重要，可以避邪驱鬼，避瘟疫瘴气，避横殃飞祸，可以避虎狼山精五毒，可以涉江海，却蛟龙，止风波，也可以救妇人难产等，真是“法力无边”，“妙用无穷”。另外又有照妖之镜，也是入山的道士所必备的；道士欲入山，则以九寸以上的明镜悬于背后，则老魅山精皆不敢近人为害。上述的各种方术，虽然过于神奇玄虚，把道教带入一更神秘的世界，但却填充了道教贫乏的宗教内容，故就道教而言，这些都是重要而不可缺的。

·养生术

养生术是《抱朴子》神仙思想中，求长生不老的最重要基础，也是他医学思想的主要内容：这在道教的思想里，是最切实际，也是最具价值和最有意义的。《抱朴子》认为：形体是人的精神寄托之所在，在世俗的生活中，身体过于劳瘁，精神就会离散，一旦精气枯竭，生命就结束了。换言之，人所以会衰老，是受各种疾病所侵袭，受风寒暑热和各种毒恶邪气所伤害的结果，也由于衰老和身体的亏损，终将趋向于死亡。但衰老并非不能克服，生命年寿也不是不能延长；于是他提出导引、行气、还精补脑、服食药物、饮食起居有度、思神专一等各种预防衰老疾病和延年益寿的方法，这就是《抱朴子》的养生术。这些养生术可以把它归纳为房中术、导引行气、服食药物及生活修养等四者来叙述。

房中术，又称玄素之术，是一种宝精术。它是利用还精补脑的手段来补救伤损，或攻治众病，而最后达到延年益寿的目的。这从表面上看来，似乎很玄虚神奇，其实以生理学和心理学的观点来看，它是很合乎科学精神的。从生理学的观点而言，阴阳不可不交，如果不作适当的宣泄，必将产生某种疾病。不过如果过于纵恣情欲，也将会导致痨瘁而损伐年命。因此，不可禁欲，也不可纵欲，而运用这种宝精术，自可作适切的调剂，不亏不损，而强身长命。次就心理学的观点来说，男女性生活的不协调，常易造成幽郁怨旷，而影响至整个的生活，或导致疾病，或造成家庭变故，以致减损年寿。房中术的目的，就是想从生理上的协调，而达到情感上的谐和，以求身心的平衡。如此，自然精神不苦闷，而身体无病痛，以致延长年寿。不过房中术的内容也是相当复杂的，它运用的方法有十几种之多，非一般人所能了解或做得到；而且如果是缺德无行之人为之，适足以造孽，故非其人不传，而有歃血相传的口诀。如此，道家的房中术自然又披上了一层神秘的外衣。

导引、行气之术：导引是一种屈伸法，与华佗的五禽之戏相近，其实是一种活动筋骨脉络，近似健身操的一种强身术。行气就是吐纳法，是一种吐故纳新，利用“气”以养气的一种养生术。“气”是万物赖以生存的一种东西，因此善于养气的人，能够内以养身，外以却恶；而且能治病，抗拒瘟疫，也可以避饥渴，最后以延长年命。至于行气的方法，是先用鼻子吸气，然后屏息，默数一百二十下，再用口轻轻地把气吐出来。其要诀是：行气时不能使耳朵听到气出入的声音，每次呼出的量要少于吸入的量，而且行气前不能吃得太多，或吃生的食物，也不能生气发怒，否则便会乱气而学不成。至于行气到最纯然的情况，则可达到“胎息”的境界；而能行“胎息”，就能“闭气”，犹如动物之冬眠，不饥不渴，甚且可出入水火而不受伤损。

服食药物，就是利用药物来治病疗疾，更可以用药石来补益血气，以达到长生的目的。他认为人一生病，祝祷无济于事，更不可相信巫祝邪术，必须求良医治疗，才不至于误事枉死。这比起一般道士，遇人疾病则施法祝祭，是不可同日而语的。至于要养性延年，则更不可不知草木之方和服药饵之事。他把药分为上中下三类，其中下药只能治病，中药可以养性，二者大都属草木之方。上药则可以救体衰神凋之人，用以安身延命，以致长生不死。因为上药都是由黄金、白银、诸芝、五玉、云母、明珠、雄黄、石英等矿物质所做成的；他认为这些药物，入火不销不灭，埋于地下“不腐不朽”，而且愈加烧炼，变化愈妙，服食它，当然能坚固形体，强健血脉，以至于延年长生。这也就是《抱朴子》所一再强调服食上药的重要性及其原因所在了。然《抱朴子》此说系建立在“不腐不朽”的错误逻辑上，以今日科学之观点衡之，殊未尽可信。

除了上述各种重要的养生术外，精神修养和生活的规律，也是不容忽视的。在修养方面，必须淡泊寡欲，绝去荣利得失之心，能做到恬素无为，思神守一，则必能身心舒泰而有助于养生。至于平日生活，必须饮食有度，起居有节；不疾言，不久言，耳不极听，目不久视，坐不至久，就不及疲；要先寒而衣，先热而解，不极饥而食，不极渴而饮；不能过劳，也不能太安逸，不可暴怒，也不可极乐极悲。如此，则生活必趋于正常而臻于规律，心身得到调和，而达到闲适和谐的境界。如上所述种种，从房中术到生活的规律，构成了《抱朴子》完善的养生术，也表现出他在医药卫生和保健上的真知卓识。

3. 道家思想

尽管《抱朴子》以神仙之说附会道家，使道教披上一层道家的外衣，然而他与道家的关系，却不仅止于此而已，就他的思想内涵而言，仍然充满浓厚的道家思想，难怪《四库总目》把他并入道家。不过他的道家思想是倾向于老子的，与庄子则时有出入。很明显的，这是因为老子也讲“长生久视之道”，（见《老子》第五十九章）是他所崇拜和依托的人；而庄子却主张“齐死生”（见《齐物论》）和“遗形守本”，（见《德充符》）而这些理论和《抱朴子》的神仙思想是相抵触的。因此，他对庄子颇不谅解，常致微辞，而有“常恨庄生言行自伐，桎梏世业。身居漆园，而多诞谈，好画鬼魅，憎图狗马，狭细忠贞，贬毁仁义”。（外篇《应嘲》）这样借题发挥的批评。其实他的思想，除了神仙思想外，并非和庄子绝不兼容的，但由此也可以看出他道家思想的特色所在。

· 本体论

葛洪的本体论，很明显地是承受于老子。他认为“道”含着整个宇宙，原本是“无名”的，从“道”的本体来说，本是“无”的，但从“道”的效用来说，却是“有”的。而这个“道”是无法计算观察和追寻的，因为从小至秋毫之内，大至宇宙太空之中，无处不充满“道”，他说这个“道”为“声之声，为响之响，为形之形，为影之影”。（内篇《道意》）而“方”的事物得到这个“道”，就处在静的状态，“圆”的事物得到它，就会发生动的现象。重的东西得到它，就会向下沉降，轻的东西得到它，就向上浮升。如此，勉强称它为“道”，已经失其本真，何况是随意把它支分宰割，任意加以名号，难怪更使人无法了解它，认识它的本真了。《抱朴子》这一段很精辟的阐释，提出了他对“道”源本体的看法，也可以说是给老子本体论下最好的注脚。

· 人生观

在人生观方面，他也承受了老子“见素抱朴，少私寡欲”的人生。当然主要的是因为这种出世的人生和修为，正是道教养生术绝对不可缺少的修养基础。因此，他特别强调嘉遁高蹈的可贵。既然人生身名难兼顾，而功神也不能两全，于是主张栖神冲漠，不为物欲名利所役；要韬光养性，除去耳目的欲望，放弃荣辱得失之心。宁愿绝弃智慧，远离尘俗，过着躬耕而食、掘井而饮，住蓬庐、穿短褐、弹咏自娱的清淡生活。另外在处世方面，他特别提出了“守雌抱一，专气致柔”的原则，强调了老子的弱道哲学。他认为“金以刚折，水以柔全，山以高移，容以卑安”，（外篇《广譬》）人若能效法自然，谦冲自牧，卑弱自持，就不会有争雄召怨或破败的祸患了。

·出处原则

对于出处的原则，他强调了“知命”、“审时”的重要。一个人能知命，就不会对贫贱卑瘁感到遗憾；能“审时”，则对于沉沦不遇也无所怨恨。因为世界上珍贵的东西，不见得都被宝贵，有用的东西也不见得都会被重用；如此，通塞荣辱又何足论。那些庸夫俗子，不知“知命”、“审时”，却把仕途通达得意的人当作贤者，把失意困穷的人当为愚庸之辈。于是背弃丘园，争竞禄利，危而不知忧，败丧而不知避，以至于“先笑而后哭”的人太多太多了。因此，也只有修德藏器的人，才能应世通变和随变而适；换言之，亦即能达到无心而不自用的境界。于此，他又强调了“不自用”的可贵。他认为“用”包括“有用人之用”和“无用我之用”；“用”必须适己，不能适世。“适世之用”，一定乐而多危，而“才合世用”，也必然变成“有技之灾”了。从这一点看来，和庄子所追求的“无所可用”的微旨极为接近。在此可顺便一提的是，尽管他对庄子有所不满，但二人看法相同的，却也不少。如庄子强调支离其德的人，必能养其身，终其天年，他也有“支离其德，虽苦必安”的话。又庄子“正色”、“正味”之辨，也正是他所津津乐道的。而二人同具有超人事而上之、祖尚玄虚的思想，也是无可否认的事实；只是庄子忘形骸，外死生的说法，是“去神仙千亿里”的，这也正是他所无法容受，而不得不致憾于庄子了。

4. 儒家思想

魏晋之世，道家思想虽盛，但一般学者仍尊儒家为正统。因为自汉武帝以后，儒家定于一尊，一切政治制度、社会礼俗，莫不以儒道六经为主。其后时代思潮虽然改变异趋，但也不能完全漠视现实，背弃传统，故即如魏晋之衰世，儒家之道也无法被完全摧毁而崩溃。因此，这时的学者，尽管非常热衷老庄哲学，但仍然留恋着儒家思想，甚至谓孔老同道，亦公认孔子为圣人，故儒家正统的地位并未动摇。不过，在这样的情况下，却使道家思想演变的过程，产生一特殊的倾向：即此时的道家，从援儒入道，以至于试图调和儒道，以直承传统的一切智慧和思想，何晏、王弼而外，葛洪就是这样的一位代表人物。在此种趋势下，他一方面大谈神仙长生之术，口不离黄老之言，一方面却又极力弘扬儒教，自是不足为怪的事了。

·尊孔宗经

在《抱朴子》外篇里，尊孔宗经的思想是显而易见的。他认为圣人有“治世之圣”，有“得道之圣”，周孔是治世的圣人；黄老是得道的圣人。又说周孔是高才大学之深远者，一再地称赞他德全行洁，强训博闻。至于制礼作乐，著法垂教，移不正之风，改变流遁之末俗，匡危继绝，真不愧为“治世之圣”。同时他又特别强调，儒者是大醇之流，因此明君为政，必定崇尚儒术、撙节艺文，放弃老庄高而不济的学说，来精治六经之正道。另一方面，他一提到儒家的经书，都称之为“正经”，这固然是为了使它和《道德》《南华》二经及黄老诸仙经有所区别，但冠以“正”字，很明显地流露了他宗奉儒家的微意。因此，尽管在个人的理想和情感上，他是热爱道家，但在理智和现实上，他却是倾向儒家的，并且表现了尊奉周孔、宗尚“正经”的精神。而儒家唯一令他感到遗憾的，就是因为儒家汲汲于教化，而不肯长奇怪，开异途，以至桎梏了神仙事业。因为神仙一念是他思想的中心，凡是有妨神仙之事，都是令他很失望的，庄子得不到他的谅解就是明显的一例。所以周孔不以长生仙道训世，对他而言，自然是不无遗憾的；尽管如此，他仍然崇奉儒道，敬爱周孔。这正是他识大体的地方，也表现出读书人对传统的忠诚和热爱。

·教育哲学

儒家既然以移风易俗为贵，因此特别重视教化，在这方面葛洪颇有精辟而严密的理论。他认为教育是政治的基础，更关系到一国的兴亡，因此，贤君治民，莫不汲汲于教化。对于教育的意义和作用，他也有独到的见解。他的诠释有四：第一是“清澄性理，簸扬埃秽”。这一点他强调人格的教育，重在认识本性，存善去恶，以塑造完美的人格。第二是“雕锻矿璞，砻炼屯钝”。揭橥教育对人才的培养和造就的意义和重要。第三是“启导聪明，饰染质素”。这强调了教育对智慧和思想的启发，而且重在气质的变化。第四是“察往知来，博涉劝戒”。这提示了历史和社会教育的重要，从历史的兴亡，国家的治乱，人生的得失，以为劝戒，而达到社会教化的目的。至于教育的功效，他特别强调了品德的陶冶，和人格的感化，而能使卑鄙化为君子；像子路之倔强，子张之鄙俚，孔子加以德化，谆谆善诱，终于成为名儒，也成为四科之哲，他认为这就是教育最具体的功效。

在教学方面，他认为最重要的是，在于选择好的师资。因为一个好的教师，除了深于德行和经术之外，必须能清苦自立（相当今人所谓之专业精神），而且能早晚讲论忠孝之至道，矫正学生品行上的缺失，以及运用一切原理原则来教导感化学生。至于在教学上老师必须加以注意的是，首先必须“固志”，也就是要学生能树立目标，坚定意志。然后教师以教不倦的专业精神，启发学生学不厌的好学精神；如此，老师博喻，学生广学，自然能达到教学的目标。另外就学生而言，他特别强调要养成勤勉的习惯和好学的精神；然后勤学以充实学识，问辨以认清道理，再加以温故知新的研究精神，来完成进德修业的盛事。在教法的运用上，他也非常重视个别差异，而主张因材施教。在基础教育上，也强调了“及时法”的可贵。凡此，《抱朴子》的各种教育思想，很显然的都是渊源于儒家，而上承于孔子，这一点是可以肯定的。

·政治哲学

尽管葛洪具有浓厚的道家人生观，但在政治哲学上，他是完全倾向于儒家的。对于道家在政治上，主张纯任自然，以无名为高，以无君为贵的说法，他深深地不以为然。他认为君道之所以产生，是在有人类之初，有圣人出来，发明创作，为民兴利除害，服务人类社会，百姓于是感戴，奉而尊之，君臣之道乃于此产生。假如上古无君，则天下必乱，倘若没有君臣之服务社会，则人类何以生存。因此，君臣之大，乃仅仅次于天地。至于建立君臣之道，首在设官分职，而彼此一体相赖，以求雍熙隆盛的治化。不过君道虽大，不可倚尊恃贵以威天下，必须修己明德，降高抑满，虚己礼下，并且敬敷五伦之教，以德化民。如此，自然近悦远来，必能达到淳化的极治。

既然主张以德化民，是故为政之道，贵在行仁。但他认为，如果是道衰俗薄的情况，则徒恃仁道是不足以治乱世的。于是他提出贵仁而不废刑的主张，一方面以仁道来养民化物，一方面以刑罚来惩非窒恶。如此，刑为仁佐，观民设教，宽猛相济，在乱世不仅能从根本上行仁以化民，而且可在行事上，权宜用刑以遏民之巧伪趋利。由此看来，他的仁刑并用、德治与法治兼容的政治哲学是倾向于荀子的，这也是他处乱世知权达变的表现。不过有一点值得注意的是，他虽主张用刑，但在精神上，他所强调的是用刑是不得已的事，所以仁者虽备刑法，而不趋民触法犯罪。因此，为政者应该执之以忠正，莅之以慈和，齐之以刑罚，使民敦厚孝悌，而最后达到纯任教化、囹圄虚陈、五刑寝措的理想境界。

谈到立国之道，他也强调了民为邦本的重要。他认为金城汤池，不如人和；假若民困无以为生，纵然金城千里，人民亦将离叛，终至国破家亡。因此，为政必须得人心，欲得人心，就必须爱民富民。爱民之道，则必须以民之饥寒为己之饥寒，而百姓有罪，则当反躬责己。同时为政者本身要自俭素，薄赋敛，不扰民病民，如此必得民心。但更积极的是，必须使百姓生活安定而富有；因为衣食既足，礼让始兴，教化乃行。这也就是孔子富而后教的主张。

至于贤者为政处世之道，他也提出了“乐道”、“忧道”、“守道”等三个原则。他以为在太平治世，贤者应该出而赞之，这就是所谓的“乐道”，如果遭遇乱世，则必须挺身而匡救之，这就是所谓的“忧道”。至于处于乱不可救之世，也应当洁身隐而避之，这就是所谓的“守道”。因此，他的出处原则是：“进有补于治乱，退有著于竹帛。”这与孔子所谓的“天下有道则现，天下无道则隐”（《论语·泰伯》）的精神是相通的，这也可以说是他一生行事的自白。

·论“仁”“明”

“仁”可说是儒家思想的中心概念，所有的学说无不由此衍化而出。《抱朴子》既尊孔宗经，亦乐道仁义，不过他以为要谈“仁”，则必兼及“明”，否则有“仁”无“明”，则容易“心惑伪真，神乱朱紫”，以致有“趋祸而攸失”的可能。尤其为政者能心不违仁，而“明”不足以经国，也将无法阻遏危亡的灾祸。由此可见，他这种“仁”“明”兼具的主张，是为乱世的政治而发的，很显然地有其时代背景的因素存在。

在理论上，他认为上天以三光垂象，而阴阳雨露之所施，化育万物，是有“仁”而兼“明”。圣人既然与天合德，自应“仁”“明”兼具才是。因此，“仁”“明”兼具，也可以说是人类所能达到的最完美的境界。“仁”是人性之善的基本形式，人性是人所同具的，故凡人莫不有“仁”。而以恻隐之心，忠恕之怀行之，正是“仁”者的行事。可见“仁”就是人性的实践和表现，故谓“仁者行也”。至于“明”，是人才智的本源，但聪明才智并非人人所能同具（指具有同一标准或程度），往往得之于天授，不能强求。而能洞烛机先，明见事体；或料事未萌，防微杜渐；或知所衡断，不溺近情。凡此，都是“明”的工夫，可见“明”就是才智的发挥（故谓“明”者才也）。在《抱朴子》看来，“仁”这种本性，是做人的根本（包括对己对人），它使人向善，德性完美。而“明”这种天分，是处世行事的指引，它不但能使人创作发明，造福人群，而且能使人知所权变，不迷惑于事，不泞滞于物。这也就是他说的，“明”是在乱世中使人趋福避祸的凭借。正因为他特别强调这一点，以致于在不得已时，只好“以义断恩，舍仁用明”了。因此，他的结论是：“仁可时废，而明不可无”。当然这种主张，只是基于乱世特殊环境的需要，而产生的一种权宜手段，实在无损于他对儒道的虔敬。

·论礼制

虽然《抱朴子》处在魏晋“礼崩乐坏”的乱世，尽管他深好道家之术，而有出世的思想；但他不仅丝毫不为魏晋士人傲俗自放和狂诞的风气所影响，而且挺身而出，痛斥其非，认为那是夷狄左衽之所为，非诸夏之快事。于是他大声疾呼，一再地强调礼制的重要和不可缺废，以唤起世人的注意，来重建乱世的秩序。这也正是他特立高超，能“明”之所在。

“礼”是儒家根据人性所归纳出来，为人处世的行为原则，也是为政者用来教化治理人民的一种体制和凭借。所以他认为礼是“检溢之堤防，人伦之所急”，而且为政安上治民，也没有比礼更重要的了。因为人之需要礼，犹如鱼之必须有水；鱼失去水，就无法生存，人放弃礼，虽能腼腆苟活，但终将遭至祸败。所以用礼来规范性情，弥纶伦理，是最可贵、最完善不过的了。但是礼制的建立，最重要的是在于能叙等威和表情敬；因此我们所要注意和强调的是礼的精神和内容，而不在它表面的形式。故凡是繁文缛节，或偏重升降揖让、拜起俯伏之虚饰，以致失于烦碎，都是应该议论、以求改革的。他认为古事并不是终久不可变的，故礼亦不可墨守古人的形式，必须与时推移，知所损益，以求合于世用。尤其像吉凶之时所用的器物、衣冠车服的制度、朝飨宾主的礼节、祭奠殡葬的仪式、郊祀禘祫的典礼，都应该简化，以表达其敬意为主，不可专在形式上讲究。因此，只要合乎“礼”的精神，礼制不妨随时世的需要而有所因革，或有所损益。如此不但移风易俗，安上治民的价值和功用仍然存在，而且更能表现“礼”的意义和精神。这一点正显现出他的真知卓识，与一般规规小儒的因循苟且岂能同日而语。

5. 法家思想

葛洪虽然推尊儒术，但因处于衰乱之世，所以不但斟酌于儒道之际，而且也想调合于儒法之中。只是他的法家思想，在他的整个思想体系中，若隐若现，并非很明显突出，不过其中的人性论和法治思想，是值得我们特别注意的。

在人性论上，他认为欲望之性，在“受气之初”即已萌发，而自私厚已之心，也在“成形之日”产生。人既多欲，而又自私，纷争乱夺因此而生，所以他说“贼杀并兼之性起于自然”。因此，明王在上，一方面要整饬礼教，勤于修德补过，以为民则，另一方面要制定刑法，肃物立威，使民不敢奸乱。如此看来，他的人性论和荀子的性恶说是很相近的。而礼教法制的产生，正是用来矫正人好利嗜欲的情性，使不至于争夺犯分乱理。当然这种性恶说的产生，很明显地是受世乱的影响而萌发的，而他的法治思想，也正是在这种环境下酝酿出来的。他认为人莫不以仁为贵，但在衰世无法纯以仁政求治；虽然贤者莫不贱刑，惟在乱世也不可能废除刑法以治民。所以在他的政治哲学里，除了仁道之外，不得不加入法制（已详述于前章）。因此主张明主为政必用刑法，而且要诛贵以立威，赏贱以劝善；一定要使刑罚上达，无贵贱之分，以破奸萌。但不能忽略的一点是，刑罚之柄应为明君所执持，不可假借于人，正如利剑不可倒持一样，否则欲治而弥乱。如此，明君执其柄，而严峻其刑，则法易明而威必立，庶事可治而下不敢侵上。反之，若轻刑薄法，则无以惩重恶，而禁嗜利；虽然法令滋章，而犯罪的人更多。如此行事，犹如在道路掘井以陷民，实在不是仁者应有的心怀。因此，尽管他强调“刑”是御世的辔策，“仁”是为政的脂粉，但一切刑法的施行，也不能违背仁者之怀，否则失之苛严，伤情失礼，则将失去用刑致治的意义，这也正是他苦心孤诣之所在。

6. 文学批评

葛洪本以子学鸣世，非以文学名家，这似乎是他自己的愿望，也是后人给他的定评。不过他却生长在一个文胜的时代里，而且在个人的理想上，也希望成为一个闻名于后世的“文儒”，这些给他对文学有很多观察和体验的机会。同时他对东汉的文论家王充和晋初的文学家陆机，都非常地仰慕和推崇，他称赞王充是“冠伦大才”，陆机他誉之为“儒雅之士”、“文章之人”。这两人在文学批评上给他很多的启发和影响，另一方面，道家自然和进化的哲学，也带给他某种刺激和启示；再加上个人对文学的心得和卓识深鉴，终于使他成为两晋间一位重要的文学批评家，并且能独树一帜，摧坚陷固，建立清新活泼的文学理论。

·贵文重道论

在儒家传统的文学观里，文学是政教和道德的附庸，因此德行为本，文章为末的观念，一直深植于人心。葛洪虽颇推崇儒术，但对这种重道轻文的哲学观，则不敢苟同。他认为德行文学都是君子之根本，犹如巍峨严岫为山岳之本一样，故德行文学二者应该并重。世人所以重道轻文，是因为德行可见于行事，容易表现，优劣亦立见。而文章微妙，其体难识，其术难精，必须靠天分表现，难于讨好。但他认为凡是易见的东西都是“粗”的，难识的东西都是“精”的；如此“精”“粗”比较之下，文章的分量和价值自然提高，而不再委屈于末技的地位了。如此看来，他所主张的是“贵文重道”的文学观。

在这方面他颇表现了个人的卓见和胆识，他一再地强调：文章绝非德性的余事，文章和德性也没有先后本末之分。他认为文章与德性，犹十尺之与一丈，并无轻重之分，一切事物各有其“德行”和功用，但也有其“文采”和光辉。而“文”正是用来“滋内辉外”的，凡文之所在，虽贱犹贵。如此，文质同为一物之所具，岂可偏重其一，岂能谓文是余事。由此可见，他不但突破传统轻文的观念，而且表现出他好文重文的思想。不过对此我们必须注意两点：其一，他所重视的文学是哲理性的杂文学，而非他所谓的“诗赋浅近之细文”，这是因为他特重子书，而次纯文艺的缘故。其二，他虽然重“文”，但却未赋予“文”应有的独立性。他认为“文可以废而道未行，则不得无文”，（外篇《尚博》）可见他仍存有“文以行道”的观念，只是反对先德行后文学的轻文态度而已。其所以致此，最主要的是基因于，他所倡导的是实用的文学观。

·实用的文学观

他之所以重视属于子书的杂文学，而轻视诗赋等纯文艺，很显然是由于前者有实用的价值，能用以行道的关系。因此，他认为文学必须具有实用的功能，不徒以形式的虚华为贵。在这方面，他可以说承受了儒家传统崇质尚用的文学观（但并不否定文学本身的意义和价值），因此对那些贵爱“诗赋浅近之细文”，而轻视“深美富博之子书”的人，误以“切磋之至言为騃拙，以虚华之小辨为姘巧”，深深不以为然。因为这样容易使得真伪颠倒，美疵无别，而这种现象在当时又是悠悠然皆是，令人深致慨叹。所以他极力主张：立言为文，必须以有助于风教为贵，而不以华艳取悦，偶俗钓誉为高。犹如一种制器，所贵在于能周急备用，而不以采饰外形为美一样。而子书之著作，正可以拯济风俗之流遯，挽救世途之凌夷；而且“可通疑者之路，赈贫者之乏”，对社会对人生皆具有实用的价值，不像那些华美的细碎小文，虽具有春华之外美，茝蕙之徒芳，却不能救人之饥寒。至于他称赞古诗，正因为它能美刺得失，所以有益而贵；而当代的诗赋，纯以采饰为虚誉，所以有损而贱。那么，文之贵贱亦由此可见了。

他这种实用的文学观，如从时代背景和文学思潮看来，也可以视为对当代唯美文学的反响；所以虽然他生当文胜的时代，却成为一个反时代潮流的文学批评家。在魏晋之世，骈俪之风已盛，一般文士追求时尚，无不重文轻质，于是竞为侈丽绮艳之作；为文往往只重在雕琢辞藻，但求粉饰外形之美，不复顾及内容实质，而渐失大家之风度。这与他所强调的，为文著书，要能成一家之言，而且足传于后的主张是不相合的，这也就是他在文学上为什么要反对时尚流俗的原因。其实一个文人要想完全脱离时代风气的影响，也是很困难的事，就连葛洪自己也难免从俗；尽管他反对时尚，但《抱朴子》一书，整篇都是用骈俪的美文写成的。这一点固然是由于个人无法抗拒时代的潮流，而沾染其风尚，但也未尝不是受陆机文赋商榷辞藻的熏染。不过他的为文著述，内涵质美丰赡，都是“有益而贵”之文，绝不是虚饰徒华之作。从这一点看来，正可以印证他自己所主的“贵文重道”的文论。

· 文学进化论

在传统的文学批评上，因受崇古思想的影响，往往持着“今不如古”的退化的文学观。对于这种贵古贱今的错误观念，葛洪是不顾时人的非难，而大加挞伐。更进一步的，他积极地提出了“古不如今”，进化的文学观，这也是他在文学批评上最突出的地方。他这种理论的萌发，一方面固然受到庄子进化论的启发，但最直接的还是受东汉王充的影响，但他所论比王充《论衡》更加深切。

向来一般人由于崇古好古思想的作祟，认为古人无不才大思深，而觉得其文隐微而难晓；谓今人意浅力近，而讥其文浅露而易见，于是而有古优今劣的说法。他认为这完全是浅识之流，管穴拘阂的错误论调。他特别指出，古人非神非鬼，与今人无异，虽然他们的成就曾照耀于古昔，但其作品的精神，仍然可以从其文字中窥识，并不如一般人所谓的隐微难晓。其实古书之所以多隐，并不是古人故弄玄虚，而是由于时移世易，语言文字也随之变迁，而造成古今语异义殊，南北土音方言相隔。或是由于历经丧乱，简篇亡失脱误，或后人杂续残缺。凡此种种，使得古书意隐而难知，也与人一种高深莫测的错觉。很显然地，这绝非是才思心力的问题，而是时空变化所造成的隔阂。事实上，文学是进化的，古人之文语约意简而过于醇素，而后人之作清新浅显而趋于华丽，这完全是随着时代的需要而改变。如从实用的观点来看，所谓“浅露易见的今文”，是更合世用，更具时代精神和社会意义的；这样说来，反而今优于古了，这也就是文学进化之所在。

于是更进一步的，他严肃地指出，如果从文学形式的演进上看，古文反而不如今文。像《尚书》的文章，反不如魏晋时诏策奏议的清丽；《诗经》的作品，也比不上汉朝《上林》、《羽猎》、《二京》、《三都》诸赋的汪濊博富。而这种详赡富丽的特色，正是今文胜古文之所在。然而今人却一味地因循贵远贱近的陈见，只信耳闻，不用眼睛去看，而造成无古不神，凡今皆下的可笑见解。其实，历史的演进，文化的推展，一切的创作发明，无不后来居上，后世转精；为何偏偏认为文章后人不及前人，真是令人不可思议。他这种文学进化论，严肃而圆融，在中国的文学批评史上，是深具意义和价值的。

·文学批评论

文学批评是一件复杂而困难的事，尤其是一般的批评，容易流于主观的论断；葛洪针对这一点，特别强调客观批评的可贵。他认为人情多“爱同憎异”，或“贵乎合己，贱于殊途”，所以往往以“入耳为佳，适心为快”。如此，完全以本身的好恶和立场，作为批评的标准，必然丧失批评的意义和价值。文学批评除了态度要超然客观之外，他认为批评者的才力和识见，也是很重要不可缺的。假如才力不赡，识见不深，而妄加批评论列，那也是可笑而无益的事。在批评上，他的态度是很严肃的，由于他的才力和胆识，不但能立能破，而且能时时提出惊人之见。他常常从文学的观点来批评儒家的经典，如前所述，谓《毛诗》不如汉赋，《尚书》不如魏晋之诏策奏议。就作品本身的价值而言，这似乎是过当之论，但如就写作技巧之讲究运用，和文体的演进而言，这种批评自有其意义和价值的。

对于文学的创作，他也表现了独特精辟的评论。他以为文学创作，必须要有天分，不是英才是很难有所创获的。天分固然不可缺，但创作的技巧也不可不讲究，故谓“梓豫山积，非班匠不能成机巧”；然而运用之妙，在乎一心，是不能死守规矩的。至于创作的可贵，是不在立异，而在创新。否则徒以“斟酌前言”为事，实在不能算是文之能事，所以凡是模古拟古之作，皆毫无价值可言。这种论调，和他的文学进化论的精神是相映照贯通的。

谈到文学创作的弊病，他认为一般作家或多或少，各有“浅深之病”。“深”的毛病是“譬烦言冗，申诫广喻”，这是由于不善裁度，而失诸烦杂，有违雅洁的特色。“浅”的弊病是“妍而无据，皮肤鲜泽，而骨鲠迥弱”：这是由于学殖不丰，徒恃才情，以至于形式华美，而内容空洞无物。还有一般的作家，也常多偏长一格，罕有兼通之才。故凡所作，参差万品，或工于此，而不善于彼，以致难见完美之篇和不朽之作。这正是文学创作上的一大缺陷，也是最大的难题。

三、对后世的影响

葛洪，这一位乱世的高士，尽管他对传统和儒道，有一分严肃的执持和敬爱，但却无法完全超脱那悲惨而颓废的时代，因此形成他枯寂而恬淡的人生，以及丰富而复杂的思想。虽然他终于成为一个弘扬仙道的高士，但他的思想却包容儒道，兼蓄名法，可谓集传统思想的大成，而表现个人的特色。而这些思想，不管是入世的，或是出世的；无论是承受传统的，或是自我创获的；对他自己本身，或是对那个时代，都深具意义和价值，对后世也自有其无法避免的影响，正如同他的思想随着他的名字永垂于中国的学术思想历史之中而不朽一样，这一点是可以肯定的。兹分别就其对道教发展的影响，对调和儒道的影响，对后世文学批评的影响等三者论述于后。

1. 对道教发展的影响

道教虽然创始于东汉，但那时只略具宗教的雏形，在那虚架的组织上，徒以符咒等方术欺弄愚民，谈不上宗教的组织和教义，实在是一个粗滥的宗教形式。和游民（甚至是盗匪）的混合体，也是当时社会的一种非法组织。到了葛洪，因为慨叹世乱，绝望荣华，于是乃有嘉遁之恩，想要超脱红尘而追求肉体的永生。因此笃信神仙之说，而且热心于道教的宣扬，也因此充实了道教的内涵，而建立其系统的理论；并祛除当时道士种种的迷信，力斥巫祝欺人的邪术。凡此，不但使道教脱去盗匪的色彩和幼稚的宗教形式；而且对社会风气的转移和民间迷信的破除，都有很大的贡献。同时在信仰中更强调本身为善积德的重要，融合了儒家的伦理思想于道教教义之中，这一点更有助于民间教化的普遍推行；而且更有意义的是，使得这中国唯一的宗教，和中国正统的思想，作一无形的结合。

至于神仙思想的提出，从科学史观的立场来看，可以说是对自然的一种反抗：是想藉人类本身的修炼和补救，来打破大自然所给予人在寿命和生存上的限制，而表现了人定胜天的科学精神。为此，他力斥道家传统所谓的尸解之说，认为那是欺人之谈；而且更积极地提出具体的理论和行动，想藉种种养生术和精神的修养，以延长人类的寿命，甚至于达到长生的境界。姑不论其神仙境界是否能达到，但至少他所倡导的各种养生术，不但更充实了道教贫乏的内涵，而且对促进我国医药卫生保健的发展，实有其不可磨灭的贡献。凡此，使得道教——这个中国唯一的宗教，在它的理论和教义上，获得完美而更充实的内容。而到了南北朝时，寇谦之和陶弘景，再在宗教的形式上，订定其仪式和戒律，并创设道院神像，正式建立宗教的体制，使它成为中上阶层的信仰。至此，道教也才真正具有宗教的形式规模，这一点不得不归功于葛洪在道教的内涵上所赋予丰富的生命力；同时也使他自己成为道教教理上的祖师之一（另一是东汉末年的魏伯阳）。

另外，由于葛洪把道教依托于道家，于是道教也尊奉老子，讽诵《道德经》。他的原意一方面想提高本身的地位和声望，藉以博得上阶层社会和知识分子的信仰；一方面想使道教长生的理想，和道家出世的人生观，能互相发越，而合乎乱世的个人理想。然而这种依托附会的结果，不但使后人容易混道教道家于一谈，而且有使道家和道教的发展，倾向于彼此结合的趋势。因此，后世的道家亦不废养生之术，而道教信徒也多侈谈黄老之术，自是不足为怪的事了。

2. 调和儒道的影响

葛洪是一位有理想、有抱负的思想家，绝非意气用事、随世浮沉的人。虽然他热爱神仙之道，但并非完全陷溺其中，而否定一切，他的思想理智仍然是清醒冷静的。在这方面，他表现了一个传统的文人在乱世的应世之道，并作一难能可贵的抉择；这也是他个人智慧的凝聚，和权变运用的成功。然而更重要、更具意义的是，他积极地表现了通古适今的精神，并致力于儒道的调和；这些对中国学术思想的发展，都具有相当的影响的。

一般说来，他对传统是相当敬爱的，不轻言毁弃传统，但也不是盲从附和；而是作审慎的选择，有条件地接受，所以他能斟酌其中，而且能出能入。在这样的情况下，他自然反对“叛圣违经”，但古今时移事异，立言则不能墨守前人；应该因事托规，随时所急，不必专主一家，于是不得不调和儒道。其所以如此，当然一方面是由于个人理想之所在，一方面则是基于乱世社会的实际需要。就个人理想来说，当一个文儒是他一生的理想之一；而且言儒术虽无补于穷达，但却足以鹰扬匡国，显亲垂名。至于黄老之道，虽多虚无不急之辩，但也正可藏光守拙，栖神养生。因此，儒道二家的学说自是他所深深爱慕，而不得不加以斟酌调和的。次就乱世社会的需要而言，儒家的政治哲学和教育思想，正是追求雍熙隆盛的治化所不可无的凭借。而道家的哲学和人生，又可使人去名利之心，抑制争竞之俗，而有助于乱世之治。因此，欲追求国家社会的治化，也为了乱世客观环境的需要，儒道二家之术亦不能有所偏废。

由于这种微妙的原因，使他既接受传统，留恋儒家，而又逃避现实，热爱道家。而在一切的主张和行事中，又莫不本乎儒家之道，而善用道家之术：不但援儒入道，而且积极地调和儒道，这也是他和何晏王弼诸人有所不同的地方。在这方面显示出了几个值得我们注意的事实：一是儒家正统的地位，仍能屹立不至动摇，就是一个热爱道家的高士，也不能完全摒弃传统的儒道。这一点正显示出儒术放之四海而皆准，俟之百代而不易的永恒真理，及其难能可贵之处。二是儒道二者之间并非绝不兼容；中国学术思想其渊源本就相同，诸子异家之说，要亦六经之支流余裔；而诸家学术之所以蠭出并作，亦无非是世衰时弊之刺激。然而各据一端驰说，难免有所蔽短，也难合乎世用；故彼此之相融调和，更可以发挥各家思想的精神和价值。因此，在衰乱之世，儒道二家之调和，更是深具意义，在中国学术发展史上，亦自是一段难得的佳话。三是立言不囿于门户之见，亦无古今轻重之分。立言若株守一家，无兼容之雅量；或一味墨守前人，食古不化，不知与世推移；或贱古贵今，矫枉过正，皆非立言之道，也不能算是通人之论。因此，祛除门户之见，表现通古适今之精神，正是一个有理想、有抱负、深知卓识的思想家所应有的表现。以上所揭示的各种事实，对后代的思想家有很大的启发作用，对后世学术的发展，也提供了历史性的证明，而直接或间接地产生相当的影响。

3. 对后世文学批评的影响

葛洪在中国的文学批评史上，可算是一位非常的人物，这可以从他所表现的胆识和积极的精神看出来。他的这种精神有三：其一是反传统的进化精神，其二是反时代潮流的改革精神，其三是积极的创作精神。这三者不但表现了个人在文学批评上的特色和卓识深鉴，而且深深地影响于当代，影响于后世。

他的文学批评虽然是反传统的，但并不是数典忘祖的离经叛道，也不是标新立异，肆意的破坏，因为这些都是他所厌恶鄙弃的。而是一种历史的觉醒和反省，也是一种积极的建设，因为他表现了一种富有生机的进化精神。很明显地是，他所强调的是文学创作的意义和时代的精神；而严肃地提出“古不如今”的看法，也大胆地指出《尚书》《毛诗》等经书，不如魏晋的诏策奏议，或是汉赋的作品。这比起王充反对流俗的“好珍古，不贵今”，和消极的鄙薄经生，更显得积极而有意义多了。他的这种文学进化论，不但可矫正盲目崇古的观念，而且可刺激文学的发展，并赋予活泼的生机，以至开创新局。我们可以说，历代文学之所以能从末流中自振，或别开新运，莫不与此种精神有关。最明显的是，明朝反拟古主义的文学批评，莫不直接或间接地受其影响。像道学家王阳明的主张“师心不师古”，陈献章、李卓吾等的强调“自我”的意义和重要；不但启发了晚明的新文学运动，而且大胆地提倡俗文学。这种自我精神的发挥，不受传统思想的束缚，予哲学与文艺之改革，带来了新的契机。他如明末的李渔，清初的金圣叹，盛清的袁枚，亦莫不受此种精神的鼓励，而表现其“贵今”、“贵我”的文学精神。

其次，他反时代潮流的改革精神，表面上看起来似乎与文学进化精神相冲突；其实不但不冲突，而且足以补偏救弊，使之更趋于完美。因为反传统的文学进化论，固然在激励当代文人的自我觉醒，并建立其信心，而表现时代的精神。但他却生在一个文胜的时代，魏晋的文学虽然改变了传统重道轻艺、贵质轻文的文学观，但却矫枉过正，造成重艺轻道，贵文经质，偏胜的局面，使得当代文学的创作，往往流于空洞无物的虚饰。由于这种矫枉过正的现象，破坏了文学进化精神的完美性，因此提出“贵文重道”和实用的文学观；不仅重视文学优美的形式，而且更强调其内涵的重要，这也就是他为什么不仅仅以诗赋之文为满足，而极力倡导子书的理由。他这种针对时弊的改革精神，不但使他反传统的文学进化论，不致离经叛道，而且影响了后世“文道合一”的文论的发展，使得更趋成熟，更趋完美。同时也建立了他那个时代文学“清富赡丽”，“汪濊博富”的典型风格。更重要的是，这种反时代潮流的改革精神，带给后代的文论家更多的启发和深省，而直接或间接地影响于各代文学的创作。

至于积极的创作精神，也是反传统文学进化论更深一层的发挥。一般说来，传统大都重述轻作，重经轻子，而不轻易发明；对于这种过于审慎和保守的态度，葛洪深不以为然。于是提出了“作者之谓圣，述者之谓贤”（外篇《喻蔽》）的看法，特别强调创作的重要和难能可贵，以矫正传统消极的观念。既然崇尚创作，就不能再像汉朝说经的世儒，徒讲训诂考证，也不能像当代的文士，但作“诗赋浅近之细文，或以虚华之巧辨炫能”。因此，他积极地倡导子书，他以为子书“深美富博”，而这种能创作子书的人，也就是他所推崇的“文儒”。于是他积极地付之行动，创作了一部《抱朴子》的子书；一方面以义理思想充实其富博的内容，另一方面，则以骈俪之体寄托其清丽深美的形式。不但表现了积极的创作精神，也实践了“贵文重道”的文论。当然，文学的发展，惟有积极的创作，才能唤起生机，活泼文运，才能不停地向前推展而进化。也惟有能表现当代思潮和文艺特色的，才能创造具有时代精神和意义的作品。在这方面，葛洪是做到了，而且给后人提供了一个很好的典型。

参考书目

《抱朴子》，葛洪著，世界书局出版。

《中国哲学史话》，张起钧、吴怡著，新天地书局出版，第十三章。

《禅与道概论》，南怀瑾著，真善美出版社印行，第六、七、八、九各章。

郭象

黄锦鋐 著

目　录

一、郭象的生平和他的《庄子注》

郭象，字子玄，河南人。他少年的时候，就很有才辩，喜欢研究老庄的道术，每与人议论时事，就像悬河泻水，滔滔不绝，大家都认为他是王弼的流亚。州郡官府听到他的名声，争相地延聘，请他担任政事，他都婉言推辞，不肯应命，只是家居读书著述而已。以后被征召为司徒府的属吏，慢慢地升迁做到黄门侍郎，那时正是东海王司马越执政，赏识他的才能，就引为太傅主簿，于是任职，权势倾动全府，也因此很受当时学者的批评。不过没有多久，大概在怀帝永嘉末年，他就去世了。郭象的一生，我们所知道的，大概就是这样。不过，他留下的《庄子注》，却很受当时人的瞩目，不但是当时清谈的主要内容，也是后世学者讨论研究的对象。郭象虽然还有《论语解》及文集等著作，除了《论语解》偶尔可以看到后人引述外，其他文集都散佚了，而只有《庄子注》在学术界发射出耀人眼目的光芒。据说当时注《庄子》的不下数十家，只有支道林的《逍遥游注》可以和郭象的《庄子注》相提并论，其他各家，没有人能够超出他所注的范围。他《庄子注》的学说，支配了当时的时代潮流，也影响了后世的思想界，一直到明代冯梦祯还称赞他的《庄子注》，认为各家的庄子注，都不能和他相比，认为郭象的《庄子注》，可以与《庄子》媲美，甚至有人说不是郭象注庄子，而是庄子注郭象，有凌驾庄子而上的趋势。或许是郭象的《庄子注》太受人注意了，因此就有人讨论到《庄子注》的作者问题，以为郭象的《庄子注》是抄袭向秀的《庄子注》而来的。我们在说明郭象的思想之前，先有讨论的必要。

关于郭象的《庄子注》是不是窃自向秀的问题，后人论述的很多，最早的资料，是《世说新语·文学类》所记载的，《世说新语》认为：

> 起先注《庄子》的，不下几十家，都不能说出《庄子》的要旨，后来向秀在旧注之外，另作解义，技巧的分析其中奇妙的奥旨，因此《庄子》的玄冥奥义，大为明畅通达，只是《秋水》、《至乐》两篇没有注完，而向秀就去世了，向秀的儿子年幼，不能继承父业，因此注解的义理就零落散佚，但还有另外本子流传。而郭象为人行为不端，以为向秀的《庄子注》已经不流传，于是就窃向秀的注义当做自己的，自己又注《秋水》、《至乐》二篇，并换《马蹄》一篇，其余许多篇，只是点断文句而已。但是没有想到向秀注的另外本子流传出来，所以现在《庄子注》有向秀、郭象的两种，其内容其实是一样的。

自从《世说新语》揭发这个消息以后，各人有不同的看法，有的人就根据《世说新语》的记载，认定郭象抄袭向秀的《庄子注》占为己有，也有的人根据《晋书·向秀传》的记载，说郭象也有自己的意见，不能说全是抄袭而来的。还有的人，则以为时代已久，传闻未必可靠，主张不必去深究这个问题。现在我把各家的意见归纳起来作一个简单的说明。据我所了解，认为郭象的《庄子注》是抄袭向秀的，有高似孙的《子略》、王应麟的《困学纪闻》、焦竑的《笔乘》、胡应麟的《四部正讹》、谢肇淛的《文海披沙》，陈继儒的《续狂夫之言》、王昶的《春融堂集》、袁守定的《呫毕丛谈》、《四库全书总目提要》、陆以湉的《冷庐杂识》、刘宗周的《人谱类记》、顾炎武的《日知录》等等，这许多学者都认为郭象《庄子注》是盗自向秀注的，不过意见都不很坚强，有的是根据《世说新语》的记述，也可以说是赞成《世说新语》的说法而已，认为"《世说新语》的作者距离晋代不远，所说的应该是实在的"，像焦竑《笔乘》便是。有的则以郭象的人品来判断，认为郭子玄行薄，为东海王太傅主簿，任职当权，是属于富贵场中的人物，像这样的人是不可能会写《庄子注》的，因此就判断他的《庄子注》是抄袭向秀的。这种说法，可以陈继儒《续狂夫之言》，以及王昶《春融堂集》为代表。其他只是说明郭象《庄子注》是抄袭别人的，并没有提出确实的证据，说"盗窃别人的书为己有，自古以来就是这样的，像虞预盗窃王隐，郭象盗窃向秀，何法盛盗窃褚生，宋齐邱盗窃谭子等都是"。这可以陆以湉《冷庐杂识》、刘宗周《人谱类记》、顾炎武《日知录》为代表。近人杨明照、寿普暄、刘盼遂等，则列举《释文》、《列子注》、《文选注》所引有关郭象、向秀的《庄子注》来比较两者的异同，说明郭象的《庄子注》是窃自向秀义。

现在就以上述各家的说法，来说明我个人的意见。根据《世说新语》的材料，认为"《世说新语》作者距晋代不远，所说应该是事实"，这只是推测之辞，不足以证明郭象的《庄子注》就是窃自向秀的。因为是否盗窃，要看证据确实不确实，不是看时代近不近。就是同时代的人，意见相左的也很多，不能说时代相近的，说话都是可靠的。所以这个意见并不能说明事实的真相。至于说郭象行薄，任职当权，就认为他的《庄子注》是窃自向秀，这也不很公平，一个人的道德品行好不好，和著书立说是两回事，不可混为一谈。品行端正的人，不一定就会著书立说，反之，品行不端正的人，也不一定就不能著书立说，而且《文士传》里面还记载说“郭象少有才理，慕道好学，托志老庄，作《庄子注》，最有清辞遒旨”呢，可见郭象的才学也自足以著书。再说《世说新语》，不尽为信史，刘孝标所注，屡次指出错误，刘知几也说“《世说》所载，诙谐小辩，神鬼怪物，不一定可靠”。近人杨明照、寿普暄等列举的《释文》以及《列子》张湛注和现存的郭象《庄子注》来比较，可以说不失为客观的一种办法，可是结论却失之武断。杨明照认为郭象和向秀的《庄子注》，在八十九条中，意义相同的有四十七条，相近的有十五条，意义相异的有二十七条。杨氏认为相同的既然过半，其他虽然不能确定，但可由此推知郭象《庄子注》是窃自向秀的。（详见杨明照《郭象〈庄子注〉是否窃自向秀检讨》，文刊《燕京学报》第二十八期）寿普暄也录《释文》及《列子》张湛注引向秀所谓“隐解”的和郭象注比较，所得结果，有向注而无郭注的约二十条。向、郭二注并见彼此各异的约十七、八条，向、郭二注相同的约十八、九条。寿普暄氏也以“向、郭二注即使有相异之处，也不足以证明郭象没有取自向秀，毋宁反证郭象取自向秀，存其精华而弃其糟粕，反而较为妥实”。（详见寿普暄《由〈经典释文〉试探〈庄子〉古本》，文刊《燕京学报》第二十八期）这种的结论，只是类推而已，类推的方法，只能说“理当如此，实则无据”，固然其中意义相同的过半，我们可以说郭象《庄子注》大部分是因袭向秀的，但我们又何尝不可以把两人《庄子注》不同的意见，还之于郭象、向秀，那么，现存的《庄子注》，是向秀、郭象两人共同的作品了。我这样说，并不是否定郭象《庄子注》不因袭向秀的，而是说明以上各家所据的证据不足以说明事实的真相。而且杨明照、寿普暄等所据以说明的资料，大部分是字义的训诂，而少涉及义理方面的解释，这大概是字义训诂比较具体，容易把握，而文义较为抽象，不容易说明的缘故。我认为郭象的《庄子注》因袭向秀注最大的证据是文义的因袭，例如张湛注《列子·天瑞》引向秀说：

吾之生也，非吾之所生，则生自生耳，生生者岂有物哉！无物也（原本无“无物也”三字，据王叔岷《列子补正》补），故不生也。吾之化也，非物之所化，则化自化耳，化化者岂有物哉？无物也，故不化焉。若使生物者亦生，化物者亦化，则与物俱化，亦奚异于物，明夫不生不化者然后能为生化之本也。

这一段话的意思是说，“万物（包括我在内）的出生，并不是有一个所生者来生万物，而是万物自然出生的，主宰产生万物的哪里有形体存在呢？因为没有形体存在，所以主宰万物出生的是不会出生的。万物的变化而消亡，也不是有一个主宰来使物变化消亡，而是万物自然变化消亡的，主宰万物变化消亡的哪里有形体存在呢？因为没有形体存在，所以主宰万物变化消亡的是不会变化消亡的。假使是主宰万物出生的，它也产生出来，主宰万物变化消亡的，也变化消亡了，这样的话，它和万物一样地变化消亡，那与万物又有什么不同呢？知道那个使万物产生变化消亡的主宰是不生不化的，然后它才能做为产生万物，变化万物的主宰。”唐长孺以这个“不生不化之本”不是物，认为向秀有“无生有”的倾向，（见《魏晋南北朝史论集》）而他又以《庄子注》却贯彻“崇有”的思想，所以说，向、郭的《庄子注》，即使有很多地方相同，在“崇有”这一点上，只能说是郭象的主张。（详见原书三三四页，大意如此）这种说法，很有商榷的余地，《庄子注》既然贯彻“崇有”的思想，而“崇有”又是郭象的主张，那么，《庄子注》也都是郭象的主张了，这是不合乎情理的结论。我的看法，恰与其相反，我认为向秀所说的“吾之生也，非吾之所生也，则生自生耳”并没有“无生有”的倾向，而有“自生”说的倾向。而这个“自生”的理论，正是郭象“万物自然”说的所本。郭象《庄子·大宗师》注说：

天者自然之谓也，夫为为者不能为，而为自为耳，为知者不能知，而知自知耳。自知耳，不知也，则知出于不知矣。自为耳，不为也，则为出于不为矣。

这里所说的“为为者不能为，而为自为耳。为知者不能知，而知自知耳”和前文向秀注的“生自生耳，化自化耳”不但含义相似，就是在句型的组织形式也相似。这是郭象因袭向秀理论的具体说明。当然郭象自己也有意见，这是我们也应该指出的。例如郭象注《知北游》说：

明物物者无物，而物自物耳，物自物耳，故冥也。

向秀只说“生者自生，生生者是无物，因为是无物，所以不生，化者自化，化化者是无物，因为是无物，所以不化”，但是没有说明生者自生、化者自化的过程，只说那个“不生”、“不化”的，才是“生”、“化”的本源。而郭象则更进一步提出一个“冥”字来。照这个情形看来，郭象因袭向秀的《庄子注》是可以确定的，但《晋书·向秀传》所谓“郭象述而广之”也是可以相信的。

《庄子注》既然大部分是向秀的原义，郭象不过只是述而广之而已，那么，我们以《庄子注》来说明郭象的思想，是不是有张冠李戴的毛病呢？这个问题，我认为是这样的，郭象的《庄子注》即使大部分都是因袭向秀的原注，这也可以说明郭象和向秀的思想大部分是相同的，最低限度可以说郭象赞成这种主张，所以我们用《庄子注》来说明郭象的思想是不会有什么距离的，何况郭象也是研究《庄子》的，而《庄子注》中还有一部分是他自己的意见呢！

二、郭象与支遁的《庄子·逍遥游》义

《逍遥游》，是庄子主要的思想之一，也是最不好理解的一篇，很多名贤学者都在研究，各人有各人的意见，各人有各人的见解，真可说是议论纷纷，莫衷一是，不过，他们的理论学说都不能超越向（秀）、郭（象）的范围。那么，向、郭的《逍遥游》义是什么呢？为什么许多名贤学者所讨论的都不能超过他们的范围呢？我们且先看郭象的《庄子·逍遥游》义是什么。根据郭象的《庄子·逍遥游》注，他认为物的大小虽然不同，只要处于自得的场合，任物的本性，配合他的才能，各适其分，逍遥是一样的，其间是没有什么分别的。刘孝标在《世说新语·文学门》注也提到向秀、郭象的《庄子·逍遥游》义说，大鹏上飞九万里的高空，尺鴳只能飞到榆枋树上就停止，虽然小大有不同的差别，如果各任个性所适，都能迎合其本分的话，那么逍遥都是一样的。刘孝标的注和郭象《庄子·逍遥游》的注义，大体相同。不过，我们要指出的是，向秀、郭象以及刘孝标的《世说新语》注对《庄子·逍遥游》义的意见和《庄子》原意并不符合，《庄子》里面，所谓逍遥游是说莺鸠所飞不过到榆枋树上而已，有时飞不到，就停止在地上，尺鴳也不过是腾跃数尺而上罢了，都是有限度的，

不能突破那个时空的界限，不能算是逍遥。小的像莺鸠、尺鴳固然不能逍遥，就是大鹏又何尝能够逍遥呢？大鹏虽然能飞到九万里的高空，那可以说是非常的高了，高远的程度，就像我们在地上看天空一样，是一种苍苍然的颜色，大鹏在天空看地上，也是一样的。这在我们世俗的眼光看来，那可以说是逍遥了。但是庄子却认为大鹏还是不能逍遥，这是为什么呢？简单地说，庄子所谓的逍遥游，是超时空的，凡是我们在时空中认为逍遥的，庄子都认为不逍遥，所以不但是莺鸠，尺鴳限在一定的空间中，不能算是逍遥，就是大鹏虽然冲破九万里的高空，又何尝超出时空的界限呢？既然不能超出时空的限制，那还是一样的不能逍遥，所以庄子特地指出，大鹏是要靠着六月海动的大风才可以高飞九万里的天空，（见《庄子口义注》）假使没有大风，是不能承受大鹏那么大的翅膀的，而这个大风，又必是在六月海运时才有的，很显然的，是说受了时间的限制。莺鸠、尺鴳不必等待大风，可以随时地飞，不受时间的限制，但是受了空间的限制。大鹏好像不受空间的限制，但受了时间的限制。莺鸠、尺鴳不知道自己受了空间的限制，所以笑大鹏，庄子称为“以小笑大”，这又和“知效一官，行比一乡，德合一君而征一国”的人是一样的。自以为是很可以了，但也局限在一定的世俗杂务之中。宋荣子能够超脱世俗毁誉的羁绊，不受荣辱的影响，但仍有荣辱之见存在心中，不能自树立。就是列子能够御风而行，超出世俗荣辱之见，可以说是很好了，但仍然需要等待风，还是不能逍遥。这和大鹏要等待六月海动所发的大风才可以高飞，情形又是一样的。用一句术语来形容，都是“有待”的。庄子把世间的一切，无论在物方面像莺鸠、尺鴳，在人方面从“知效一官”的掾吏，忘荣辱的宋荣子，以至于能御风而行的列子，都是不能逍遥。那么庄子所称的逍遥境界又是什么呢？简单地说，是“无待”的。庄子认为只有“乘天地之正，御六气之辩”的人，才能无所待逍遥游于无穷无尽的时空中。

所谓“乘天地之正，御六气之辩”的“辩”字，和“变”字是相通的。“正”就是不变，是说能掌握住那不变的枢纽，适应六气的变化，与大道化合的人，才能遨游在无穷的宇宙中，不受时间空间的限制。庄子所说的逍遥游，也可以说是与宇宙的本体化合，那是一种什么都有，什么都没有的境界。既然什么都有，所以和物不相忤，任由自然的变化，可以“不行而至，不疾而速，圆通周流，无所滞碍”，那就无往不逍遥了。既然什么都没有，那又是超出自我的逍遥，庄子认为世人都被一个自我所限，为血肉之躯所系累，所以庄子要人消除自我，不要执着形骸，达到“无已”的地步，而游于广大无穷的无何有之乡。这种境界，是尺鴳、莺鸠所不能想象得到的，也不是“知效一官”以及宋荣子、列子等一般人所能达到的。所以郭象说“小大虽然不同，逍遥是一样的”，那是他自己的看法。当然，郭象的逍遥游义，有他主客观环境所造成的因素，和他理论的根据。在主观的环境说，根据《晋书·郭象传》的记载，州郡要征召他出来做官，他不肯俯就，只是闲居著述，过着像隐士一样的生活，他之所以爱好老庄、能清言，大概就是在这个时候表现的。等到被征召做司徒府的掾属，东海王荐引做太傅府的主簿之后，任职当权，声势倾动内外。由此可见他前后期的生活颇不相同，前期是像隐士的生活，后期则是任职当权、声势显赫的生活，这两种生活是有矛盾的。在客观的环境说，这种隐居与出仕矛盾的生活，在魏晋时代的人物中，不在少数。别的姑且不谈，就以和《庄子注》有密切关系的向秀来说吧！他开始也是过着隐居的生活，以后才出来做官，所以当向秀到洛阳——也就是当时的京都，向朝廷报告工作概况的时候，司马昭就曾当面讽刺他说："既然有隐居的志向，为什么来京师呢？"向秀只好自己解嘲地说："像巢父、许由那种隐居的人，个性狷介，不会了解尧为天下百姓的苦心，不值得去羡慕他们。"言外之意，所以自己又出来做官了，这是先隐后仕最好的说明。和向秀同为竹林七贤的山巨源（涛），就因为隐仕无常，受到孙兴公的批评，曾对人说，"山涛我很不了解他，官吏不像官吏，隐士不像隐士。"郭象的情形，和他们正相似。他为了要替这种矛盾的行为，找一个理论的根据，所以他就根据《庄子》书中"周将处材与不材之间"，以及"无可奈何"，"固有所不得已"的理由，安于"无所逃于天地之间"，把名教自然合而为一，也就是把"隐居"和"出仕"调和起来，所以他必须认为小大都可以逍遥，就是隐居也好，出仕也好，都是相通的。所以神人也就是圣人，圣人身在庙堂之上，然其心无异在山林之中。就像尧一样，天下虽然拥护尧做国君，但是尧自己却未尝有天下的系累。我们看他坐在帝王的位置，日理万机，但他心里未尝不逍遥。照这样说，郭象一边出仕当权，一边谈老庄，就不会有抵触了，这可以说是郭象逍遥游义为什么要认为小大都可以逍遥的主观因素。至于郭象逍遥游义的客观因素，根据近人陈寅恪先生说，和当时的社会潮流很有关联。我们知道，在东汉的时候，就有人伦鉴识的论调，到了魏晋人物才性论，更是为当时人士所乐道，像刘劭的《人物志》，就谈论到人材各有所宜，不在乎大小的问题，他认为大的可以包容小的，就像鸡和牛一样，牛大而鸡小，煮的鼎也应该有大小，小鼎固然不能烹牛，但是大鼎可以烹牛，也可以烹鸡。由此推论，治理大郡的人材，也可以治理小郡，所以人材各有所宜，不仅是大小而已。这种理论，和郭象所说的“做事要切合他的材能，适应大小的性分”的说法，在某一观点上，是有若干近似的地方。而且在“适性”的意义上，郭象更有若干的发挥，譬如说，大鹏一飞就是九万里，到了天池才休息，小鸟一飞只有半天，到榆树上就停止。就才能说，是有区别的，但在“适性”的观点看，都是一样的。郭象的意思，只要“适性”的话，大小都是一样的逍遥。因此他一边研究老庄，一边任职当权，也是“适性”。他又把握住《庄子·逍遥游》中“水载船”的故事来比喻，水假使不深的话，就没有浮力可以托载大船，在小坳地上注满了水，放一根草在上面就可以浮，如果放一个杯子就立刻会沉下去，这是因为物重水浅的缘故。郭象就从这种理由推论出去，认为大鹏飞到九万里高空，也是因为翅膀大，所以必需要大风才能飞，由此可见体积小的所凭借的不需要大，体积大的所凭借的也不能小，所以郭象告诉达观的读书人，应该了解这个旨趣，不要拘于形迹固执不变，那就不会曲解《庄子》的大意了。这大概就是一般人所说的“隐解”，因此，郭象对逍遥游的意见即使和庄子的旨意不合，自有他的理论根据，并且也有发展，所以一般人所讨论的，不能超过他的范围。

这种情势，一直到支遁出来后，才稍稍地改变。支遁，字道林，本来姓关，是河南陈留人，少年时就很聪明，开始到京师，太原王蒙就非常看重他，认为可以和王弼（辅嗣）媲美。曾经在白马寺和刘系之等谈论《庄子·逍遥游》，大家都认为“适性”就是逍遥，支遁提出反对的论调，他认为如果是以“适性”就是逍遥的话，夏桀、盗跖以残害人类为适性，那夏桀、盗跖也可算是逍遥了。于是他就自己注《逍遥游》，群贤看到，没有不称赞的。有一次，支道林在白马寺和冯太常晤谈，因谈及逍遥游。支遁居然超越向（秀）、郭（象）二家所谈的意旨之外，和当时的名士贤人也卓然不同，其内容都是当时研究《庄子》名家所没有谈论到的，于是大家以后就采用支遁的意见。当王逸少在会稽的时候，孙兴公带着支遁一同去看他，王逸少本来就气质不凡，自视很高，轻视天下名士，支遁到时，不与交谈。当王逸少要离开时，车已经在门外等候，支遁就告诉王逸少说，你慢点去，我和你谈两句，就论说《庄子·逍遥游》，支遁拿出旧作数千言，辞藻新奇，才华映发，王逸少看了，赞叹流连，不能自已。以后东晋的孙绰，更把七个高僧比作竹林七贤，就把支遁比作向秀，就是认为他们都是庄子学的权威，虽然时代不同，但讨论《庄子》的玄理，都各有所长呢！

支遁的《庄子·逍遥游》义，为什么可以和向（秀）、郭（象）的逍遥游义分庭抗礼，并且有驾凌而上的趋势，而令人流连忘返呢？因为文献不多，不知道其中的详情，不过，我们可以肯定的，支遁所谈的《庄子·逍遥游》，必定和佛教的经义有关，是没有问题的。因为研究道行经是支遁的专业，他在注《逍遥游》之后，又注《安般四禅诸经》、《即色游玄论》、《圣不辩知论》、《道行旨归》、《学道诫》等。到晋哀帝即位（公元三六二年），屡次派遣使者，征召他入都，住在东安寺，时常讲论“道行般若”，无论僧俗都推崇他，朝野悦服。现在《出三藏记集》第八载有支道林的《大小品对比要钞序》一篇，大小品就是道行经，《高僧传·四康僧渊传》说：“放光道行二般若，即大小品也。”道行经详细的叫大品，简略的叫小品。支道林其他的著述，虽然大部散佚，但从他所著现存的篇目看来，知道他对《般若经》用功极为勤奋，他借《般若经》的经义来解释《庄子·逍遥游》，也是理所当然的一件事。在理论上说，当时以向（秀）、郭（象）《庄子注》为玄谈的内容，已经发展达到饱和的程度，所谓“诸名贤已不能拔理于向、郭之外”，玄谈的数据，必须另外吸取外来的思想，以充实它的内容，就在这个时候，支道林适时地扮演了这个角色，他把佛经的般若学中取得了新的启示，扩大了玄学的领域，加浓了玄学的内容，使玄学发展的同时，也促进了般若学的繁荣，通过了二者的合流，使般若学终成为玄学的支柱。当然，佛教经义的本身，也需要藉《庄子》的内容为媒介而传播。这就是后来所称的“格义”。所谓“格义”，就是拿“外书”的义理，做为佛经的子注，使一般人都能了解，这大概是因为佛经初传入中国，受到一般士大夫的排斥，所以用中国的子书来比附，容易为大众所接受，就像慧远讲经的故事一样。慧远在二十四岁时，就担任讲说经义，曾经有外客听讲，以实相义（也就是佛义的本体论）相责难，讨论愈久，疑问愈多，以后慧远就引用《庄子》的义理来比喻说明，于是疑惑的人才明白过来。就在这种情形之下，“格义”大为流行。因为“格义”的流行，玄学更与佛学密切地结合起来。另一方面，当然也是般若学的经义和《庄子·逍遥游》义有若干相通的地方。我们先看支遁所说的逍遥游义是什么，他说：

逍遥游的意义，是要说明“至人”的内心，庄子创言大道，而寄迹在大鹏、尺鴳身上。大鹏因为营生的路径很旷广，所以体外不自适。尺鴳以在近而笑远，内心有矜伐之意（都可以说是不逍遥），至于“至人”高兴地乘天地的大道，放浪形骸游于无穷的时、空中，主宰万物而不受外物的主宰。自我就不会受拘束，不为而自然玄冥感应，不求快速而自然快速，那就逍遥而无往不适，这才叫做逍遥。假使是有欲望，当他满足的时候，满足所满足的欲望，快意像是适性逍遥了，但是仍然像是饥饿的人吃饱饭，渴的人喝够了水一样，哪里是真正能够忘情物外呢？如果不是自足，哪里是真正的逍遥呢？

支遁所说的逍遥义，就是根据当时流行的《般若经》。所谓“般若学”，当时研究的人很多，各抒新义，派别很多，有所谓六家七宗，支道林是属于其中的第三宗——即色义。“即色义”的理论，已经亡佚，不知道详细的内容是什么，不过从《肇论》中所引的原文及批评看来，和他所论的逍遥游义，在理论上是有密切的关联。我们再看《肇论》所引的支道林即色义：

即色这一派，是说明外物不是自己形成的，所以虽然成为物质，但并不就是物质。

又支遁文集中的《妙观章》及《世说文学注》说：

物质的本性，并不是自己形成的，所以说“色不自色”，物质既然不是自己形成的，所以虽然成为物质，也是空幻的，因此说，“物质就是空幻的现象”，所以说“色即是空”。但是心里有了物质的存在，好像物质是确实存在的，那物的存在又和空幻的现象不同了，所以又说“色复异空”。

从这两段文字看来，即色义的含意是“物质不是自己形成的”，所谓“色不自色”。色之性既然不自色，所以说“色即是空”。那么，色怎么会呈显色相呢？根据《肇论新疏》说，那是“因心而起色”，就像青、黄等色相，并非色的本性呈现的，如果心里没有青、黄等色的存在，那青、黄色都是空的，所以说“色即是空”。那么为什么又说“物的存在和空幻的现象不同”，所谓“色复异空”呢？那是就“因心而起色”说的，因为心里有了色的存在，那所显现的色又是有，并不是空幻的了，所以又说“色复异空”。这和支遁逍遥游义所说的“主宰万物而不受外物的主宰”，就是“物物而不物于物”是同一形式的。“物物而不物于物”正是“色色而不滞于色”。“色不能自色”和“物不能自物”的意义也相通。而只有“至人”之心，可以色色，也可以物物，心与万物感通，因应无穷，看他是动的，其实也是静寂的，所谓“万声的钟响，但响只是一而已。万物感通圣人，圣人也只是寂以应之而已”。所以支道林主张“寂”不必也不可能离开了“动”来求得，“无”不必也不可能离开了“有”而求得，这样的“寂”只能因应，而“至人”就是“寂以应之”。这些意见，正是支遁逍遥游义的理论根据，这样的“至人”就超出了向（秀）、郭（象）的“冥于内而游于外的至人”的范围了。而向（秀）、郭（象）的意见，是“物自物”，不是“物物而不物于物”，《庄子·知北游》郭象注说：

要了解主宰物的是无物，而是物自己主宰物，就是“物自物”，物自己主宰物，所以称为“冥”。

这里所说的“物自物”，显然和支遁所说的“物不自物”、“色不自色”的意义相异。向（秀）、郭（象）是把现象和本体，也就是有和无综合，所以说，“天下虽然推崇尧为君，而尧自己未尝有天下”，郭象称这种境界叫做“冥”。世人只看到尧的现象，没有看尧的本体，在现象说，尧是在做国君，在本体说尧已经达到“冥”的境界，从现象看本体，现象与本体是不相同的，但从本体来看，才能体悟现象就是本体。从这一观点出发，我们就可以了解为什么郭象要说“物的大小虽然不同，只要是处于自得的场合，任物的本性，配合他的材能，各适其分，逍遥是一样的”了。支遁的逍遥游义则是现象与本体的冥化，因为他主张“色不自色”，那么和色相对的“无”也不是自无了。“无不能自无”，理也不能为理。理不能为理，那理也不是理了。无不能自无，那么，无也不是无了。所以是“有”、“无”俱冥。在形式上和向（秀）、郭（象）是同样的，但在内容上却大有区别。这样，就给逍遥游义开辟了新的境界，所以能“卓然标新理于二家之表，立异义于众贤之外，皆为诸名贤寻味之所不得”。但是，虽然支道林的逍遥游义能够“拔理于向（秀）、郭（象）之外”，然而影响当时思想界的，还是郭象的《庄子注》，这是我们要知道的。

三、郭象的自然观

司马迁说："庄子散道德放论，要亦归之自然。"大体道家一派都崇尚自然。《庄子》书中，提到自然的地方不多，但其本质上都是谈论自然却可以断言，不过，庄子谈自然，仅就万物产生的现象而说，郭象谈自然，则是直探万物的根原，以自然为创造宇宙的本体。这是郭象以前各家谈论自然所不及的。也因为这样，郭象《庄子注》中所谈的自然义和庄子的本意，当然也就有若干的距离。《庄子·秋水》也说："牛马四足，是谓天，落马首，穿牛鼻，是谓人。"这是很明显地告诉我们，牛马禀于天性，自然有四只脚，非关人事，所以叫做天。我们人羁勒马头，贯穿牛鼻，这是出自人的意向。把自然与人为分得很清楚，郭象却把自然和人事给等同起来，他说："我们生活，可以不用牛乘马吗？既然要用牛，要乘马，哪里有不羁勒马头，贯穿牛鼻的呢？牛马不能避免羁勒贯穿的命运，这是天安排好的，假使是符合天的安排，那即使是人为的，而根本也还是天注定的。"郭象的意见，羁勒马头、贯穿牛鼻虽然是人为的，但根本则是天命安排好的，不过是假借人去做罢了，这样就轻易地把自然和人为合一了。郭象这种说法，一方面是基于他"儒道合"的理论，他认为名教和自然是可以调和的，所以自然和人为也可以合而为一。另方面，当然也有他理论的根据。早在汉武帝时，《淮南子》已经有自然调和人为的理论了。《淮南子》论道，是要以这个“道”做为总摄调和百家的枢纽，既然道是统摄百家的，难免就会落实到人事上面，所以《淮南子》尽管说“了解道的人，不以人为改变自然”，如果真的是这样的话，自然和人为分别得很清楚，那人类必定回到原始状态，一切文明都在排斥之列，所谓“虽有舟车，无所用之”，那是极端的“不以自然改变人为”的，“民老死不相往来”的社会。然而，我们的社会多少还有“鸡犬相闻”的人们存在，既有“鸡犬相闻”的人们存在，就不能抹杀人类因本性及本能的需要而产生的人为的事。《淮南子》认为“用火来烤干井，引淮水来灌山”，这是运用人为的力量违背自然，所以叫做“有为”，然而《淮南子》却认为“水行要用舟，泥地要用车，因高地而为山（山字原来是田，根据王念孙的意见改为山），因低下的地形而为池”。这些都是“无为”，这和《淮南子》所说的“不先物而为者叫无为”是有抵触的，因为“因高为山，因下为池”已经是“先物而为”了。天道把“无为”和人道的“有为”混为一谈，那“自然”和“人为”也就没有什么界限可言了。“自然”和“人为”既然没有界限，那道家和儒家的思想也就可以调和了。到了东汉，王充把自然的定义更为具体化起来，他认为自然和人为是有区别的，人的行动和天地的运动是不同的，人的行动是有意识的、有目的的，天地的运动则是出于自然，人的行动是有为，不是无为，所以说：“人的行动是有为的，因此人道是有为的。天的行动、施气，是自然的，施气则万物自然产生，并非特地施气去产生万物。气不动就不施，气不施万物就不产生，和人有为的行动不同。日月五星的运行，都是施气的结果。”由这些理论看来，王充是把人为和自然作明显的区分。不过我们应特别注意的，王充是认为万物是气生来的，而这个气是自然施行而产生万物，并不是有意的去安排，从外表上看，气是由天运动而生，万物又是从气而产生，好像是有为的，但事实上这都是出于自然。这一点和郭象的万物自生说很有关联，郭象注《庄子·齐物论》“若有真宰，而特不得其朕”那一段话说：

万物万情，趣舍不同，像是有真宰，使万物那样子，但是要去找真宰的迹象，始终不能得到，因此可以知道万物都是自己那样的，没有使万物产生的真宰。

这里所说的“像是有真宰，使万物那样”和王充所说的“外若有为”意义是相同的，而所谓“万物都是自己那样，没有使万物产生的真宰”和王充的“内实自然”其实也有同等的意向。

王充虽然没有把天道自然和人道有为混为一谈，但又认为两者并非对立，而是相辅相成的。所以说：“天虽然施气产生万物，但不能成物，成物的还是人。万物是自然产生，但也要靠人为来辅助。”他用耕种来比喻，“春天播种，这是人为，当种子播下，日夜长大，这是人不能为的，假使要用人为去帮助，那是毁败之道，就像宋国人忧虑禾苗不能长大，用手去拔它长大，苗就枯槁而死了。”这里的含意，和庄子所说的不可以人为去帮助天然是相同的，但就另一方面说，只靠天然，没有人为去播种，也是无济于事的。这就很明显地说，天地虽然是自然地生万物，但还要靠人为来辅助。这又和《淮南子》所说的“禾稼春生，人必加功焉，故五谷得遂长”，也有若干的血缘关系。郭象则继承这两者的理论而加以发展，使自然的理论系统化起来，并且赋予一种新的意义，在中国哲学史上占一重要的地位。

那么，郭象自然的理论是什么？简单地说，郭象自然的理论，是寄托在他“自生”的基础上，他认为万物都是自生自化，没有生万物和化万物的。他注《大宗师》篇“神鬼神帝”说：

无，哪里能够生神？不神鬼帝而鬼帝自神，这是不神之神，不生天地而天地自生，这是不生之生呀！

《庄子》书中本来是认定产生万物的有一个“道”存在的，虽然那个“道”很抽象，不容易去说明它，但“道”是存在的，郭象则根本否定那个“道”的存在，因为否定“道”的存在，必须肯定万物是自生的，所以说“天地自生”。郭象的自然观，就建筑在他“自生”的基础上。万物既然自生，不是“道”所生，“道”既不能生物，万物当然也不能生“道”，那么，所谓“道”也是自然的了。郭象认为万物都是“自生”而并非任何物体所生，这种现象叫做天道，也就是所谓“自然”。所以注《齐物论》“日夜相代平前，而莫知其所萌”句又说：

天地万物，变化日新，与时俱往，没有任何物使它这样，都是自然而然的。

庄子认为“有先天地生”的道存在，这个“道”又是遍在的，郭象既然否定万物是由“道”产生，都是“自生”、“自然的”，宇宙间一切的变化，都是自然而生的，自然而化。因此，认为庄子所说的“先天地而生”的“道”的本体，只是个“无”，他在《大宗师》篇“在太极之先而不为高”句注说：

说道之无所不在，因此道在高处为无高，在深为无深，在久为无久，在老为无老，无所不在，而所在都是无。

庄子明明说有一个道存在，郭象却把它转化变成“无”。既然是“无”，那谁在万物之先呢？以阴阳为万物之先吗？阴阳也是物呀！谁又比阴阳更先存在呢？那只有归之于自然了。而自然就是上面所说万物自己这样产生的。所以郭象在《知北游》篇“有先天地生者，物耶”句注说：

以“至道”在万物之先，“至道”又是“至无”，既然是“无”，又谁在先呢？在万物之先的究竟是谁呢？假使说还有在万物之先的东西存在，那物之先还有物，就永远没有停止的一天，根据这个推论，可以明了万物都是自然产生的，没有使它产生的东西存在。

这也是很合乎逻辑的推论法，因为物类的产生要推到最先的原始祖先，是有困难的，庄子是聪明的人，他只描绘了一个轮廓，像是有那么一个抽象的东西存在，但是说不出来那究竟是什么东西，所以只好称它为“道”，有时称为“大力”者，但当你要认真地去看看那个“道”是什么时，那又看不见了，你要给那个“道”下任何定义都不对，所以庄子教人要认识那个“至道”，只有超出这个体，达到“忘我”的境地，去与道化合，才能体悟到道的真实，其实就算你真的体悟“道”是什么，你自己也说不出来。因此，有人说庄子的“道”是不可知的，郭象要在庄子不可知的“道”的本身，给它下个定义，当然是有困难的，就像后世词汇学家要给某一个“词”下定义一样，即使绕得很远，最后还是绕到原来那个词的本身，譬如：《说文》上面说：“恨，怨也”，再去查“怨”字，又说是“恚也”，再去查“恚”字，又回到原来的词上，说是“恨也”。这种训诂学家叫做“互训”，说穿了，互训的解释等于没有解释。不过话又说回来，训诂学家也有他不得已的苦衷，因为文字的功能有限，而人类的情意无穷，用有限功能的文字，要去解释无穷的情意，是有困难的，最好最聪明的办法是用“互训”，让读者自己去找适当的字义好了。文字的训诂还有困难，何况要解释包罗天地万象以及无穷无尽的道体呢？所以庄子只好说“大道不称”，郭象是要给《庄子》做注的，庄子可以说“大道不称”，郭象不能也跟着说“大道不称”，他必定要具体地说明在万物之先的“道”到底是什么，因此他就创出一套理论，说“至道”是“无”，在万物之先的“至道”既然是一个“无”，那万物的产生当然是自然如此的了，这是郭象给“道”，也是给产生万物的原因找出一个比较具体的解释，郭象的自然观，就是这样形成的。其实，郭象的自然观，是要给庄子“先天地生的道体”做注解的，他事先并没有想要违背庄子意义的企图，更没有想要反驳庄子的计划，他只是想把庄子抽象的道体，把它说得比较具体一点，没有想到结果却与庄子的原意相违背，把庄子原是至道“神鬼神帝，生天生地”，而变成“鬼神自神，天地自生”，鬼神天地都是自然的，既然是自然的，那就没有什么先天地而生的大道了。本来是要替“道”作注的，变成否定道的存在，这恐怕是郭象所没有想到的。对《庄子注》来说，这种注解，可以说是“隐解”，在郭象自己说，就成为他自然观的宇宙论了。

郭象既然是肯定“道”是“无”，万物都以“自然”生，因此凡是《庄子》书中论及万物产生的现象和过程，郭象都用“自然”来解释。譬如：《知北游》篇“天不得不高，地不得不广”句，郭象注说：“这都是不得不然而自然罢了，并不是道使它那样的。”又《秋水》篇“北海若曰，知道者必达于理”一节，郭象注说：“了解道的，知道道是无能，既然是无能，何以能生我，那么我是自然而生的呀！”甚至郭象认为“天”也是“自然”的，因为他肯定“天地”是万物的总名称，万物既然是“自然”而生，那天地当然也是“自然”的了。他在《齐物论》“夫吹万不同而使其已也”句注里，有很巧妙的说明。他说：

无既然是无，就不能生有，有之未生，又不能生物，那么生万物的是谁呢？单独的自己产生罢了。自己产生，就不是我生的，我既然不能生物，物也不能生我，所以物都是自生而不是从任何地方生出来的，这就是所谓“天道”。

郭象的意思，万物既然是自然而生，天地又以万物为体，所以天地也是自然，全天地一“自然”。这是种聪明的意见，因为尽管推论万物所以产生的原因，最后还是“块然自生”，倒不如干脆说“天地万物都是自然产生”，来得具体些，万物既然是自然生，进一步说，也就是不等待什么，所以郭象又提出“无待”这名称来，他认为造物到底是有呢？还是无呢？如果是无，当然就不能创造万物；如果是有，也不能够创造各种不同形状的万物，因此可以知道万物都是自己创造自己的形状，这才可以说是“造物”，所以创造万物的没有主宰，万物各自造，物各自造，还等待什么呢？这是郭象“无待”的理论根据，最后他把这“万物自造而无所待”的现象，看做天地的常道。

然而，宇宙间的万物，是无时无刻不在变化的，所谓“万化未始有极”，那么这种变化的现象，谁是主宰呢？郭象认为万物的变化，也是“独化”，当然，这种观念是从他“自生”和“无待”的理论推衍出来的结果。因为物既自生而无所待，那物的变化，当然也是“独化”了。譬如我们可以说，有形体才有影子，影子可以说是等待形体，形体可以说是等待于造物，那么，造物又等待什么呢？这样，等待又等待，直到无穷，最后的必定是无所等待，那万物“独化”的道理就很明白了。郭象的意思，宇宙间万物，一切都是“独化”，无所等待，无待也可以说是自然，假使甲物体要等待乙物体，那就不是甲物体的自然，或且是乙物体要等待甲物体，那也不是乙物体的自然，所以说万物各自然，独化而不相待。由自生而独化而不相待，构成郭象自然观理论的一环，也是郭象的中心思想。

四、郭象自生说的理论基础

自生之说，是郭象的思想中心，也可以说是整部《庄子注》的环节，那么，郭象的自生之说，到底有没有它的理论根据以及它产生的背景是什么？有提出来说明的必要。我们知道，当时玄学的主要派别，有所谓何（晏）王（弼）的贵无派，和裴頠的崇有派。郭象的《庄子注》，则是贵无和崇有的综合。“无”和“有”的问题，是魏晋哲学上所讨论的问题，宇宙间的事物，在无时不变的观点看，事物是不存在的，它只是幻象而已，可以说宇宙间没有事物的存在，但是在事物不断的永恒的变幻中，事物又是存在的，也可以肯定宇宙事物的存在。郭象就是要在这事物存在（有）与不存在（无）的现象中，找出一套理论来，所以他必须一方面继承王弼贵无的理论，一方面又发展裴頠崇有的观念，创造出“寄言以出意”的自生之说来。郭象在《齐物论》“有成与亏，故昭氏之鼓琴也，无成与亏，故昭氏之不鼓琴也”句注说：

声音不可胜举，所以吹管操弦，虽然有繁手，声音遗漏的还是很多，而拿着钥弹着弦，目的是要表演声乐，然而表演声乐而声音反而遗漏，不表演声乐，声音反而齐全。

郭象所说的“声音齐全”，其实也可以说是没有声音。没有声音倒有音乐的效果，古人所说“无声胜有声”，道理或即在此。好像开音乐会一样，停顿不唱的时间，也会有音乐的意义，可见“有”是生于“无”。不过，无声之所以能胜有声，还是因为有声的缘故，停顿不唱的时间，所以有音乐的意义，也是有一个人在唱歌，那停顿的时间，才会发生意义，假使没有人在唱歌，停顿不唱的时间，是不发生什么音乐意义的。又可见“无”还是生于“有”，郭象就企图在这“无”和“有”的循环产生中，找出他对宇宙万物所以产生的答案来。所以郭象继承王弼的“贵无”思想，但在方法上，还是有若干的不同点。用一个杜撰的名词来形容，郭象是主张循环律，王弼则是用沟通律。因为是循环律，所以郭象主张“自生”说，因为是沟通律，所以王弼倡言“睽而知其类，异而知其通”。何晏王弼的意思，都认为宇宙万物无时不变，所以客观存在的事物，都是幻象，但是只要把握住那变化的关键，就可以主宰万物的变化。那主宰万物变化的，就是“寂然无体”的道。何晏《论语集解·述而》“志于道”句注说：“道不可体，故志之而已。”为什么“道不可体”呢？因为道是虚灵的，皇侃说：“不可体，谓无形体。”王弼则直接地认为“道”就是“无”。他说：“道者，无之称，寂然无体，不可为象。”“道”既然是“无”，那万物的变化产生，都是由“无”而来的。《周易》王弼注说：“天地虽大，富有万物，雷动风行，运化万变，寂然至无，是它的本源。”这个本源没有形成，也没有名称，是万物的开始，如果是已有形体，有名称时，那已是万物的形成了。就在那没有形成没有名称浑然一片的当时，便称它为“道”。所以

“道”是浑然没有形体、没有名称，只好称为“无”。那么“无”又是什么呢？换句话说，“无”派生出来的意义又是什么呢？这样就只好归于“自然”了，所以王弼又说：“自然者，无称之言，穷极之辞。”因为天地之中，荡然因任自然，不可得而穷，王弼是认为“自然”和“无”都是产生万物之前的原始名词，郭象继承这个观念，也谈论“自然”和“无”，不过，王弼把“无”和“自然”认为是同义词，郭象则是认为“无”和“有”的冥合中，说明产生万物的自然现象。全部的《庄子注》，就在这个观念的联锁中得出来的结论，《秋水》篇“言之所不能论，意之所不能察致者”句注说：

夫言意者，有也；所言所意者，无也；故求之于言意之表，而入乎无言无意之域，而后至焉。

这几句话的意思就是说，明显的语言文字，是具体的形象，文字所代表的情意，是抽象的观念，应该在具体的语言文字之外，找出抽象的意念，那才能够得到确切的真义。郭象的主要论点，就是要从具体的事物形象之外，去寻求抽象的意念，用术语来说，叫做“寄言以出意”。因为“寄言以出意”，所以儒与道因而相合，名教与自然可以混而为一。王弼也谈“言意之辨”，“得意忘言”和“寄言以出意”都可以使儒和道调和而不相违，不过其本质上还是有不同的地方。王弼是认为“言生于象，所以寻言可以观象，象又生于意，所以寻象可以观意”。既然言生于象，所以忘言可以得象；象生于意，忘象可以得意，要由具体的事物直探宇宙的本体。把握本体，则一切都可以会通。执一可以御万。所以说："众不能治众，寡才能治众，动不能制动，贞一才可以制动。少者多之所贵，寡者众之所宗。"郭象则是在具体的事物中探求本体，抽象的本体就是具体事物的本身。因为王弼主张"执一以御万"，一是道，也是自然，所以应该是"自然生万物"。郭象认为本体就是物的本身，所以主张"自生"之说，也就是"万物以自然生"。因此我们知道郭象虽然继承了王弼"无"的学说，他本身还是有发展的。

郭象一面继承了王弼的"贵无"说，一面又继承了裴頠的"崇有"说，那就是"至无不能生有"的问题，裴頠认为"无"不能生"有"，所以开始生物的必定是"自生"。但是"自生"必定要根源于"有"，所以遗弃"有"而"生"亏。譬如说：工匠不是器物，但是制作器物必要工匠，不能说制作器物不是器物，以工匠不是具体的存在。郭象继承了"无不能生有"的理论，也认为"无既然是无了，就不能生有，有还没有产生，又不能产生万物，那么产生万物的是谁呢？是自己产生的吧了"。因此后人认为郭象的自生说是继承裴頠的"崇有论"而来的。从片面说是对的，但从另方面看，郭象自己也是有发展的。因为裴頠的由"无不能生有"，说到万物必自生，但是这个"自生"必定要根源于"有"，就像工匠造器物，器物虽然不是工匠，但必须有一个工匠，才可以造器物。万物虽然是"自生"，但是"自生"是有条件的。郭象的"自生"说，一面肯定地说"无不能生有"，然而万物是无时无刻不在变化的，它是不间断永无休止的，所谓"变化日新，未尝守故"。这一点为郭象所承认，他在《庄子注》中还特别强调万物变化的理论，譬如《齐物论》"日夜相代乎前，而莫知其所萌"句注说：

日夜相代，新的替代旧的，天地万物，变化日新，与时俱往，什么东西是开始呢？都是自然而然的罢了。

万物既然是变化的，无时非生，无时非化，那“自生”之说必是没有条件的，这和裴頠“自生必体有”的理论是有距离的，所以郭象说到万物“自生”，都是忽然、突然的产生，无缘无故地产生，是没有条件的。所以说：“忽然而生，没有本，忽然而死，没有根。”不但是无不能生有，有也不能生有，因为有能生有，那自生就是有本有根了。《庚桑楚》篇注说：

“有”还没有产生，那什么产生万物呢？所以必定是自有，那里是“有”所能“有”的呢？

所以郭象的“自生”说，一方面是在万物忽然而生的基础上立论的，但是这“忽然而生”又是无本无根没有条件的，所以一方面又要受“无不能生有”，并且“有也不能为生”的规定，假使“无能生有”，那“无”就是“有”的本源，“生”是有条件的，那就不是“自生”了。因此郭象“自生”的理论，是认为“生生者”和“生者”是同一事物。从“自生”是“无本无根”的观念看，“自生”可以说是不变，从“自生”是“忽尔而生”的观念看，“自生”又是变化的，在理论上说，郭象“自生”说，是变与不变的综合。变与不变本来是有矛盾的，但都在“生生者”和“生者”是同一事物的观念上调和起来，了解这个道理，我们就可以明白郭象调和名教与自然的立论根据。当然，这理论的渊源，也是和王弼的“贵无”说和裴𬱟的“崇有”论，有直接间接的关系。

从变与不变的综合的观念中，又导出“迹”与“所以迹”的理论，“迹”与“所以迹”可以说是郭象思想的中心，与“贵无”与“崇有”的学说，和“自然”与“名教”都是有血缘的关联。什么叫做“迹”和“所以迹”呢？简单地说，就是后天和先天的区别，六经是后天的“迹”，自然则是先天的“所以迹”，“迹”是客观世界的具体事物，像典章文物制度等等，“所以迹”是主观，所体会的“物自身”，郭象所说的“物的真性”，也可以说是“本体”。假使用现实的政治来比喻，那尧舜只是帝王的名称，都是“迹”，圣人寄尧舜的“迹”，而“迹”不是圣人。为什么呢？因为尧舜的名称，是后人称呼的，用知识可以理解的。用知识可以理解的东西都是“迹”，而不能算是圣人，圣人是“无心玄应，唯感是从”，泛乎若不系之舟，任由自然不是出于自己的主见。所以只有自然的和百姓的意见共通，那就无往而不为天下的君主了。这种的圣人，就在于“迹”的本身，因此“所以迹”也可以说是“无迹”。因为它反任物性，与物性合而为一，混冥一体，所以又是无迹，也惟有无迹的圣人，才能“乘群变，履万世”，因应世间无穷的变化，这不是有迹可以做到的。简单地说，“所以迹”是超乎现象的。事物的现象叫做“迹”，超乎现象的是“所以迹”，由“迹”到“所以迹”，中间的过程，郭象称为“冥”。用知识所见到的只是“迹”，不用知识去了解的才是“冥”，才是“所以迹”。换句话说，要达到“冥”的境界是“无心”的，不是“有意”的。没有轨辙可循，是直指人心，不可言说的，很像后世禅宗的见性成佛。“迹”与“冥”是不同的，所谓“自迹观冥，内外异域”，但另一方面说，“迹”与“冥”又是一致的。尧是迹，但是尧也是冥。从尧是迹来说，那是“圣人未尝独异于世”，从尧是冥来说，那就是“与时消息”，世人只见尧的迹，不知道尧的冥。其实迹也是尧，冥也是尧，是自我的统一。圣人的形体是迹，通过思维活动，“物来即鉴，鉴不以心”的委顺自然的悟，那就进入“冥”的境域。这就是郭象所说的“无心者”才能“与物冥”。当然，这种“迹”与“冥”的合体，自我统一的理论，和“贵无”、“崇有”也是有关联的。

郭象一面继承裴頠的崇有论，认为万物是自然而然，而不知其所以然，突然自生，没有使万物产生的主宰，这样的话，万物又从何而产生呢？古来以万物是天地产生的，但郭象又认为天地也只是万物的总名称罢了。所以《齐物论》“怒者其谁邪”句注说：“所谓天籁，并不是另外有一物体的存在，天籁也只是众窍比竹之类而已，那么产生万物的，不就是独化自生的吗？”这意思就像是牛的纹理间隙，就在筋骨上，宰牛之道，是由技而进乎道，所以道无所不在，而所在又都是无。道之所在既然是无，无不能生有，那万物岂不就是独化自生的吗？不过，从这里所说的“道所在是无”来看，又是继承王弼的贵无说。王弼和郭象一样，认为“体”与“用”不可以分为两截，所以贵无说就是着眼在本体的“无”，所以说：“凡有皆始于无。”又说：“万物始于无而后生。”从这些理论看，郭象的自生说，虽然是有他自己的创见，但基础上也还是继承王弼的贵无说和裴頠的崇有说而来的。所以说，郭象自生的理论，是王弼贵无说和裴頠崇有说的综合。

五、郭象的政治观

郭象生当西晋末年，正是诸王割据互相攻伐的时候，他有心要表现自己的才干，然而现实又不可能，所以在他前期的生活，只是研究老庄，过着像隐士的生活，以后他终于得到一个机会，表现他的才华。我们看他任职当权，熏灼内外，就可以了解他出仕的生活是相当惬意的。因此，很多人都为他前后期不同的生活而惋叹，《晋书》本传说他在任职当权之后而素论去之，他的友人庾敳也在他担任太傅主簿之后，慨叹地说："卿自是当世大才，我畴昔之意，都已尽矣。"但是，假使我们综合研究郭象前后期不同形式生活之所以然，不难发现他研究老庄过着像隐士的生活，只是为将来出仕的准备。郭象是想通过庄子的思想，找出他一套的政治理论。也可以说研究老庄是因，是手段，任职当权才是果、是目的。后人批评他为人行薄，除了说他抄袭向秀的《庄子注》之外，并没有说明郭象"行薄"的其他事迹。假使我们说他利用老庄的研究为手段，以达到政治的目的，以为批评他行薄的根据，那倒是十分公允的。《庄子注》可以说是郭象政治思想的结晶，《文士传》说，郭象作《庄子注》，最有清辞遒旨，遒旨就是遒劲的主旨，换句话说，有很浓厚的主观意见。郭象对于《庄子》的训诂，并不注意，所谓“鲲、鹏之实，吾所未详”，但对于《庄子》的意旨，却大有发挥，而所发挥的意旨，也就是他政治理论的根据。那么他所发挥政治理论的根据是什么呢？我们且先看他《逍遥游注》的几句话。他说：

《庄子》的大意，在乎逍遥游放，无为而自得，所以能够尽小大之致，以说明性分的所适，达观之士，应该了解他的大要而遗弃他所寄托的言辞，不可以事事曲解而生异说，自然不会妨害其弘旨。

这几句话可以说是《庄子注》的全体大纲，指出遒旨之所在。也道出《庄子》的大意，只是无为而自得而已。无为，就是“极小大之致”，自得就是“性分之适”，这是全部《庄子注》的大意，当然也是郭象主观的意见，郭象一面提出自己主观的主张，一面又怕别人误解，也可以说是怕别人反对他的意见，所以又说，达观之士，应该了解大旨，不要事事曲解原意，因此原来有很多篇的《庄子》书，也被他认为有一部分是一曲之士，不能畅其宏旨，而妄窜奇说，有的像《山海经》，有的像占梦书，不合《庄子》的原意，删掉剩下三十三篇。这三十三篇当然都是合乎他“遗其所寄”以及“寄言以出意”的宏旨了。也因为有这个凭借，所以即使他意见有和《庄子》不合的地方，也都在“寄言”的条件下，轻易地开脱了。知道这个道理，然后才可以知道郭象政治观之所在。因此郭象所说的无为，其实也是有为；所说的“自生”，也是对已生既存的物质作用的否定，所以他说：

所谓无为之业，不是拱默。所谓尘垢之外，也不是说伏于山林。

无为，既然不是拱默，那又是什么呢？原来郭象的意见，无为是相对的，无为就是各任其自为。他在《天道》注里有一段很明显的表示，把有为和无为，区分出很明显的界限，他以工人刻木和用斧为比喻：工人不去刻木，而善于用斧，工人不刻木，是无为，但工人善于用斧，却是有为。由此可见郭象认为政治的道理虽然标榜无为，原来还是有为，只是应该各管自己的事罢了。由“工人无为于刻木而有为于用斧”的道理推出去，国君也应该在政治上无为，但在任用臣子却要有为。郭象把这种各任其自为，都解释做无为。所以说，“臣子亲任政事，君上能够任用贤臣，利斧刻木，而工匠用斧，各任其职，这都是天理之自然，并不是有为。”可见郭象在政治上的理想，就是以《逍遥游》篇所说的“适性”为学说的中心，和“物任其性，事称其能”是一意相因的。因此郭象《庄子注》的宏旨，也就是郭象政治理论的根据。

从“适性”的理论看来，郭象是希望一个君臣上下各守其本分的理想社会，这样就是他所说无为政治的实现，否则的话，如果是“主代臣事”，那就不是君主分内的事；不是君主分内的事，而君主去做，郭象叫做“非主”。同样的理由，如果是“臣秉主用”，就是臣子去执行君主的职权任用臣子，那也不是臣子所应做的分内事，臣子做不应做的事，郭象称为“非臣”。一定要君臣各司其任，上下都各尽所能，那就是无为的道理。这种论调，当然也是从“适性”的观点出发的。全部的《庄子注》，似乎到处都在说明这个观点，《在宥》篇注说：

君位无为而委任百官，百官有所司而国君不去参与，这两者（即国君与百官）都是不去做分外的事，而自适其性，那就君主安逸，臣子勤劳，勤劳和安逸是不同的，假使不去省察这个道理，而君臣之位就乱了。

《天道》篇注也说：

在上位的人，只忧虑他不能无为，而去替代人臣所做的事，这样的话，就会使人臣不得执行他的职权，群下失去所当做的事，而主上就疲困劳苦了。

君臣守分是国家治乱主要的关键，守分则是“无为”，郭象所说的“无为”，当然也含有天下太平的意思，君臣不守分，则天下大乱。郭象身处西晋纷乱之际，其“适性守分”之说，虽是借题发挥，但也不能不说是有感而发呀！

郭象的君臣守分的政治观，在“无为自然”的意义上说，是先天的安排，不是后天去追求的。郭象认为后天的追求，也会造成社会的混乱。因此他认为小大都是分定，大的不必笑小，小的也不必羡慕大。各人求自己性分的自适。那都是合乎“守分”的要求。《养生主》篇注说：

天性所受，各有本分，不可逃，亦不可加。

很明显的，性分自足，是天赋的。不是人力所能改变的，既然是天赋的，就不必去“慕孝”、“尚贤”。只要各安天性，就可以逍遥终生。否则妄事追求，也只是徒劳而已。因为天赋予的各有分，智慧的人终生是智慧的，愚笨的人至死也是愚笨的，不可能中途改变的。这种观念，当然也是根据他的自然观出发的。自然的含义，就是不为。所以大鹏一飞九万里高空，尺鹑只是抢榆枋而后止，大桩五千岁为春，五千岁为秋，朝菌朝生而暮死，在郭象看来，都是天赋自然的，不是去“为”而做到。这样看来，郭象的政治观，可以说是“各安现状”的社会结构。论万物的品类，则千差万别，论万物的性分，则各有所能，任其所能，使万物充分发挥自己的才性，不必要去改变他，也不可能去改变他，这就是郭象理想的社会组织。但是因为时代是不断地在变化，而自为必须适应时代的变化，所以这种个别独立的性分自足论，势必在自为的范畴下，脱离社会的相互关系，从现实的社会进入各当其分，没有差别的无为的混沌世界，也可以说是现实政治观的理论化。然郭象又是实际从事政治的，他又必须从理论的政治落实在人生社会里，那又是现实的社会秩序，必须固定，不可踰越，消灭贫富贵贱的等差，贫富贵贱只是各人的性分，大鹏也不比小鸟尊贵，小鸟也不必去羡慕大鹏，换句话说，君臣、上下、贵贱、贫富，都是自然、自为的，不是任何人去区别他们的，这样才算是真性的表现，万物才能得到逍遥。其理论的背景，一方面固然是受时代思潮的影响，一方面也是在为自己任职当权做注脚。

总而言之，郭象的政治观，是性分自足的无为，消灭个体相对的差等，使其绝对的独立，达到“形大的未为有余，形小的也不为不足”的境地，以构成他理想的世界。

六、结论

郭象自然观的宇宙论，和庄子原意虽然有许多相异的地方，但总是从庄子的原意发探出来的，不过是现象过程的不同而已，并不是本质上的差别。近人认为《庄子·大宗师》说“有大力者在”，肯定庄子在万物产生的过程之外另有一本体，而郭象则认为本体即是产生万物过程的本身。不过，根据我的看法，庄子并没有明显地说明产生万物过程之外另有一个本体，庄子虽然认为有一个产生万物的道存在，但是这个道却普遍存在于物的本身，离开物就没有道的存在，好像我们人体，具备了百骸、九窍、四肢、五体，构成了人身，在这个人身上，好像有一个主宰我们的“真君”，然而如果没有这百骸、九窍、四肢、五体构成的人体，那个“真君”也就不存在了。不过，这个“真君”也就是“道”，庄子是肯定在万物之先就存在的。这话是怎么说的呢？譬如电灯发明了，电灯的理，固然即在电灯之中，但是在电灯没有发明之前，那个造电灯的理就已经先存在了，道先万物而存在的理由也一样。郭象则根据这个道理，直接说明那个“道”是无，产生万物的主宰，就在万物的本身，所以郭象虽然主张万物以自然生，但好像还是认为这万物以自然生，冥冥之中，有一个“理”存在。

不过，这个理不是在万物未生之前就存在的，而就寄寓在万物之中，理与万物可以说是同时产生的，所以说："人之生也，理自生矣"。(《德充符》注）因为这样说也是自然的，《齐物论》注说：

论到万物，都是自然这样的，并不是相互而成为这样的，所以任其自然而"理"也就自然寄寓其中。

从这几句话看来，郭象是认为宇宙各种各类的事物都有一个理，所以说："物物有理，事事有宜。"只是这个"理"受他"自然说"理论的规定，是自然产生的罢了。既然"理"是自然产生，所以或以为"有"，或以为"无"，在"理"的本身都是无所谓的，因此这个"理"可以说是没有是非的，所以说："理无是非"。其实郭象所说的理也就是道，因为道是绝对的，所以没有是非，郭象认为道是"无"，所以就以"理"来替代，这种理论，和宋代理学家所谈的"理"有直接间接的影响。朱子曾经说："太极只是一个实理，由理而生气，太极生阴阳，就是理生气，阴阳生则太极在其中，理生气，理又在气之内。"这里所说的"太极"、"理"，和郭象所说的绝对的"理"，虽然内涵的意义不尽相同，但在形式上说是共通的。尤其是郭象所说的"物物有理"，和宋人所说的一物有一物的理，所以要今日格一物，明日格一物，一直到一旦豁然贯通，众物的表里精粗无不至的地步。这些理论虽然是宋代理学家的创见，但不能不说郭象早已开其端，宋人虽然把理与气区分为形上形下两种名称，但这只是就说明方便而说，其实宋人一直是主张理与气二者不相离的，和郭象"理自然寄寓万物之中"的观念是有相因的关系，不过，宋人只说"天地之间有理有气，理是形而上者的道，是产生万物的根本；气是形而下的器，是产生万物的形具。人类万物必享受这个理而后有性，必享受这个气而后有形。”对于万物产生的过程只承认是理与气的结合，不承认自然说，这当然是因为郭象是要以儒而合道，宋人则对道家思想，多少仍有点排斥性。总而言之，郭象谈“理”的学说，对宋人是有直接和间接的影响，中国儒家从道理的“理”、治理的“理”，发展为“理”与“道”平列，“理”与“自然”同称，后世儒家把“理”释为“性”、释为“天命”，以及“心即理”等等的学说，在中国思想史上，都占有重要的地位，而郭象实是其中承转期的重要角色。

参考文献举要

郭象的资料，我们所能看到的很少，他的著述，除了《庄子注》以外，还有论语、碑论、文集等，但是大部已经散佚，不能看到它的全貌。所以历来研究郭象思想的，都是根据那还有问题的《庄子注》。这可以说明《庄子注》和郭象关系还是很密切的，所以我们用《庄子注》来说明郭象的思想，大概是不会有太大的距离。

谈起《庄子注》，坊间出版的书籍非常多，有艺文出版的《南华真经》，和世界、河洛等书局出版的《庄子集释》，都可以参考。当然《庄子注》还有其他的本子，各本的文字，也难免有些出入，近人王叔岷有《郭象庄子注校》，甚便参考。

其他研究郭象的论著，有：

钱宾四先生：《郭象庄子注中之自然义》，这篇论文发表于一九四九年五月《学原》第二期至第五期，以后和钱先生所著的《王弼郭象注易老庄用理字条录》一文都收入《庄老通辨》那本书中，本篇论“郭象的自然观”，颇有参考，读者可以参阅。

其他近人：《郭象的哲学》，刊于一九二七年三月《哲学评论》第一卷第一期。
汤锡予：《向郭义之庄周与孔子》，收《魏晋玄学论稿》中，一九七二年十月北庐山出版社印行。
陈寅恪先生：《逍遥游向、郭义及支遁义探源》，刊《清华学报》第十二卷第二期。
附：日本部分
福永光司：《郭象的庄子解释》，《哲学研究》四二四号、四二五号。
关正郎：《郭象的庄子注及其自然观》，《人文科学研究》二十八期。
村上嘉实：《关于郭象的思想》，《东洋史研究》六卷三号。
户川芳郎 《郭象的政治思想及其庄子注》，《中国学报》十八集。
有关向秀和郭象《庄子注》的问题的论著有：
杨明照：《郭象庄子注是否窃自向秀检讨》，《燕京学报》第二十八期。
寿普暄：《由经典释文试探庄子古本》，《燕京学报》第二十八期。
刘盼遂：《申郭象注庄子不盗向秀义》，《文字同盟》第十期。
王叔岷：《庄子向郭注异同考》，《中央图书馆馆刊》第一期。
张亨：《庄子注的作者问题》，《许诗英先生六秩诞辰论文集》。
黄锦鋐：《关于庄子向秀注和郭象注》，《淡江学报》第九期。

道安

蓝吉富　著

目　录

一、传略

汉末桓、灵二帝在位期间，安息国的安世高传译小乘佛典入我国，这是佛书正式传译为中文的开始。从此以后，西域诸国如安息、月支、龟兹，乃至于印度的僧人，遂陆陆续续到中国来。一直到东晋为止的两百年间，这些西域或印度来的佛教徒，为我国翻译了不少佛典。尽管这些佛书并不是有系统、有计划的传译，但在这些零散的中文译籍中，当时人已大略可以窥见佛教的基本轮廓，已经可以摆脱汉末“视佛教为神仙方伎”的错误观念了。经过二百年的点滴输入，佛教在这时是应该可以在中国开始奠定下坚实基础的。

在这佛教基础尚未稳固的时候，要求中国佛徒去直探印度梵文或巴利文原典，自然是一种不合理的苛求。但是如果有人根据当时的翻译佛典，去探讨佛教的基本义理，则未始不可以把握到这一宗教的真正方向。如果更有人利用所有中文佛典，而作一总合性的深入探究，然后向国人做一种适合国情民俗的弘传，则佛教当可以在此时扎根于中国。在东晋初年的佛教界，这种人材当然很少。外国僧人由于语言的隔阂，除了翻译之外，很难做其他弘法工作。而中国人之能具有够水平的佛教素养及宗教热忱者，也颇难觅得。道安，便是在这种时代背景下的中国佛教徒。他所扮演的历史角色，就是此一时期中国佛教的奠基者。

道安出生在一个大动乱的时代。晋怀帝永嘉五年（公元三一一年）晋室武力被胡人石勒全部消灭。怀帝被匈奴人刘聪所俘。接着，继洛阳失陷之后，长安又沦于胡人之手。次年，怀帝遇害。动荡的晋王朝，在几年内乃告南移，北方遂陷入胡人与胡化汉人瓜分混战的纷乱局面。道安的出生，就在怀帝遇害的这一年。

道安原姓卫，俗家名字已不可考。出生于常山扶柳（河北省冀县西南约六十里）。这一时期的北方人，命运几乎是注定要“生逢百罹”（道安语）的。因为永嘉之乱以后，黄河以北是个战祸频仍的地方。道安的家世原本不恶，但遭逢到这种时代，乃使他幼年即成为父母双亡的孤儿。也因此，他才寄居在一位孔姓表兄的家里。

幼年的道安，即已表现出过人的记忆力。七岁时，其读书之默诵能力，已传诵乡里。到十二岁左右，他出家为沙弥。现存较早而且完全的道安传记——《出三藏记集》（卷十五）与慧皎《高僧传》（卷五）等书的《道安传》都没有说明他为什么出家。但一个生长在战乱时代中、而且寄人篱下的孤儿，其步入空门，当不是一件足以令人惊讶的事。而且，道安的家乡，这时已建有佛寺。幼时的耳濡目染，加上身世之孤苦，当是促使他出家的主要原因。

道安出家后的三年内，其聪敏的心智及过人的记忆力，并没有受到该寺主持的重视。因为他肤色黝黑，形貌颇为丑陋。寺院里那位凡庸的师父，就这么驱使道安做了三年打杂等田舍间的劳力工作。然而，道安具有传统中国佛教徒的美德——勤劳、精进、守斋戒而不发怨言。就这样在寺院里服了几年劳役后，他才向师父求授佛经。

师父取来一部五千字左右的佛典——《辩意长者经》给道安。道安当天带着这部经到田里工作。就利用休息时间，把该经全部背诵下来。傍晚回寺院时，他向师父求取另一部经，并且说明今天所取的已经全部能够暗诵。师父当然不相信，也并不太注意这件事。不过，他还是取来一部《成具光明经》给道安。这部书将近一万字，而道安在次日的田间工作时间里，又把它全部背诵下来。傍晚时，取回去还给师父。这回师父终于想到要考考他了。没料到一考之下，道安真的能够一字不差地背诵下来。就这样，道安才开始引起其师父的惊奇与注意。其后，乃为道安授具足戒。使他成为具有正式资格的比丘。而且，也允许他到各处去参学。

在道安弱冠之年时，北方外族中，石勒以羯胡小种，称霸中原。其所建国家即五胡十六国中的后赵。在石勒与其侄子石虎统治期间，后赵一国，对佛教相当尊崇。当时有一位西域比丘佛图澄，是一个在修持与教义两方面都具有相当素养的出家人。此人被石勒叔侄敬为“国之大宝”而礼遇有加。公元三三五年，石虎把国都从原来的襄国（今河北省邢台县西南）迁到邺（河南临漳县西）。佛图澄也随着石虎移居新都。就在后赵迁都之后不久，道安游学到邺都。在当地寺中遇见佛图澄。到底佛图澄的识鉴，比道安原来的师父要高明多多。他一与道安对谈，立即就发现这位形貌不雅的青年和尚是佛门中的一块璞玉。两人谈论终日，使佛图澄的徒众们觉得愤愤不平。他们觉得以佛图澄之尊贵身份，实在不应与一位寻常比丘谈论一整天。但是佛图澄回答那些来表示异议的人一句话，他说：“此人远识，非尔侪也。”从此，道安拜佛图澄为师。这年，道安是二十四岁。

师事佛图澄，是道安一生中的重要转折点。佛图澄是当时我国北方的佛教名僧。受知于后赵国主，徒众甚多。因此，其所住地方自然形成当时的佛教重镇。一个好学的人，处在这种环境，其收获当然会比在其他地方丰硕的。道安本具有过人的禀赋与基本素养，加上名师之扶掖，优良环境的熏陶，乃使他成为佛图澄弟子中的佼佼者。

当时的我国佛教教育界，也还保有印度佛教的一种“复讲”制度。即师父在讲经之后，为了使某些仍不完全明白经义的徒众能更进一步地了解，往往命某一优秀弟子再重新宣讲该经。在佛图澄门下，道安即经常担任这种角色。由于同门的嫉视，使道安在复讲时，常遭到不少师兄弟的故意驳难。他们立意要难倒这位被称为“昆仑子”（当时指肤色黑的人）的同门。但是道安“挫锐解纷、行有余力”，使那些心有成见的师兄弟，为之结舌无语。当时人就流传着这么一句话：“漆道人，惊四邻。”所谓“漆道人”指的就是肤色黝黑、其貌不扬的道安。

道安在佛图澄门下共耽了几年，史料不足，吾人已无法确知。然而其佛学素养，在这位名师门下奠定坚实之基础，则是明显地事实。离开佛图澄之后，道安在河北一带四处游方问学，访求经律。而其学识与修持，也逐渐赢得当时佛教徒的赞赏。石虎去世时，掌握后赵朝政的石遵，即曾遣使迎道安入居邺北的华林园，以事供养。不过，他在华林园的时间，为时甚暂。没多久，道安即离此他往。

石虎去世以后，后赵陷入相互屠杀的内乱局面。石遵杀其兄石世而篡位。旋有石虎之养孙，胡化汉人的冉闵崛起，杀石遵，并鼓励汉人诛杀羯胡。北方遂陷入一片胡汉相杀的纷乱局面。为了避开冉闵之乱，从此道安开始过着辗转流徙的生活。此后十余年，他在河北先后共迁居九次。主要居住地有濩泽（今山西阳城西）、飞龙山（一名封龙山，在今河北获鹿）、陆浑（今河南嵩县东北）。他的大部分中年生涯，就在这种不遑宁处的日子中度过。然而，道安之所以能成为佛教史上的一流高僧，即在此处可以看出端倪。在那种颠沛流离的困苦日子里，他仍然精诚修持，不断弘讲。并且勤奋地作那注释佛典的工作。这种矢志一心，艰苦护法的行为，比起那些只会躲在山林之中吃素念经、自鸣清高的“自了汉”，当然是不可同日而语的。

晋哀帝兴宁三年（三六五年），道安已经五十三岁了。经过几次的移居之后，他这时偕其徒众正潜居在陆浑修学。然而由于前燕王子慕容恪攻略河南，迫使陆浑也陷入战乱之中。不得已，道安只得率领数百同道及徒众南奔，想要转移到襄阳（今湖北襄阳）。当众人到达新野（今河南南阳南）时，他乃生起一项新的构想。他觉得在那种战乱频仍的年代里，要使佛法广被，实在不能这么只结集一个团体，作“众星拱月”式的东奔西走。如果能把这几百个人分化成几个小团体到四处弘法，则其效果当必更佳。于是他告诉同行诸众：“今遭凶年，不依国主则法事难立。”在没有国君护持的情况下，为了使佛法广布，他希望各人能依照他这计划进行。于是，竺法汰率众到扬州。法和与徒属入蜀境。而道安本人则率众南下襄阳。

这种“分张徒众”的举动，对于佛法之弘传，当然有相当大的效果。其方式与基督徒之千里传教，是大体相同的。只不过后者的组织较严密而已。十几年后，道安在襄阳再度遭遇战火，其时他又把随从徒众再度分成几个团体，勉励他们分赴各地弘布佛法。这种因势利导的方便作法，自能使东晋佛教大为广布。由此也可以看出其人之弘法热忱及见识之不凡。

道安抵达襄阳后，居住在白马寺。几十年的弘法修学，已经使他成为佛教界的知名人物。因此四方学者，常有来和他论道求法的。当时镇守江陵（今湖北潜江）的东晋征西将军桓豁，也邀请道安前往江陵暂住。其后，梁州刺史朱序又把他请回襄阳。一直到晋孝武帝太元四年（三七九年）被前秦苻坚的军队俘到长安为止，道安在襄阳共住了十五年。这十五年间，是道安一生中弘法与为学最重要的时期。由于这些年间，北方苻秦、慕容燕等国正交相争战，尚无暇南犯东晋。因此荆襄一带才能暂免兵灾。也因此，道安才能较安宁地为佛教作弘法、研学的工作。其有关般若系经典的注疏、僧尼行为轨范之制定，以及在我国目录学史上有重要地位的《综理众经目录》一书，大抵皆完成于此一时期。

由于白马寺寺宇较狭，不敷应用。道安得到信徒的赞助，得以另建檀溪寺居住。檀溪寺原为当地一名流的住宅，经过扩建后，乃成为一座具有四百房间的大寺。并且附有一座五层塔。此后，该寺即成为道安在襄阳弘法的主要道场。而四方名流，闻风而至者，也为数日多。道安并不擅长逢迎显贵，也不特意去结交仕流。但由于德高行粹，自然声望日隆。诸方善信也就逐渐辐凑于檀溪寺。前秦国主苻坚曾遣使送来数种珍贵之佛、菩萨像。凉州刺史杨弘忠送来铜材万斤，道安乃遣人铸成丈六佛像。此外，晋孝武帝曾遣使下诏致敬，称赞他“居道训俗，徽绩兼著”。撰《奉法要》一文的名士郗超，对道安也相当钦崇。曾送米千斛，殷勤寄意。如果这些贵族显要的护持是道安刻意结交而得，则他必难逃历代僧史作者之非议。因为中国历代佛教界，对僧格的维持一向相当重视。例如唐初嘉祥吉藏、宋代佛教学者赞宁，都因为有曲意结交权贵的趋向，而为后代史家所惋惜。关于这一点，慧皎《高僧传》序录内曾提出两个范畴来判别。他把追随时代潮流而“寡德适时”的出家人，称为名僧。把“实行潜光，高而不名”的出家人称为高僧。两者的境界格调，当然是高下判然的。若以这标准来衡量，道安虽然名气不小，但其行为则仍可属于高僧之列。否则慧皎在《僧传·义解》末里也不会特别赞叹他“戒节严明，智宝炳盛，使夫慧日余晖，重光千载之下”了。

在道安的交游中，与习凿齿的往来，是最为脍炙人口的。习凿齿是襄阳名流，不惟以文笔著称于世，且博学善谈论。“锋辩天逸，笼罩当时”，他对道安即相当倾倒。在道安抵襄阳之前，习即曾致书表示礼敬。及道安到达该地，习前往拜访。当时宾主坐定之后，习即表现出其名士风范，坦然自称“四海习凿齿”。没想到道安也随口说出“弥天释道安”的句子来。两晋时期的上流社会里，对于言谈之巧、容止之美，都相当注意。因此习、道这两句自称之词，立即被当时人认为是“佳对”。道安所答的下联，也被誉为“名答”。

据宋朝所编的一部类书——《太平御览》内，曾引载一段习、道二人的故事。据说习凿齿来看道安时，寺内众僧都“舍钵、敛衽”，对习氏施礼表示欢迎。然而见到道安时，道安却仍然只顾进食而未曾稍辍。习氏当时即作一短诗谓：“大鹏从南来，众鸟皆戢翼。何忽东老鸱，腩腩低头食。”这故事的真实性也许会遭人怀疑，但由此也可窥见习、道二人的交往，是历代文人喜欢谈论或附会的话题。

无论如何，习凿齿对道安是极其推服的。在他后来给东晋名人谢安的一封信里，不惟道出他对道安的尊敬之情，也清楚地显示出道安师徒那种平凡而踏实的佛徒风范。在那封信里，他说道安师徒数百人，平素踏实修行，斋讲不倦。“无变化技术可以惑常人之耳目，无重威大势可以整群小之参差。而师徒肃肃，自相尊敬。洋洋济济，乃是吾由来所未见。”不依赖神异事迹，不用重大威势，而徒众自然肃穆相敬。这种力量，若非具有充足的涵养、热忱与学问，自是无法如此。“从平凡中显现伟大”的风格，是圣者的风格。道安一生行事，确近乎此。

魏晋南北朝时代，清谈名士是社会上的特殊阶级。名士们一向自视甚高，若非某人真有玄学才具与清高的风格，则必不轻易推许。因此，道安之为郗超、习凿齿一类人所推服，必有其实质内涵在。此即习氏《致谢安书》中所说的：“其人（指道安）理怀简衷，多所博涉。内外群书，略皆遍睹。阴阳算数，亦皆能通。佛经妙义，故所游刃。”除了上列的博学、通达、精研佛理之外，(《晋书·习凿齿传》）且还称道安为“俊辩有高才”。怪不得习氏要为之倾倒不已了。

我们从道安的禀赋与才具中，发现他具有某些清谈名士的特点。他谙玄理，善谈论，博学多才，格局宽阔；不为一经一论所拘宥。凡此，都足以使他发展成为一个清谈名僧，而跻身于名士之列。但是他并没有朝这方向发展，他的宗教热忱与弘法的使命感，使他不能仅以清谈名士为满足。既然体认到佛法确实有益于众生，则把那些道理尽量传播于社会，当是一个出家人最重要的职务。仅仅把佛教教义当做玄理，去作逞口舌之能的清谈，对道安而言，是无甚意义的。这应该就是他没有成为清谈名僧的原因。

也是他比那些清谈释流（如支道林、支愍度等人）更值得后人景仰的理由。

在道安弘法于襄阳的十几年间，北方诸胡中，氐族崛起。雄才有大志的苻坚逐渐地把前燕、前凉等国消灭，终于统一了北方。这位颇思“混一天下”的氐族国君，除了对当时偏安于南方的东晋极有野心之外，对佛教也颇具好感。尤其对卜居襄阳的道安甚为心仪。因此，常常对臣下表示出他想罗致道安的心愿。晋孝武帝太元四年（三七九年），苻坚派大将苻丕南取襄阳。东晋的这一西部重镇遂告失陷。苻丕在这一役中，有三位重要人物被俘到长安。除了晋梁州刺史朱序外（此朱序，即后来淝水之战中，暗中捣乱苻秦军心的东晋大功臣），另两人就是习凿齿与道安。后来，苻坚告诉他的臣下，他耗十万大军在襄阳一役中的收获，就是得到“一人半”。“半人”指的是当时已患脚疾而跛足的习凿齿。而“一人”，指的正是道安。

我们在这里并不批评苻坚这种品鉴人物的标准是否正确。我们所要提醒读者的是，这一事实，显示出当时道安声誉之隆，并不只在佛教界中为然。至于他何以能使苻坚对他如此重视，这当然由于其个人之修持、弘法与为学之有丰硕成果使然。关于他在佛教方面的业绩，我们稍后再谈。

从在襄阳一役被苻坚大军俘到长安之时起，到他去世为止，道安在长安共计七年。此数年间，道安受苻坚的护持，在住有僧众数千的五重寺内，弘扬佛法。很自然的，他乃成为长安城内士流公认的第一高僧。当时，苻坚曾在出游东苑时，不顾臣下的反对，命道安来与他同辇（帝王的车子）而坐。此外，又曾下令朝中学士，凡有疑问，皆可求教道安。因此，当时京兆（今陕西西安一带）间遂有“学不师安，义不中难”的传言。博涉内外群书的道安，不只成为长安学术界的最高权威，而且成为衣冠子弟为文依附致誉的对象。当然，苻坚是个军事家与政治家。并不是一个单纯的佛教徒。因此，他对道安的推崇，自有一定的限度，是不可能对一切都言听计从的。所以，当道安劝他不要南下伐晋的时候，他就恢复为一个霸主的身份，而不相信那以佛教慈悲理论作基础的政治哲学了。

道安在长安七年，主要工作是对佛书的整理核定，与提倡译佛典为中文。长安所以能成为当时佛教界的翻译重镇，道安的提倡，自是重要原因之一。当时人称道安为印手菩萨。因为他左臂上生来便附有一片多出来的皮，大小约一寸见方。手肘附近，又多出一块方型像印章的肉。所以时人给他这个称呼。晋孝武帝太元十年（三八五年）二月八日，道安预知即将去世。在告知徒众后，乃无疾而终。死后，被葬在长安城内五级寺中。享寿七十四岁。

二、著作及思想

根据现存佛教目录书（如《出三藏记集》等书）所载，道安的著作共有二十余种。这些著作大部分是佛经的注解。篇幅都很小，除了几部是二卷本外，其余皆为一卷本。兹志其标题及卷数如次：

《阴持入注》、《大十二门注》、《放光般若折疑略》、《答法汰难》等四书，各为二卷。《光赞折中解》、《光赞抄解》、《放光般若折疑准》、《同起尽解》、《道行集异注》、《小十二门注》、《了本生死注》、《密迹金刚》、《持心梵天二经甄解》、《贤劫八万四千度无极解》、《人本欲生经注撮解》、《安般守意解》、《大地道注》、《众经众行十法句义连杂解》、《义指注》、《九十八结解约通解》、《三十二相解》、《综理众经目录》、《三界诸天录》、《答法将难》、《西域志》，此上诸书皆仅一卷。另有《实相义》、《净土论》二书，不知卷数。

此上所列诸书，除《人本欲生经注撮解》一书尚存于《大藏经》（《大正藏》第三十三册内）之外，其余诸书，皆已佚失。其中，《综理众经目录》一书虽亦不存，但南朝僧佑所撰《出三藏记集》一书（现存），则将道安此书融汇于其中。因此，我们仍可藉僧佑之所撰，略知道安原著的大概内容。此外，《出三藏记集》内，也存有道安所撰经序十余篇（如《阴持入序》、《人本欲生经序》等）。这些序文，很可以帮助我们了解道安佛教思想的方向。

综观今存道安遗文及有关史料，我们发现道安对佛教的看法及其学说，有三点值得注意的特质。

第一，道安的思想立足点，完全是佛教式的。换句话说，是宗教的，不是纯玄学的。他固然有一套类似清谈玄理的佛学理论（本无论），但他与那些佛教清谈家绝对不同。他绝不以徒逞玄谈、或博取上流社会之清誉为已足。而系以其理论，作为信仰的心理基础。

第二，在当时的中国佛教徒中，道安固然是第一流的思想家，但以今人视之，其佛教哲学理论并不完善。这并不是道安本人禀赋不佳所致，而是时代环境使然。当时的中国佛教界，经论不够，思想界大师（如鸠摩罗什、智觊、玄奘等人）又未及见。时代的限制，思想环境的贫乏，自然使他在先天上即有所不足。这是任何启蒙时代之思想家的特征，不能算是道安个人的缺陷。

第三，当时思想界的玄谈风气极盛，清谈家谈论佛理时，常将佛法中的条目式名词（如五阴、十二入、四谛等）拿来与老庄玄学词汇相比附，这就是所谓的“格义”。道安在中年以前，也曾受到这种风气的熏染，因此其理论或文章中，也常用这种方式来宣说佛理。他不只以条目式名词相比附，而且将佛、道二家理论之类似者，拿来相互说明。

道安思想之为宗教式的，此一特质，在今存道安各篇经序中很明显地洋溢出来。在那些文章里，充满着他对释迦牟尼的崇敬、对经典与佛法的敬重，与护持佛教的虔诚心理。以这种心理作基础，发而为文，自然与那些专门逞露玄理之巧妙的玄学家不同。他并不仅仅注意佛教里的玄学体系；而且对那能使一个佛教徒步入解脱之道的戒律与禅定，更加重视。他以为戒律、禅定与玄理启发的智慧，是“至道之由户，泥洹之关要”，是解脱之道必备的条件。尤其是戒律，更是佛教徒的修行基址，绝对不能忽略。因此，对于记载戒律的经典，是亟须加以搜求的。对于当时戒本之不完全传来中国，道安曾深致慨叹。他说：“云有五百戒，不知何以不至？此乃最急。四部不具，于大化有阙。”这种慨叹，可以看出其人之重视修持。他并不是一个仅仅重视佛学体系的出家人。

至于禅法，他在慨叹“晋土禅观废弛”之余，也注释、整理了不少安世高所译的各种禅经。在他所注释的各类经典中，有关禅法的书，为数仅次于般若典籍。其对禅法的重视，由此可见。

大乘佛教，大体可分为空、有两系。两晋时代，空系的般若学，风行于佛学界与清谈界。道安生当斯世，自难免受到时代思潮的影响。加上专揭性空义理的般若思想，又很能满足人们的哲学趣味，因此，道安之对斯学特下苦功，自是不足为奇。

在道安所著存佚诸书中，据标题显示，有关般若学的，共有十余种之多。在晚年的二十载岁月里，他每年必讲《放光般若经》两遍。至于对各种般若经典的赞叹，也常见于其所存诸序文中。他曾在《道行般若经序》中说：“大哉智度，万圣资通，咸宗以成也。”“智度”是梵语般若波罗蜜多的意译，指的就是般若法门。

从汉朝末年，一直到道安时代，般若系经典是中国最为流行的佛书。般若（Prajna）的语意，原是指遍知诸法实相的智慧。

而依照佛典所说，诸法实相正是“缘起性空”。亦即谓一切事物，都是由各种因、缘组合而成；其根本内涵并没有那种固定不变的本体（只否认“本体”而已，此处并不是说一切现象都没有）。这种对本体的否定，就是佛教徒所最常提到的“空”。般若系经典所说的道理固然五花八门，但其重心却是在空义的阐扬上。这一系经典，虽然到唐玄奘时，才有集大成的综合翻译（即《大般若经》），但是在道安以前，其中的一部分（如《道行》、《放光》、《光赞》等般若经）则早已由支娄迦谶、支谦等人译成中文了。道安对般若空义的理解，主要就是从这些早期传译的般若译本推究得来的。

由于道安所处的时代，玄学风气极盛，因此，内涵辩证法及玄学义趣的般若经典，也成为佛法中的第一显学。当时阐扬般若空义的佛教学者相当多。由于各人理解不同，乃使这一时代的般若学说，衍成不同的七派。此即所谓的“六家七宗”——本无、本无异、即色、识含、幻化、心无、缘会等七宗。（其中提倡“本无”说者，分为“本无”与“本无异”两派，所以六家才衍成七宗。）道安所持的学说，是七派中最重要的一派——本无宗。

很遗憾，关于道安“本无”说的原始资料，已经完全佚失。因此，现代人要研讨此一学说的内涵，只能依据后代学者的评述史料。依据这些间接史料，当然不能完全把握到道安玄学思想的全貌，所以，此处所述，只能约略揭出其学说之大意而已。这些间接资料，主要包含在僧肇的《不真空论》、《名僧传抄·昙济传》、嘉祥吉藏及元康的《两部肇论疏》及日本三论学者安澄的《中论疏记》等书中。

“本无”一词，原是梵语“Tathata”的对译。后世多译之为

“真如”或“如”。其原义是指宇宙间一切人事物的真实相状或本性。这相状或本性，并不是人类肉眼等感官所能感觉出来的那种。而是必须经由般若智慧才能观照体会出来的。这真实相状就是因缘和合，就是空。这种空义，与魏晋以来玄学家“贵无贱有”的风气颇为接近。因为玄学家们往往认为天地万物皆以无为本。因此，当佛典翻译家（如支谶、竺叔兰、竺佛念等人）译该词为“本无”时，此词及其所内涵的义理，在当时即颇为清谈家所爱用。在佛学界，也逐渐与“空”成为同义语。

道安认为一切现象，由众生感官来观察，虽然有千差万别、动静纷杂的不同，但是其本性是空寂的。是至常至静、寂然不动的。这种空寂至静的本性，即是“本无”。这种本性，可以由禅定所生的般若智观照到。此外，他又以为在时间之大流里，“无”在万化之前而有。“空”是一切形相的开始。“本无”或“空”是一切法的根本。而一般众生所感觉的纷然万象则是“末有”，是枝叶。凡夫之心，滞在“末有”的种种现象上，所以有纷纷杂杂的许多“异想”。如果此心能回到“本无”的境界，则一切异想，便会自然地息灭。

道安这种理论，在般若中观玄理大白于世的后代研学者看来，其缺点是很明显地。所处时代稍后于道安的佛学天才僧肇，即批评他“不能悟诸法本来是无。所以名本无为真，末有为俗耳”。以今人眼光衡之，道安所持“无在万化之前，空为众形之始”的看法，确实不太妥当。因为佛家所揭出的空义，是当体即空的，是超越时间概念的。后世佛徒常用“无始”两字来衬显事物之由因缘和合而成，就是在尽量避免受到时间概念的拘宥。因为，如果事物都“有始”，则最初的元始事物，必成为后来事物的第一因。那么这第一因就必不是因缘所生法。这与佛教的缘起法则是相衡突的。道安对这道理，似未及注意。

超越时间概念的空义，即所谓的“当体即空”。对这种空义的体会，绝不可以分成“本无”与“末有”两个阶段。因为在佛家的缘起法则下，事物的生灭，是“如环无端”的。没有开头，没有结尾，一切法的缘起现象是环状的。这种道理，如果在般若中观学理如日中天的后代，并不难体会清楚。但是道安那时代，不惟所译经典不够，而且那种“类似而实不同”的清谈玄理，往往也会使一个佛教思想家不自觉地与老庄玄学理论合流。道安本人将空义分成本、末两截，显然是受到玄学家“本末有无”思潮之影响。若再追溯本源，则显然亦曾受到老子学说的暗示。

魏晋间，清谈家何晏、王弼之流，主张天地万物皆以无为本，主张反本归一。他们认为现象界的一切，是表面的，不是最重要的。这些表面现象，叫做“末”，或“有”。而超越现象界之上，另有一种永恒的精神实体，叫做“本”。这本体是无形无象的，所以又叫做“无”。这“本”、“无”恰好与现象界之“末”、“有”对立。这种魏晋玄学家的“重本贵无”理论，对于道安的影响，是显而易见的。此外，清谈家的宝典——老子《道德经》一书中，也曾说：“无，名天地之始；有，名万物之母。”“天下万物生于有，有生于无。”这类思想，与邻近虚无的般若学说，自是甚易混淆。道安处在这种老庄思想成为显学、而佛家又风行格义方式的时代，当然难免受到熏染，受到误导。

然而，从另一面看，道安的学说虽然颇有老子气味，但与《道德经》内的本体论并不全同。前引老子有“天地万物生于有，有生于无”之句，而今存《名僧传抄·昙济传》内，曾特别提到道安主张“非谓虚豁之中能生万有也”。可见道安的“本无论”，与老子书中那种“本体生起现象”的理论并不完全一致。他能够警惕到这一点，可见仍未落入如印度梵天外道一类的理论窠臼之中。他仍然是尽力地固守佛教岗位的，只不过对空义的最微妙部分，尚未透彻了悟而已。

从现存的道安遗文，我们很容易发现道安思想染有浓厚的格义色彩。因为他经常用老庄哲学的名词或概念，来比附、说明佛法。兹举数例于次，以见一斑。

（1）“行兹定者，冥如死灰。雷霆不能骇其念，火燋不能伤其虑。萧然与太虚齐量，恬然与造化俱游。”（《人本欲生经注》）

（2）“寄思故有六阶之差……阶差者，损之又损，以至于无为。”（《安般注·序》）

（3）“其为像也，含弘静泊，绵绵若存，寂寥无言。……怳忽无行。……”（《地道经·序》）

（4）“以大寂为至乐，五音不能聋其耳矣。以无为为滋味，五味不能爽其口矣。”（《阴持入经·序》）

（5）“世俗者，可道之道。无为者，常道。”（《合放光、光赞略解·序》）

上举诸例中，第一句用《庄子·逍遥游》的境界来形容禅定。其次四句，稍谙老子《道德经》者，都可以看出是借用该书的用语来说明佛理。这种以中国本土思想来比附佛法的传教或清谈方式，是当时颇为流行的。竺法深、支道林、支愍度、竺法汰等人，便是这一类格义名家。道安兼通佛理与世学，自然能得心应手地运用这种方法。然而，两种不同文化系统下的思想内容，固常有类似之处，但求其全然相同者必不多。因此，如果经常用这种附会的方法来宣讲佛理，定会引起国人对经义的误解与混淆。道安在中年之后，也逐渐警觉到这种方法可能造成的不良后果。他曾向同学僧光说："先旧格义，于理多违。"这种看法，虽然没有得到僧光的同意，但道安还是开始禁止其门下研习俗书，以免为格义佛教再作蔓延的张本。

格义佛教的风行，表示当时翻译佛典数量之不足及欠缺精确。因为佛典如已大量传译成中文，其精确性如果到达某一水平，则格义方法的附会与错误，必极易为世人所发觉。此外，这一风气也显出当时的中国人很难直接地去接受佛法。换句话说，当时中国人的思想基础，还不够直接去了解真正的佛理。

道安本人从未到过西域或印度，其一生学问全在中国求得。而且不通梵文，无法径读佛教原典。因此他对佛法的理解，必有其先天性的限制。然而，他能够在那种环境下，发觉格义方式的缺陷，这不能不说是他个人的卓识。尽管他无法像稍后的鸠摩罗什一样，用精确、大量的翻译去使格义的风气自然消除，但能够发现这一问题，已经是同时代诸哲所难以比肩的了。从佛教教理在中国的发展来衡量，道安这种意欲舍弃格义方式的见识，有其划时代的意义。汉末的中国人，视佛教为神仙方伎一类的旁门左道。魏晋间，国人又视之为清谈玄学之流亚。以为老庄、佛理，并无二致。到了道安悟出格义之不当，乃表现出中国人对佛法的进一步认识，并将佛法从玄学思潮中隔离出来。此后罗什来华，大量地、较精确地迻译佛典，乃使佛教教义在吾华成为诸子百家以外的一大思想体系。在上述这几个不同的发展阶段中，道安具有相当程度的历史地位。他是第一位能判别佛学与玄学之差异的中国人。

道安的般若学，虽然不尽切合佛法真义，但在当时的六家七宗之中，却是最接近性空大义的思想。曾经师事道安的僧叡，在稍后见过鸠摩罗什之后，曾对六家七宗之般若学作一总评。他说：“格义迂而乖本，六家遍而不即。性空之宗，以今验之，最得其实。”此中“性空之说”，即是指道安的本无思想。由于道安一生大力弘扬般若理论，因此鸠摩罗什来华之后，乃得以顺利地弘阐斯学。而罗什高足僧肇之能对空义有较透彻的体会，道安的奠基之功，也是不能埋没的。

道安一生对翻译佛典一事相当热心。除了鼓励胡僧迻译佛书之外，他本人也常常参与译场的策划与校订工作。加上其下半生具有整理、校勘佛典的长久经验，因此他虽然不通梵文，但对翻译之道仍有若干心得。在我国翻译学史上，道安当是第一位对译学有独特看法的人。

道安在所撰《摩诃钵罗若波罗蜜经抄序》一文里，曾指出将梵文佛典译成中文，会产生五种与原文不尽相符的地方。此即其所谓的“五失本”。其一，梵语的句法结构与中文相反，因此译成中文时，势须改成中文句法。其二，在文词上，佛典叙事朴直，不尚修饰。而中国人雅尚文采，因此翻译时常加润饰，以迎合国人心理。如此，则可能扭曲原意。其三，在内容上，佛典叙事详细，常常一而再、再而三地反复申说。而翻译时每将此等原文删除。其四，对于原文中之某段解释文章，翻译时常加节略。其五，佛典原文中，后段重复说明前段之文字，在翻译时亦每被删节。除此“五失本”之外，道安又有“三不易”之说。论述译梵为华的困难所在。其一，对于古雅的经文（如《般若经》），必须改写成适合当时习俗的文字，这是经文本身的困难。其二，要使千年以前的佛陀圣言，传译为当代能懂的文字。这是年代久远、凡圣差别所引起的困难。其三，千年以前佛陀去世时，大迦叶、阿难等证道的阿罗汉在结集经典时，尚且兢兢业业；而道安当时的译者，则仅系平凡的佛教徒。这是译者能否体会佛典真意的困难。

此上诸项，以今人眼光视之，当然无大足称者。但道安生在佛教输入不久的东晋时期，居然能警觉到这类文化移植可能造成的问题，而且也已窥见“翻译就是叛逆”一问题的严重性，这种见识及其敏锐的观察力，方诸其同时代之学僧，道安实在是高明多多。

由于翻译佛经，有上述问题在，因此，身具护持佛法之使命感的道安，在主持译事时，自然会尽量要求译者避免对佛典原义的扭曲。因此，对于翻译的方法问题，他当然要主张质朴存真的直译法。对于那些为求文句之美、或求适合中国习惯而不忠实佛经原义的译笔，他是反对的。他宁可容忍译笔不雅，但对信、达之基本目标，则必严格要求。

三、对佛教的贡献及其历史地位

道安毕生献力于佛教，其一生所行大事，几乎无一不在为佛教设想。释门中常见有“乘愿再来”之句，真可以做为他对佛教所负使命感的最佳写照。兹分条叙述其贡献如次：

（一）到处奔波，积极弘法，使我国佛教能有一空前的、全面的开展。

晋初的中国佛教，虽然已略具基础，但就整个中国来看，其传播地区及信徒数量仍然甚为有限。道安一生所为，即曾将佛教作极有效的扩张。由于他的大力推动，使当时的中国佛教，有了全面性的开展。他在中年以后，曾辗转流徙，先后住过邺都、濩泽、飞龙山、襄阳、长安等十余地。每到一处，他便率其徒众积极弘法。加上他曾受知于后赵及苻秦国主，因此在社会上的影响力，自非常人可以匹敌。其所曾住之襄阳、长安二地，即皆成为一时之佛教重镇。就此一事，可见一斑。而在率众流徙各地时，曾经两次分张徒众，也使佛教得到相当程度的扩展。其中，竺法和率徒人蜀，使蜀境佛教始具规模。竺法汰也曾与徒众四十余人弘法于东南。凡此都是道安一人之所策划。至于东晋庐山慧远之为南方一代宗师，其影响尤大。而慧远则为道安的第一高足。此外，道安之其他无数徒众对东晋佛教界可能引起的影响，也是可想而知的。

道安的传教方式不固执、不迂腐，而效果甚佳，颇值后代佛徒取法。乱世中的佛教，不依靠统治者的护持实难壮大。道安中年以后，即曾受后赵与前秦国主所信仰，而使佛教大大扩展。此等行为，比那些因矜持名节、自鸣清高而隐居深山、不问外事的自了汉，当然要更胜一筹。此外，因势利导，分张徒众，尤为当时扩展佛教之一大创举。以世学、玄学接引士流，使当时读书人能由敬慕他个人，进而信仰佛教。这也是两晋时期弘法的方便法门。此外，若与前此之僧人比较，道安讲经的规模极大，弘法的地域甚广，前代僧人很难觅得能与他等量齐观的。

（二）为当时佛教教团确立新制；勤求戒律，使之成为僧尼行为的准绳。

在道安所立新制中，当以定释氏为出家人共同姓氏一事，最为后人所乐道。前此的中国僧人，多半以其师父（往往是胡僧）的姓氏为姓，而胡僧则多以出生国名为姓。因此中国僧人名字的第一个字，常有竺、康、帛、支、安等字之不同。道安以为释迦牟尼为所有佛教徒的宗教本源，与其让出家人各有不同的出家姓氏，不如让全体僧人都归宗“释”氏来得有意义些，而且可以表示皆同为释尊之门徒。于是，他本人也自称为“释道安”。这一规定，乃成为迄今尚存的我国佛门准则。

此外，道安又对当时僧尼日常生活中的各种仪式，作有条理的统一。他把讲经方式、讲读戒律及忏悔过错的仪式、日常做佛事及其他种种生活上的规矩，都加以统一整理。使出家人的生活行为，有一适合国情风俗的固定标准。至于对各种佛教戒律原本的搜求，道安尤其注意。鸠摩罗什以前的中国佛教界，对戒本搜求之勤与译事之注意者，当以道安为第一。凡此种种所为，都可以看出道安的主要目的是在巩固教团的基础，与促使佛教徒日常信仰仪式的划一。这些也都是奠定中国佛教基础的大事。

（三）整理佛典、奖励译事、编辑佛教目录。

道安在中年时，即感到当时中文佛典译笔不尽信达。为了弥补这一缺漏，他乃从事校阅群经的工作。且先后曾经为《般若》、《道行》、《密迹》、《安般》等经作注释。以促使隐晦难解的经文，能渐趋明白。这种仅仅比较各种译本，而不根据原典的注经方法，当然有其缺陷在。但这却是当时一个不通梵文的华僧所能做到的最佳方法。而其所整理、注释之诸经，于国人对佛教理论的理解，自有其一定的辅助作用。

道安晚年，深深感到翻译佛典才是当时我国佛教界的当务之急。因此乃转而尽力提倡译事。当他居住在长安时，即曾促使不少佛典译成中文。当时，昙摩侍、耶舍等人传译戒律典籍；僧伽跋澄译出《阿毗昙论书》；昙摩难提逡译《阿含经》；僧伽提婆译《阿毗昙八犍度论》；凡此，皆与道安的奖掖、推动有关。他除了筹划译事之外，往往亲自校定译文，并为诸经作总摄大义的序文。这种工作，是道安晚年的弘法重心。一直到去世方止。由于道安的提倡，使长安具备了翻译事业的稳定基础。其后鸠摩罗什入关，我国佛教翻译事业乃有划时代的成就。此与道安在关中所造成的翻译风气，自有一定程度的关系。

道安曾撰一本佛教目录书，名为《综理众经目录》。此书原本已佚。但其主要内容，在现存的《出三藏记集》一书内，还可以窥见大略。这部书虽只一卷，但对于译者的考订、真伪的辨别、以及翻译年代、译笔优劣等问题，书中都曾注意。一千五百年前的出家人，居然有这种考证、辨伪的史学方法意识，实在令人赞叹。佛教目录学著作，是我国目录学史上的瑰宝。如果没有佛教目录书，则我国历代目录学内容，必定贫乏不堪。而道安以前，传说虽有数部此类著作，但真相不明，真伪莫辨。而且道安此书，其中体例，颇为后世佛录所取法。因此，说该书是我国佛教目录学的鼻祖，应不为过。

（四）综合前代佛学研究成果，而加以统一整理。

道安重视般若学，一生研讲此系经典最力。重视戒律，搜求戒本至勤。注意禅法，对安世高所译禅籍，注释甚多。对竺法护所译大乘经，也表扬备至。晚年在长安主持译事，其所策划，又多为印度说一切有部之论典。道安本人，虽然自有其思想偏尚，但他对前代般若、禅法、戒律等系佛学的综合摄取与表彰，使原本零散的佛学思想，乃得以较完具的面目公诸于世。因此，道安实可被视为汉晋间佛教思想的集大成者。

综合上述诸事，我们不难看出道安其人在中国佛教史上的地位。其对佛教的传布、教团内部制度的确立、译事的提倡、佛典的整理、佛学思想的集大成等，任举一项，都足以使他名垂史籍，更何况兼而有之。会百川于一路，使中国佛教从四处的涓涓细流，融汇成一大泽国，道安这种功绩，在我国佛教史上无人可以比拟。除了工作业绩之外，其人一生所显现的风格，也为后代佛教徒树立一高僧的典型。精进、勤奋的传教态度、坚苦卓绝的弘法精神、理论与实践并重的修持方式，在在都足以使他成为后世僧人行为的最高楷模。而由于他一生的努力，不惟为前此中国佛教的素朴、草创时期作一总结，而且大体确立了我国佛教的发展方向。因此，我们称他为中国佛教的奠基者，应该不算是过誉之词。

参考书目

《汉魏两晋南北朝佛教史》，汤用彤著，台湾史学出版社，一九七三年第一版。本书第八、第九两章可参考。

The Buddhist Conquest of China, by E. Zürcher.，台湾泛美图书公司影印本，一九七五年。本书第四章可参考。

《中国目录学史》，姚名达著，台湾商务印书馆，一九六七年台三版。本书二四四—二四六页可参考。

《禅道安研究》（日文），（日）宇井伯寿著，岩波书店出版，日本昭和三十年（公元一九五五年）。

《出三藏记集》，梁僧佑撰，收在《大正藏》精装第五十五册。此书卷十五有《道安传》。卷二至卷五收有道安《综理众经目录》一书之主要部分。卷六至卷十一间，收有道安所作经序等短文十余篇。

《高僧传》，梁慧皎撰，收在《大正藏》精装第五十册。此书卷五有《道安传》。

《人本欲生经注》，道安撰，收在《大正藏》第三十三册。

《中国佛教通史》，冢本善隆著。本书第一卷第七章《中国佛教通史上の道安》可参考。

《中国佛教の研究》，横超慧日著。本书前三篇特别关系到道安的戒律问题。

《中国佛教思想の形成》，玉城康次郎著。本书第一卷第五章《道安の佛教》可参考。

《支那佛教の研究》，盘大定著。本书第一册第五篇可参考。

慧远

田博元　著

目　录

一、传略

慧远，俗姓贾，雁门楼烦（今山西崞县东）人，生于东晋成帝咸和九年（公元三三四年），卒于安帝义熙十二年（四一六年），享年八十三岁。慧远出身雁门冠族，自幼便雅好读书，珪璋秀发。十三岁时，北方赵石虎方强，中原粗安。慧远随着舅舅令狐氏到了河南的洛阳、许昌一带游学。洛、许是当时北方政治、经济、文化的重镇，文人学者云集，学术气氛非常浓厚。果然，慧远在宿儒的熏育下，自己又肯发奋用功，没过多久，他的学问便有了惊人的成就。不仅博综六经，尤其精邃老庄；加上他的性度弘伟，风鉴朗拔，所以，很得时儒英达的推重。

二十一岁时，慧远本想远渡江东，就范宣子学习，适遇晋将桓温北征，南路阻塞，只得中止下来。恰好道安正在太行恒山立寺说法，一时声闻远著。慧远求道心切，便与弟弟慧持前往依归。有一次，听安公讲解《般若经》，慧远心契意领，豁然开悟，不禁叹道：“儒道九流的学术，不过是一些糠秕罢了。”于是，便和弟弟落发出家，作了安公的弟子。这段求道的过程，慧远于晚年致送刘遗民的信中，曾经有一番自白：“想起从前游心世典名学，便以为是当年的华苑。及见老庄，顿悟名教只是应变的虚谈而已。

以现在来看，则知沉冥的志趣，岂得不以佛理为先吗？”可见慧远的出家，实由学悟而来，不是寻常的出家可比。

出家后，慧远胸怀大志，毅然以佛法为己任；为使理想实现，慧远夜以续昼地精思讽持，丝毫不敢懈怠自己。是时，局势不稳，动乱频繁，慧远兄弟旅游在外，经济来源几乎断绝，生活过得非常的清苦。然而兄弟两人精进为道，无时或懈。这种向道的精神，感动了同学昙翼，时常资助些灯烛的费用。安公听到这件助举，非常的高兴，说：“昙翼果真知人呀！”这种刻苦求道的生活，持续了好几年，二十四岁的慧远，终于通达无生实相的要谛，彻悟般若中道的玄妙。佛教中心思想的般若义理通达以后，安公不禁时常赞叹着说：“将来能使佛法向东流传的，想必是慧远这个人了。”由此可见，慧远所受安公的信任与倚重了。果然，这年慧远开始登座讲说。某次，讲到实相的妙谛时，有些听众一直不得晓解，虽经慧远的反复剖析，仍然满腹疑团。这时，慧远灵机触动，便拿老庄的哲理来解说，不仅惑者释然，由衷地佩服他混融玄释的妙化无迹。连风才照灼，志业清敏的同学法遇、昙徽也非常地倾服。

事实上，慧远所处的时代，正值政局欠稳，战乱不息，社会长期动荡不安，人民生活极端痛苦的时代。先是东汉末年，黄巾叛乱，群雄并起，形成三国鼎立的局面。接着，司马氏建立晋朝；不久，贾后之乱，八王之乱，踵继发生，连续了二十多年。永嘉之乱，晋室仓皇东渡，偏安江左，而北方又陷入五胡十六国互相争伐的局面。由于政治的黑暗与社会的混乱，再加上儒学的支离琐碎，早已失却维系人心的力量。以致魏晋时代，崇尚自然无为，标榜恬淡无欲的老庄哲学勃然起兴，清谈风气极为盛行。而一般谈玄之士，又认为老庄与佛学殊无二致，所以时常混淆并论。佛学在这种机缘的因应下，便也极端地兴盛起来。因此，慧远早年的沉浸庄老，除有恬淡超脱的个性外，实是受了习俗的影响。所以，后来的遁身空门，也正是理所当然的事。而当他登座讲说佛理时，为了方便教化，不得不借助老庄来解释，正显示他的精通内外典，且已达兼融妙用的境地了。

晋穆帝升平三年（三五九年），慧远二十六岁。是年，旱灾蝗祸，寇贼纵横，慧远只得随着安公等五百多人，开始七、八年困顿流离的生活；首先，他们进入王屋山（在今山西阳城县西南），稍后，渡河，栖止于陆浑山（在河南省嵩县东北），由于流徙在外，有时竟穷得以树皮果实充饥，但师徒仍然安贫乐道，修学不倦。不久，慕容儁的燕军逼近陆浑，师徒为避战祸，匆匆南行。先次南阳（河南省邓县东南），再投新野（河南省新野县南），最后抵达襄阳白马寺；稍后，移住檀溪寺。自是以后，在襄阳前后停留了十五载，这时，北方适值秦、燕交兵，无暇南图，荆、襄一带，得以少安。于是，道安厘订经典，作为目录；每岁讲《放光经》两遍，并注疏般若诸经。慧远朝夕承受教诲，佛学日益精进，著名的《晋襄阳丈六金像颂》即在这时撰成。又曾因奉师命南下荆州，向竺法汰问疾，正好遇沙门道恒倡心无义，大行荆土，汰说：“这是邪说，理应破灭。”于是会集名僧，令弟子昙壹加以非难，彼此据经引理，往复辩剖，毫无结果。隔日，慧远就席攻难数番，才破了道恒的心无义。足证襄阳的求学生活，使得慧远的佛学几达圆熟的境界了。所以，后来南下弘法时，果能不辱师命，使庐山成为南方佛教一大中心。

晋孝武帝太元三年（三七八年），慧远四十五岁，秦将苻丕寇并襄阳，道安受到拘留，不能离去。于是，安公分遣徒众，各往四方弘扬佛法。每个将要上路的长德，安公都剀切地诲约一番，独对慧远一人，竟然吝于词组的教示。这使慧远感到异常的惶惑，以为自己是个不可教的人，赶快跪在地上，说："只我没得到训勉，恐是因我不成材吧！"安公说："像你这样的人，难道还需我来担忧吗？"安公对慧远的认识是相当清楚的，他知道像慧远这样的人，不需要教诫，自然做得很好的。南方的佛业不正等着慧远去树立吗？

于是，慧远与弟慧持，同学昙徽，偕同弟子数十人，南去荆州，住在上明寺。这时，慧远想起素与同学慧永相约结屋罗浮山，便决定前去。中途，行到浔阳（江西省九江县西南），远看庐山是如此的闲旷清静，尽可以息心养性，便改变主意，在庐山龙泉精舍住了下来。这时，慧永也因郡人陶范的苦苦相留，老早住在庐山的西林寺。慧永与慧远本是同门旧好，便邀远来寺同住，并对刺史桓伊说："远公刚刚开始弘道，便有很多的徒众来亲近他，将来必有更多的学者跟随。贫道所住的地方，过于褊狭，恐怕无法容纳得了，该怎么办呢？"桓伊听了慧永的话，就发心护慧远的法，在山的东边，离精舍十五里远处，更立房殿，创建了一座历史上著名的东林寺。从此，慧远在庐山住了下来；并且，三十多年的时间，从不出山一步。偶或送客，也以虎溪为界。据说，慧远送客，倘若超过此溪，山中的老虎就会鸣叫，虎溪由此而得名。有一次，陶渊明与陆修静来访，临走，慧远送客，边行边谈，由于言语契机，不觉忘我，直到超越虎溪，始形惊觉，三人相视，不禁大笑。这就是留传后世的"虎溪三笑"的逸事。这逸事本身虽然未必可信，但是，慧远三十余年不越虎溪一步，却是事实，这种持戒的坚毅精神，正为佛门树立了严肃的风范；而慧远的圆融无碍风格，也可由此窥见一斑了。

慧远遁迹庐阜三十余载，虽然影不出山，迹不入俗。由于内通佛理，外善群书，亲近他的学徒，没有不心悦诚服的。且因深悟般若中道的奥妙，自然散发无碍无着，理行并重，悲天悯人的菩萨精神，而不是以遁世无闻，但求自了为标的。因此，庐山弘法的三十多年，轰动了整个大江南北。不仅王侯仕宦非常地敬仰；文人高僧也群来皈依。晋安帝于义熙元年（四〇五年）自江陵旋归京师时，途经庐山，诏令慧远来见，辅国何无忌也劝远候迎，而慧远却托词有病，不能下山。于是，安帝派遣使者殷勤慰问，并致书表示钦慕的心意。秦主姚兴素仰慧远德望，屡屡致书问候，并赠送龟兹国的细缕杂变像等。罗什译出《大智度论》时，关中道士互相推谢，不敢作序。姚兴也送论遗书，请慧远造序。他的德高名重，真是不分南北，天下同钦。他如殷仲堪任荆州刺史时，曾经亲自入山，一方面表示礼敬，一方面请教易的体要。慧远与他共临北涧，很亲切地为他解答问题，移景而不倦。又桓玄为江州刺史时，声势烜赫，不可一世。某次，行军路过庐山，要慧远出虎溪一见，慧远也藉病婉辞，绝不畏于权势，破例出虎溪一步。于是，桓玄亲自入山，想要一睹慧远的真面目；及见慧远的容止，竟不由自主地礼敬起来。据《僧传》的记载，慧远神韵严肃，容止方棱，凡是瞻睹的人，没有不心形战栗的。有一沙门手持竹如意，想要奉献慧远，到了庐山，竟不敢亲自陈上，暗中留置屋隅，默默地离去。另有慧义法师，原是个强正不惮的人，不相信慧远有如此的德望，对慧远的弟子慧宝说：“你们这些庸碌之辈，才对慧远如此钦服，现在试看我如何？”可是，当他一走上庐山，刚巧碰到慧远讲《法华》，慧义虽屡次想要提出难题，却心悸汗流，说不出口。凡此，都可看出慧远的威仪德望了。

慧远所处的时代，佛教颇为兴隆；可惜品类杂芜，佛门渐渐失去规仪，甚至有僧尼与帝王抗礼，出入宫廷，参与政事的，如桓玄借助妙音的力量，令帝以殷仲堪刺荆州等。所以，元兴元年（四〇二年），桓玄想要沙汰沙门，并非无的放矢，而是有为而发的。这时，慧远为了维持僧伽的人格，辩护佛教的教法，不得不挺身而出，与玄论料简沙门，并广玄条制，结果，赢得了桓玄的同意。其实，先前桓玄所下教令的末尾就说："仅有庐山是道德所居的地方，不在搜简的范围内。"可见庐山道场恬淡苦修的精神，原为时人所推重的。

不过，释尊提倡众生平等，自然与王权互相抵触。早在晋成帝咸康元年（三四〇年），车骑将军庾冰辅政时，就怀疑沙门抗礼万乘的非是，因而要求沙门应该礼敬王者；尚书令何充等人则为沙门辩护，反对沙门致拜王者。双方之间，引起一场热烈的辩论，最后采用何充等人的意见，才中止争论。可是到了元兴元年，桓玄出屯姑孰（安徽省当涂县治）时，以为庾冰的用意固在尊敬君王，维持国家的体制，可惜所据的理由稍嫌薄弱。于是，重申沙门应敬王者的意思；结果，又引起一场激烈的争论。当时，桓谦、王谧等人都与玄有过论难，而玄另致书慧远，询问他的意见。慧远赞同谦、谧的意见，坚持沙门不应尽敬王者。慧远认为佛俗的礼数迥然不同，出家已是方外的人，必须绝物修道，才能拯拔罪恶，超度众生。所以，僧徒的服饰礼节，与世俗全然有别；不致拜王者，并非表示不敬。况且，若修道有成，整个天下的人都能蒙受恩惠，这种功德，自与王者相同。既然不须感受王者的厚恩，而又能有王者的功德，也就无须致拜王者了。桓玄虽然执持自己的意见，终究犹豫不决。等到元兴二年（四〇三年）冬，桓玄篡位，才下书沙门不必礼敬王者。于是，慧远另著《沙门不敬王者论》，彻底发挥释尊平等的精神，敦促僧侣人格的自觉；以为沙门遁世变俗，诚应高尚自己的行迹。从此，沙门始得保全方外之道。

慧远虽然遁迹匡庐，不入都邑；却是孜孜为道，专心弘法。每逢西域一宾来到，就恳切地谘访。太元十六年（三九一年），罽宾沙门僧伽提婆到了浔阳，慧远实时请他重译《阿毗昙心论》与《三法度论》。义熙年间（约四一〇年），觉贤由北方来归，又请他译出《达摩多罗禅经》，佛大先的禅法，始得兴起江东。不过，慧远不仅迎来学者，同时，也遣使西渡求法。太元十七年（三九二年），慧远感于律典和禅法的阙废，便命令弟子法净、法领远期天竺，寻求经典。元兴三年（四〇四年），弗若多罗来到长安，诵出《十诵》梵本，由罗什译为晋文，可惜三分仅译出二分，多罗忽然弃世。慧远对此非常地慨叹，痛惜大法不能东传，后来听到昙摩流支来到姚秦，是个善诵《十诵》的学者，赶紧派遣弟子昙邕致书祈请，请他在关中将未译出的《十诵》余分翻译过来。果然，昙摩流支不负所托，译足了完整的《十诵律》，这是慧远敦促的功劳。至于鸠摩罗什，慧远素来钦敬高风，庐山僧众入关的很多，如道生、慧叡、慧岩、慧观诸人，都是在庐山受教后，再入关向罗什学习，这是慧远奖励的力量。而什公去世后，徒众四散，竺道生等人南下，传罗什所译于江东，如《成实》、《十诵》、《三论》、《法华》等经，才能在江东弘扬开来，这是慧远坐镇庐山，精进护法所致。《高僧传》本传说：“葱外妙典，关中胜说，所以来集兹土，都是慧远的力量。”可说是实录。

晋安帝元兴元年（四〇二年），慧远集合彭城刘遗民、雁门周续之、南阳宗炳等名儒缁素百有二十三人，同在般若云台精舍阿弥陀佛像前，立往生西方的誓愿，由于寺前有白莲盛植池中，所以取名莲社，这是我国结社念佛的开始。据说恃才傲物的名士谢灵运尝要求入社，因心杂而受拒。值得注意的是，庐山白莲社的聚众念佛，在佛教派系中，属净土宗法门，主张称念归一，以使心境净化。而试观佛教在中国的演化，若使没有净土的规仪，恐怕又是不同的光景了。因为佛教的仪式，讽诵与领众行道等威仪，多半出于净土宗风，而庐山道场的朝夕惕厉，精勤不懈的念佛精神，正是僧团的最好式范。而谈到庐山的念佛，事实上，与今世的声念有异，它本身就是一种禅观。又在东林寺内也特别设有禅林，重视修持禅定的功夫，希冀从禅定中，以契合念佛三昧。这种念佛坐禅的风规，正是后世禅净双修的端绪。

慧远在八十三岁那年（晋安帝义熙十二年，公元四一六年）的八月初，就略显微疾，到了六日，病势转剧，他的弟子和一些大德都跪请饮下豉酒，慧远不肯，众人改请饮米汁，慧远还是不答应；众人又请饮蜜浆，慧远仍然担心违背律制，坚持要律师先检寻律文，看看是否可饮。谁知律文尚未检完，慧远就从容西逝了。这种严持戒律，始终如一的风范，实在为佛门立下最好的典型。慧远在佛学上最重要的著作为《法性论》，早已亡佚。此外，《高僧传·慧远传》说：“所著论序铭赞诗书，集为十卷五十余篇。”《隋书·经籍志》集部著录有《慧远集》十二卷，可惜也已散佚。近人乌程、严可均校辑《全晋文》，辑有慧远作品如下：《答秦主姚兴书》、《答王谧书》、《答戴处士书》、《又与戴处士书》、《与隐士刘遗民》等书，《遗书通好鸠摩罗什》、《重与通好鸠摩罗什》、《遗书通好昙摩流支》、《答桓玄书》、《与桓玄书论料简沙门》、《沙门不敬王者论》、《沙门袒服论》、《答何无忌难沙门袒服论》、《明报应论》、《三报论》、《庐山记》（附《游山记》）、《阿毗昙心论序》、《三法度经序》、《大智度论钞序》、《庐山出修行方便禅经统序》、《念佛三昧诗集序》、《襄阳丈六金像颂》、《昙无竭菩萨赞》、《万佛影铭》、《澡灌铭序》等文。

二、学术思想

1. 慧远的般若思想与法性论

慧远的佛学思想以及圆融无碍的风格，一言以蔽之，实导源于般若。事实上，当初慧远即因听安公讲解《般若经》，豁然开悟以后，才毅然出家的。而安公本是当时般若学的权威，在名师的耳提面命，日夜熏育之下，加上慧远自身研习不辍的态度，终能通达佛法的要义，且将所得融化在行持上，而形成了独特的圆融风格。

般若，本是梵语，译成华语是智慧、慧、明的意思。在一切智慧中，最为第一。可以说，般若思想是佛教教义的中枢，缺少般若，便无佛法可言。质言之，般若就是佛母。而般若部经典的要旨，一言以蔽之，是在阐明“真空妙有，诸法实相”的真谛。在中国来讲，自炎汉以来，直讫刘宋初年，最流行的佛典，就是《般若经》；以译本而言，也是诸经之最。如汉灵帝光和、中平年间，支娄迦谶、竺朔佛译有《道行经》，吴支谦有《道行》异译的《大明度无极经》。朱士行西行得梵本九十章。无罗叉、竺叔兰译出《放光般若经》，西晋时甚为流行。而西晋竺法护译有《光赞般若》，后得道安的表彰，也稍有流传。等鸠摩罗什入长安，并译大小品，又是《放光》、《道行》的另一异译。可见魏晋时代，《般若经》的译本，凌乎他经之上。加上这一时期，老庄学说极为盛行，谈玄之士都认为老庄与佛学本无不同，以致时常混融相论，如刘虬、范晔等。僧人中，也有将般若融合老庄的情形，如佛图澄弟子竺法雅与竺法朗等。般若空学在老庄学说的辅翼下，如日中天，特放异彩。

历史上，竺法雅与竺法朗是最先拿外书——《老》、《庄》、《周易》三玄来附说内典——佛经的僧人，这种方法，叫做格义。而晋初格义学所以兴起的原因，当是般若空义确与老庄思想有相通的地方，因此容易风行。加上佛法本为外来的宗教，般若学又浩若烟海，一时之间，必然很难使人领悟，所以一些僧徒就想引用本国固有的义理来申明它的并非怪诞。果尔，当时弘法的苦心也可想见了。寻检道安的论著文字，如《安般经注序》等，知道安初期也袭于习尚，拿三玄来比附佛学。如“损之又损，以致于无为”，是《老子》第四十八章的话；“忘之又忘”，是《庄子》的意思。“开物成务”，是《易·系辞》语。然而，道安毕竟是精警敏悟的人，稍后，即察觉格义的方法，往往违背佛理。佛教般若的空理，究竟不容许混淆老庄的虚无思想，否则容易穿凿附会，混滥佛法。于是，道安极力提倡废用格义的方法。

慧远是道安的得意弟子，他的佛学，源自安公。道安注释的般若经典甚多，对于般若学，有非常精湛的研究。慧远承受师学，也终身研寻般若学不辍。《僧传》记载，慧远二十四岁时，登座讲说，曾经引《庄子》来解说实相义，可见慧远阐发佛理时，也是依傍玄言的。这当然是为了方便教化，使听众容易晓解的方法。道安是废用格义的，对于慧远的藉引俗书，却不加禁止。主要原因，当是慧远博通内外书，且能兼融妙用，不背佛理，何况这种方法确有助于佛法的弘扬吧！据说慧远一听到罗什入关，不觉喜形于色。大概慧远对于混淆般若学说，早已梗梗于中了。义熙九年（四〇五年），罗什译出《大智度论》，关中道士，互相推谢，不敢造序。秦主姚兴特别送论慧远，请为作序。那么，慧远的精擅般若，诚为时人所推重的。慧远又因《大智度论》文字繁富，初学的人很难寻检，于是抄录要论，凡二十卷。（今佚，序存）又与罗什以及他的门下，时常互通音问，足证慧远发扬般若真谛，是不遗余力的。所以，谈到中国佛教思想的般若正显时代，庐山慧远学风与罗什的译出《大智度论》，并有不可磨灭的功绩。

关于般若空义，异说纷纭。姚秦僧肇《不真空论》举本无义、心无义、即色义三说。刘宋昙济著有《六家七宗论》。后来诸书所述各家法师，互有出入。汤用彤先生尝综合般若各家，分为三派：第一为二本无，解释本体的空无。第二为即色、识含、幻化以及缘会四家，都是主色无的，而以支道林最有名。第三为支愍（敏）度的心无说。事实上，心无、即色、本无三说，固是般若学的主流，僧肇《不真空论》所破的是这三家；吉藏《中国论疏》说罗什未到长安以前，已有三种不同的义解，也是指的这三家。现在将二本无义、支道林的即色义、温法师的心无义，略述于左：

“本无异义”是琛法师之说，竺法琛以“无”来解释般若的空义，他所谓的无，是指的实无，而不是“非有非无”的无。无所以生出有，有无宛若实物，直似以有无的“无”来解释“空”。

这是根据《老子》第十四章“天地万物生于有，有生于无”而说的。“心无义”是温法师之说。温法师把形有看作实有，而色也是真色，只要心体虚妄不执，内照本心，不凝滞于外色，那么，色想自然废止。简言之，是空心而不空境的意思。如此的解释般若空义，是根据《老子》第一章“常无欲以观其妙”而说的。“即色义”是支道林之说，支道林以为色只是个假名，所以存有色名，是为了解说实相。色的本性是空，知道是空性，就可即色而游玄了。因此，他所注《逍遥》，超脱拔俗，气象开阔，且能引人入胜。“本无义”是道安之说，名与法琛同，而旨趣有异。道安以为一切诸法，本性空寂，所以“有”不可执着。假若能知解本无的道理，那么，异想自然停息。质言之，他所说的无，不是有无的无，只是无以名之，强名曰无。“无”是真谛，是针对俗谛来说的。这种说法，已经渐近般若真谛了。

前文述过，慧远因闻《般若经》而出家，二十四岁已登座讲实相义，后来，又面斥道恒的心无义。足证慧远的般若学确有很深的造诣，并已自成一家的精论了。毫无疑问的，他的这些精论，当保存在《法性论》中，史载慧远因感般若诸说，不能穷究妙实，于是著《法性论》。理深辞婉，独拔怀抱。连罗什见论，也禁不住赞叹说：“边国的人没见到经，便暗与理吻合了。”《法性论》已经亡佚，无从了解他的本论。如今寻检慧远的论著文字，如《大智度论抄序》、《沙门不敬王者论》，以及《慧远肇论疏引庐山法师本无义》诸文，也可稍稍了解慧远的法性本旨了。

慧远对般若空义，也是宗主“本无”之说。而他所说的本无，则与法性同实而异名。什么是法性呢？简单地说，无性的性，即为法性。换言之，当即“观诸法的如其所如，对之更无分别的虚妄执着，而知其本性空寂，别无自性，而观这无自性即为其性”的意思。所以，并不是诸法本性空寂以外，另有体相可体的。事实上，诸法原是因缘合和而生，因缘所生的诸相，瞬息万殊，并不是真性。《法性论》（见《高僧传·释慧传》所引）说：“至极以不变为性，得性以体极为宗。”所谓“不变为性”，是对“至极”而说的，指明法性是不变的；知道不变，即为得性。而这并不是说实有不变的性，也没有至极不变的体；因为不寂不灭，非空非有，始是真性。由此可知，慧远当已持泥洹常住之说了。是时，《大涅槃经》尚未译出，中土并没有泥洹常住的说法。不过，般若实相，涅槃佛性；经虽非一，理无二致。般若破除执相，涅槃扫除八倒；般若的遮诠，正所以表涅槃的真际。明白般若的实相义，才可与谈涅槃的佛性义。因此，我们相信，慧远实已深悟般若的空谛，而且妙解涅槃常住之说。《法性论》虽已亡佚，当是推阐这个旨意而作的。

总之，般若所说的空，不是虚无的空，而是空中能生妙有。然而有不得滞空，真空所以显现妙有。只有空有相融，自然妙智中生。慧远由于通达无生实相的玄义，彻悟般若中道的妙谛，因此，不执不滞，无碍无着，从而妙智中生，悲情满怀，生出度人觉世的悲愿；而以庄严国土，成就众生为标的。庐山这种圆融洒落的学风，正是佛法最高义理——中道第一义谛；虽说空义，而不遗四悉檀（悉檀，梵语，成就的意思。佛为众生说法，使各成就佛道，凡有四法，故云四悉檀）。所以，慧远大师的德望威仪，蔚然盛貌于云霞掩映的名山古刹中，且能遗风万古，永垂而不朽。

2. 慧远的禅思想要论

自炎汉以来，禅学的发展有二大系统，一是安世高系的禅法，偏于小乘。一是支谶系的般若，属大乘学。慧远的禅思想，集合了这两系的大成，从而开创了他那独特的禅风，为中国的禅学发展，立下一重要的里程碑。下面先分述这两系的禅学，以便明白慧远禅思想的特色。

安清，字世高，安息国的太子，世称安侯。汉桓帝时，来到洛阳，不久，通习华语，开始宣译佛经，改梵本为汉语。从桓帝建和二年（一四八年）到灵帝建宁中（约一六八年至一七一年）二十余年，译出三十九部经，数百万言。他所译出的经论，义理明晰，文字允正；辩而不华，质而不野。是当时传译诸经中，最好的译本。

安侯贯综经藏，尤其精擅阿毗昙学，兼通禅经。他所译经典，《出三藏记集》著录三十四部，四十卷。其中，仅有《五十校计经》一卷，与《大集经·菩萨品》同为大乘经典，其余都是小乘经典。所以，世称为小乘学者。安侯所译出的禅经，多关于禅数。如《安般守意经》将数息观分为六阶段，明定应观四谛。《阴持入经》以三学为止观，说明三十七品的道科。《修行地道经》以不净观和数息观为止，以五十五事观为观。《大小十二门经》以不净观为主，叙述四禅、四无量、四空定等十二门禅。以上所举诸经，多并列数字，称为禅数之学。大概安侯对汉人说经，都是依藉法数来互相发明的。所以，道安赞扬他“善开禅数”。

事实上，安侯对中国佛教的影响，也在禅法。他的禅法，汉、魏两代，颇为风尚。安侯本人重视禅观，而且拿禅法教人。汉末，以行禅而知名之士，如韩林、皮业、陈慧等人同是学于安侯。陈慧且注《安般》，敷演安般大义。康僧会似是他的得意弟子。

支谶，是支娄迦谶的简称，本是月支国人。汉桓帝末年，游于洛阳。于灵帝光和、中平（一七八年至一八九年间）年间，译出《般若道行品》、《首楞严》、《般舟三昧经》等。他的译文，审得本旨，了不加饰。支谶所译，《出三藏记集》著录十三部，二十七卷。除五部散佚外，其余都是大乘经典，世称为大乘学者。

支谶的译品，汉魏时代，最流行的是《道行般若》与《首楞严》等。《道行般若》十卷属小品，是竺朔佛口授，支谶传译，而由孟士元笔受，这是中国般若经的第一译。西晋时，《光赞般若波罗密经》、《放光般若波罗密经》译出，同属大品。而《光赞》在东晋时，因得道安的敷扬，稍稍流传；《放光》在西晋时，已经行世。及罗什入长安，重译大小品，盛弘性空的典籍，般若学于是盛行于世。《首楞严经》，支谶是第一译，这部经在汉、晋间共九译（藏中现存的是鸠摩罗什《首楞严三昧经》），可见是魏、晋间最盛行的大乘经典。《般舟三昧经》，汉、晋间共有三译，与《首楞严》都是大乘禅观。这部经，魏、晋时，并不盛行，且要藉神仙方术来传世，直到慧远才开始提倡这般舟三昧。

汉末以来，这两系的学说及传授，固颇壁垒分明，同是中原禅学的两大重镇。到了三国时代，才传至江东。安侯的禅法，依据《安般守意经》、《阴持入经》、《修行地道经》、《法镜经》为主，偏重小乘禅。后来，他的弟子严浮调、陈慧、康僧会诸人出，上承汉代的道术，专主养生成神，重视神灵不灭，想要得到神通，造成了很独特的禅风。而支谶的禅学，完全依据《道行经》、《首楞严经》为主，提倡大乘禅。后来，逐渐与老庄的玄学合流，主张神与道合，着重般若空理，以印证涅槃常住义。这两系的禅学，到了慧远而集其大成。慧远不仅推崇僧伽提婆与佛跋陀罗所传的小乘禅，而且钻研般若，提倡般若三昧的大乘禅，使得安世高系的禅法，以及支谶系的般若，结合成一体，这实在是中国禅学史上的一大盛事。

东晋孝武帝太元十六年（三九一年），罽宾沙门僧伽提婆南游庐阜，慧远大喜过望，请重译法胜《阿毗昙心论》，等到译出后，慧远如获瓌宝，因为当时江东禅典残阙，禅法不兴。而安世高所译的禅经，如《安般守意经》、《阴持入经》、《修行地道经》，又都偏重数息及不净观等禅数。不仅缺少禅教，且无受法。而《阿毗昙心论》论列三贤、四善根、四圣等品位，正是安世高禅典所阙少的。所以，慧远不仅敬慎宝重，而且，奖励门人研究阿毗昙。于是，庐山阿毗昙学大为兴盛。使当世的佛徒，多把《方等大乘经论》看作是魔书。可见影响人心的深远。

然而，法胜《阿毗昙心论》析论阿毗昙学的纲要，虽然有助于安世高禅典的阙漏，毕竟不是禅学的专门著作。所以，晋安帝义熙六年（四一〇年）左右，佛驮跋陀罗（觉贤）受到罗什门下的摈斥，而与弟子慧观等四十余人，南下庐岳时，慧远欣喜异常，赶紧请他译出《达摩多罗禅经》（一名《修行方便禅经》）。本经出自达摩多罗与佛大先之说，慧远赞扬备至，誉为禅训正宗，且是释尊以后，一脉相传的根本禅法。它的传授源流，灼然可信。慧观《修行地不净观经序》曾列举阿难、末田地、舍那婆斯、五通仙人（优婆崛）、富若蜜罗、富若罗、昙摩多罗、佛陀斯那（佛大先）诸大师，谓为“高宗承嗣之范”。所以，这部有宗的禅典，正是优婆崛五部分崩以前，禅训的正宗。

依慧远《修行方便禅经序》所说，本经出自达摩多罗与佛大先。不过，达摩多罗传如（平等）色（差别）平等的大乘禅观；而佛大先教人，则由浅而深，渐入奥理；可以说，佛大先是以小乘禅观，作为达摩多罗大乘禅的阶梯。本经所叙，自安般观至十二因缘观，都是佛大先的说法。由此可知，《达摩多罗禅经》实是具备大小乘禅法的宝典。

本经所明诸禅，凡分三观：一为安那般那观，二为不净观，三为界观。这三观中，安那般那观分作方便道（三贤、四善根）与胜道（四圣）二大段。方便道别为四种，就是退分、住分、升进分、决定分。胜道也有这四别。不净观分作退、住、升进、决定四段。界观不立区别。其次又说四观，所谓四观，就是四无量三昧、阴观、入观、十二因缘观。本经继《阿毗昙心论》译出，其中所明示的禅观，对于安世高禅典的阙点，很有补益。所以，慧远赞扬是“进入如来无尽法门”的稀有宝典。可证庐山的禅，颇受佛大先禅法的影响。

慧远奖励阿毗昙学，推崇有部系的禅经；且又钻研大乘般若，倡导般舟念佛。完全是禅净并弘，空有兼施的作法。这种作法，自有过人之处。慧远认为禅离了智，便不能穷寂；智离了禅，也不能深照。只有禅智双运，寂照相济，才能穷神达本。所以，禅法与般若是相辅相成的；好比车的两轮，鸟的双翼，是不能偏离的。借着禅数所以收摄乱心，透过般若所以彻悟本真，二者的关系是密切而不可分的。因此，慧远对于禅法与般若，自始至终，弘扬钻扬，毫不懈怠。

东晋安帝元兴元年（四〇二年）七月二十八日，慧远在庐山山阴般若云台精舍，集刘遗民等百有二十三人，在无量寿佛前，立往生西方的誓愿，提倡般舟念佛。而所根据的教典，是《般舟三昧经》。这部经虽没有明述弥陀净土的庄严，但说依三昧得见西方阿弥陀佛。“三昧”的意思，是指穷玄极寂、体神圆融的精神统一状态。进入这个境界，就可随宜应物，显现妙境了。由于慧远认为这是功高易进的禅法，所以倡导这种般舟念佛。不过，慧远的般舟三昧，也不是纯粹以《般舟经》的大乘思想为主。其中也融有老庄思想与安世高的禅思想。试以安世高禅法的权威，三国康僧会的《安般守意经序》与慧远《念佛三昧诗集序》对照，就可发现二者的内容辞语，殊无二致。例如序文中所用的“思”、“志”、“靖恭”、“无幽不彻”等语，都与康僧会的用语相同。又如“志一不分”，正是出自《庄子·达生》“用志不分，乃凝于神”句。“气虚”，出自《庄子·人间世》“气也者，虚而待物者也”句。由此可知，慧远的般舟三昧说，诚然融合有老庄思想与安世高的禅思想。

对于大小乘的禅法，慧远认为原是一体的。大乘必须以小乘为基础，而小乘应该以大乘为极致。大小乘的名目，固是随时代而隆替的。了解这一点，就可明白慧远所以能融汇安世高的禅法和支谶的般若，且又提倡般舟念佛，以形成庐山圆融洒落的禅风了。如此，使得炎汉以还，禅学的二大主系，因慧远而集其大成。

3. 慧远的净土宗要论

追溯净土的思想，大概要从释尊于耆阇崛山讲《无量寿经》说起。到了王舍城说《观无量寿经》，祇树给孤独园说《阿弥陀佛经》后，净土的思想已经非常地圆熟。佛灭后六百年（公元一五〇至二〇〇年），净土三部经——《观无量寿经》、《阿弥陀佛经》、《无量寿经》相继刊行，这是净土宗最早的成文经典。他如《般若》、《华严》、《涅槃》诸经典，间或也载有弥陀西方的净土思想。不过，诸大乘经典虽有十方无数诸佛，各住他的净土，各教化他的众生的说法，然而有独立经典的，只有阿弥陀佛、阿閦佛、药师佛等。其中又以阿弥陀佛的经典为最，而且详述阿弥陀佛在因位时的发愿、修行以及他的净土——西方极乐世界的庄严构造。因此，自古以来，弥陀净土成为诸佛净土的代表。

至于净土宗的宣扬，则从龙树、世亲、马鸣诸菩萨的造论赞述三经奥义开始。龙树婆娑论说有念佛易行道，而且赞叹阿弥陀佛的功德；他的《大智度论》更阐扬净土的教法。世亲的《净土论》则倡导往生净土的信仰。马鸣《起信论》专门叙述阿弥陀佛的摄护与往生净土。不过，上述诸菩萨虽唱净土，却缺乏独立的宗门，一直要到东传中土以后，才正式形成了宗派。

净土思想的东流，以后汉灵帝光和二年（一七九年）支娄迦谶译出《般舟三昧经》为嚆矢。稍后，吴支谦、晋竺法护等传译有《大阿弥陀佛经》、《平等觉经》等。姚秦鸠摩罗什、刘宋宝云、畺良耶舍等译出《阿弥陀经》、《十位毘婆沙论》、《无量寿经》等，于是净土的经典齐备，僧俗之间，逐渐有了信仰的人。最早求生西方的，大概是西晋的阙公则。不过，谈到中土净土思想的确立，那是完全靠的东晋慧远大师的力量。

慧远在东晋安帝元兴元年（四〇二年）七月二十八日这一天，集合彭城刘遗民、雁门周续之、南阳宗炳等名儒缁素百有二十三人，同在般若云台精舍无量寿佛前，立往生西方的誓愿，这就是著名的庐山白莲社，也是后世结社念佛的滥觞；流风遗韵，影响深远，所以，慧远被推为莲宗的初祖。

慧远的净土思想，可以说是建立在笃信识神不灭的说法，以及深怵轮回报应痛苦的基础上。慧远确信形灭而神不灭，神的传于异形，就像薪火相传一样。薪异而火一，形易而神同。一般的惑者以为一生已尽。此生的形体腐朽后，识神也自然随着丧失。其实不然，人是会有生死流转的。为什么呢？因为无明贪爱为惑为累的缘故。无明网蔽智照，情想便凝滞于外物；贪爱流失本性，四大便结聚而成形。无明贪爱不息，此身以后，仍得受于他身；此生以后，还有来生。以致生生不绝，永堕生死的轮回。事实上，慧远的识神不灭说，就是他的三世因果论的张本。慧远既因俗人怀疑善恶的没有现验，于是作《三报论》。慧远认为业报有现报、生报、后报三种。而报受自心，感应由事。不过，应有迟有速；报也有先有后。这也正是为什么有人行善而罹祸，有人为恶而致庆的缘故了，因为现业未报而前行刚刚感应呀！吾人但以一生为限，所以不能明白善恶报应的道理。而依慧远明报应论的说法，所谓报应，其实纯是心的感召。若无心而应物，那么，虽有作为而没去感召，自能超过轮回，不受报应了。据上所述，三世因果论是以识神不灭说为本的。慧远由于笃信这种说法，所以深惧沉溺生死轮转的痛苦。他的弟子宗炳等人也害怕无常的威力。因此，都期望能往生净土，永住常乐。所以庐山道场聚众念佛的规仪，以及精猛求进的精神，自然形成了庐山学风的一大特色。

庐山的念佛法门，诚以往生极乐世界为宗旨。但所谓往生极乐世界，若就现生来说，便是创造环境，开拓光明磊落的人生，完成人生的理想。因为念佛纯使心地光明，智慧开展，所以能达到这个目标。进一步地说，人生有了光明磊落的思想，创造的精神，以及爽朗的襟怀，那么，生命的归宿，自必趋入西方极乐世界了。

慧远所创的莲社，既以修念佛三昧为主，而他所根据的是那部教典呢？莲社成立在元兴元年（四〇二年），时慧远六十九岁，当时，除汉末支谶所译《般舟三昧经》外，鸠摩罗什译出《阿弥陀经》，《观无量寿经》尚未译出。慧远既倡净土，他对弥陀的信仰，是借着专注西方阿弥陀佛以入禅定，定中以见佛，而往生净土。入三昧，见佛，即是《般舟三昧经》所叙三昧见佛法。所以，慧远的净土思想，是以《般舟三昧经》为主的。关于念佛三昧与定中见佛，慧远并有专文论述；而对念佛三昧的阐述，见于《念佛三昧诗集序》中。依序文所说，三昧是专思寂想的意思。能够思专想寂，心智凝一，自然气虚神朗，发出鉴照的智慧，可以透彻幽微，而诸三昧中，念佛三昧最为功高易进。因为如来是穷玄极寂，体神合变，随宜应物的。能入此三昧，自能昧然忘知，成就鉴智。质言之，只要一心专念，止寂他想，入得般舟念佛三昧中，自能显现鉴照的智慧，而达到亲见弥陀的境界了。

关于定中见佛的事，在慧远与罗什的《大乘要义》中卷，二公对这问题曾有过精要的讨论。慧远根据《般舟三昧经》“引梦为喻”发问，认为定中所见的佛，若同于梦见的话，便属主观的想象而已，并不是真佛的显现。若为客观外来的佛，那么，佛既是真实显现的，就不得以梦为喻了。罗什针对所问，作很切要的回答说：藉三昧所见诸佛，并不是虚妄的。得到神通的大菩萨，到十方世界去见佛，面对佛陀，固然没有问题。而一般的俗人，既不能修行禅定，又没得到神通，岂能得见十万亿佛土以外的西方阿弥陀佛呢？因此，佛以梦为喻，原是为了破除一般俗人的疑惑。梦是自然形成的，不必借助他力，却能见到很远的事。同理，入般舟念佛三昧，也能远见诸佛，就同梦中所见一样。同时，吾人须知，佛身并没有决定相，依经所说，诸佛的身都是从众缘而生。凡是从众缘而生的，都没有真实自性，如梦如幻而毕竟空寂。所以，入三昧所见诸佛的身，是实在的。假若认为见佛是虚妄的，实是误认佛身有他的决定相，而从忆想分别中来的。总之，若能持戒清静，加上佛力以及三昧力，众缘和合，便能见到佛。据远什二公的问对，慧远不仅确切的修般舟念佛三昧，而且，对于念佛三昧的内容，有很深刻的了解。

至于慧远的念佛，是属于观想念佛。在阿弥陀像前，口唱佛名，心观佛像佛德，以求想寂思专，心智凝一，得入念佛三昧的境界。这种念佛的法式，注重观念，正与禅观同趣。事实上，这时的禅观，仍是般若观照的工夫。本来佛教东传，固以经典为桥梁。而在原始佛教中，所谓经典，就是禅。印度结集的三藏，经典称为“经藏禅”，顾名思义，经就是禅的要道。这与达摩祖师初传的禅法有密切的关系。达摩的禅法不仅直指传心法要，且又授以《楞伽》四卷。自初祖达摩到六祖慧能仍然不出楞伽心法（超越唯识）。《楞伽经》主究“如来藏心”与染净二法，且融通

“般若毕竟空”理。所以，达摩禅法传到第六代，显然有般若空论的融贯。中国禅林的开创，始于庐山东林寺的别置禅林，而庐山这种念佛坐禅的风规，正是藉禅定来契合般舟念佛三昧；而在念佛中注重定心凝观。依据记载，庐山的念佛，是定心别时，坐禅念佛；将昼夜分为六时——昼三度、夜三度。在法堂坐禅，修念佛之昧。这种禅净并重的法门，开启了后世禅净双修的端绪。总之，念佛往生，须经由修定的功夫。慧远以发愿往生净土，所以必行念佛三昧。而慧远的念佛，即为禅定，不仅凡夫的口宣佛号而已。

慧远谦冲宏远的风格，以及庐山幽邃自然的景象，造成庐山莲社的特殊宗风。缅怀前修，令人景慕敬礼不已。际此人欲横流、道德崩溃的时代，瞻前顾后，更期望人人能显现佛性，庄严世界为一大净土。

三、对后世的影响

综上所述，慧远借着禅、净、律三者的修持，形成他的圆融无碍、庄严宏远的风格，而这也正是庐山学风的最大特色。质而言之，由于慧远行持净土法门，摄养禅定功夫，严守戒行律仪。所以能深悟般若中道的妙谛，自然散发悲天悯人的菩萨精神。从而培养无畏无惧，中流砥柱的风范。不仅为僧侣争人格，为教法作辩护；而且弘扬佛法，不遗余力。因此，自从慧远栖止庐阜而后，庐山成为南方一大佛教中心。考究庐山学风影响后世最为深远的，约有四端。

第一，显现般若真空的妙谛：自三国而后，佛教的般若思想，时与老庄思想相互混融，所以，格义学兴起。而在有晋一代，约可分为三个演变的阶段：第一期为竺法雅时代，竺法雅诸人，最先将般若与老庄并论，彼此依傍发明。这一时期，般若妙谛，并未正显。第二期为道安、鸠摩罗什时代，道安初期，袭于习俗，也用格义的方法。稍后，认为格义方法常有违背佛理的地方，于是力言废用格义。史称道安所注《般若》、《道行》、《密迹》、《安般》诸经，都是寻比文句，来疏通滞文，解释隐义的。所以说“经义的彰明，自安开始”。而罗什译出《大智度论》，他的弟子僧肇著《般若无知论》和《物不迁论》等，已废用格义的方法。般若真谛，经过道安、罗什的辩析，于是得以正显。第三期为慧远时代，慧远师承道安之学，阐明般若“真空妙有，诸法实相”的真谛，发扬涅槃常住义。因此，《法性论》撰出，罗什赞扬不已。此外，慧远更借着般若的彻悟，形成他的圆融风格与悲悯精神，所以能使天下僧俗靡然皈依，而为吾国佛学开创一新的纪元。

第二，开创净土念佛的宗门：庐山白莲社的成立，立誓在无量寿佛前，祈望往生阿弥陀佛的极乐净土，开创了我国净土宗的法门。不过，庐山莲社所求的往生，实与世人的但求未来的安乐迥异。慧远对现生的操行及精神绝非消极的态度，他所重视的是现生的极乐，此土的西方。其后百余年，北魏昙鸾法师出，注《往生论》二卷，为此宗著述的巨擘。到隋道绰禅师著《安乐集》二卷。唐善导大师著《观经疏》四卷，陈述净土的要义；作法事赞等，定一宗所用的行仪，净土宗于是灿然大盛于世。直到赵宋时代，有圆净法师，钦慕庐山的宗风，隐遁西湖之滨，结莲社，专修净业，后易名为净行社。前后参预莲社的，公卿文士凡一百二十三人，比丘千余人，堪与慧远的庐山莲社媲美而无惭德。值得注意的是：庐山白莲社的念佛，主“观想念佛”和“观像念佛”并重。所谓念佛，实即禅观。而且，由于主修净土，信仰特别坚定；形成坚贞精进的精神，允为当世僧团的式范。

第三，揭启禅净兼修的端绪：庐山道场虽然主修净土，以修念佛三昧，往生净土为宗旨。然而慧远又在寺内别置禅林，于禅定中契合念佛三昧。这种念佛三昧与禅定法要的重修，也是庐山学风的另一特色。也只有慧远的圆融无碍风格，始能兼容并重。等到唐末，有法眼宗的学者延寿出，大唱禅净双修。延寿初入灵隐山新寺，后迁到永明大道场，弘扬法化，听众常过二千。学者参问，以心为宗，以悟为则。日常自课一百八事；暮时，前往别峰，修行道念佛法。著有《万善同归集》。宋初，灵芝元照律师，兼弘教、律、禅；并以念佛法门，普劝道俗。这都是远承庐山的遗风而来的。因此，慧远虽然没有正式提倡禅净一致的理论，然而念佛与禅观的并重，诚然开启了后世禅净兼修的引端。

第四，树立佛门持律的风范：佛教传到东晋时代，颇为兴隆，帝王公卿、文人学士，崇拜正法的相当多。然而僧门流品芜杂，渐渐失去轨仪。有的从事商业，与俗竞利。有的徒托空谈，坐食百姓。甚至有出入宫廷，干预朝政的。所以，后来桓玄的沙汰沙门，重建沙门尽敬王者的议论，都是有为而发的。这时候，庐山莲社，名德雅士云集，在慧远圆融洒落、庄严宏远的学风熏陶下，诸人都能息绝常虑，专心修道。这种恬淡苦修，戒律森严的风格，无形中促进僧侣人格的自觉，也为当代佛教界，保有一清净土。同时，使得江东佛法藉以广布，释教赖以弘扬开来。

慧远不仅主张念佛坐禅、以修静定的功行，而且，奖励阿毗昙，提倡一切有部之学。实为吾国禅净并弘、空有兼施的始创者。至于他的注心念佛，诀用禅定，则是为了明净观照般若慧心。借着般若的启示，以促成人格的自觉，培养悲悯的菩萨精神。因此，慧远在佛业上的建树，承先启后，开往继来，厥功甚伟，堪与道安并驾齐驱。称为我国南方释教的开山大师，谁曰不宜。

参考书目

《高僧传》，梁慧皎撰，台湾印经处，一九七三年九月二版，卷五、卷六。

《中国佛教史》，蒋维乔著，“国史”研究室，一九七八年一月，台影印二版。

《佛学研究十八篇》，梁启超著，台湾中华书局，一九七一年三月三版，第八、九篇。

《汉魏两晋南北朝佛教史》，汤用彤著，台湾商务印书馆，一九六八年六月三版，第四章至第十一章。

《中国佛教史略》，释印顺、妙钦合编，善导寺佛经流通处，一九五六年九月再版。

《佛法概论》，释印顺著，正闻出版社，一九六七年五月五版。

《佛教各宗大意》，黄忏华著，焦山智光大师奖学金基金会，一九八七年八月再版。

《中国佛教史》，黄忏华著，普门精舍，一九六〇年九月出版。

《中国哲学原论》，唐君毅著，九龙，新亚书院研究所，一九六八年二月出版，第七章。

《魏晋思想与谈风》，何启民著，“中国学术著作奖助委员会”，一九六七年三月初版，《九、玄释之交融》。
《晋南北朝隋唐俗佛道争论中之政治课题》，孙广德著，台湾中华书局，一九七二年五月初版，第二、三章。
《庐山慧远学述》，田博元著，文津出版社，一九七八年三月出版。
陈统：《慧远大师年谱》，《史学年报》第二卷第三期，一页至一七页，燕京大学历史学会，一九三七年十二月出版，学生书局印行。
演培：《慧远大师之生平及其念佛思想》，《海潮音》第三十七卷十一月号，一六页至一九页，海潮音社，一九五六年十月出版。

竺道生

蓝吉富　著

目　录

一、传略

四世纪时的中国，虽然在政治上是个纷纷扰扰的时代，但对佛教的传播而言，却不能不承认是个相当灿烂的时期。当时北方有佛图澄，为石勒所知遇。徒众之多，行化之盛，皆为前此所未有。其高足道安，尤其为中国佛教奠定下坚实的基础。而译经大师鸠摩罗什又为佛教翻译事业，创下空前的伟绩；为佛教思想界，培育了相当多卓越的人材。而南方佛教界，名僧与名士合流，佛教对上层知识阶级，曾有相当广泛的影响。支道林便是清谈名僧之翘楚。至于在佛教僧团中，庐山的慧远是一时硕望，其所住地则是南方佛教的中心。佛教人材之辈出，弘法事业之推广，都可以使人明白地看出，四世纪下半期是中国佛教第一次开花结果的时期。本文的主角竺道生，便是在这种时代背景下，所孕育出来的杰出佛教思想家。

竺道生，俗姓魏。原籍巨鹿（今属河北邢台境内）而寓居彭城（今江苏徐州）。其父曾任广戚（今山东微山境内）县令，在乡里间颇有善名。道生的出生，不知确在何年，然依各种现有史料判断，大约是在四世纪中期。勉强可判定在公元三六〇年左右。如同其他某些高僧的传记一样，道生在幼时也“聪哲若神”，因此颇为乃父所器重。

大约在道生十岁左右，他的父亲带他去见当时南方名僧竺法汰。道生遂依法汰出家。法汰是晋代高僧弥天释道安的同学。东晋哀帝时，道安分张徒众于南北，以推展佛法。当时法汰即为南下弘法一系的领袖。东晋简文帝时，法汰住京都（建康，即今之南京）瓦官寺。颇受帝王公卿之尊礼，为当时建康的显赫名僧。据梁《高僧传·法汰本传》所载，简文帝曾请法汰在瓦官寺讲《放光般若经》。开题大会之日，简文帝且亲往听讲。而且“王侯公卿，莫不毕集。”有这种殊胜的因缘，因此使他成为京师佛教信徒景仰的僧宝。四方来请教、参礼者，达数千人。

道生由父亲携往法汰处出家，大约是在这时候。当时释道安所提倡之以“释”为姓的风气，还不盛行。因此道生仍然采取以师姓为姓的规矩。在法号“道生”之上，加上“竺”字。在那种时代风气之下，一个身居县官地位的人肯将自己的儿子送去出家，并不值得惊奇。帝王公卿都如此崇奉佛法了，更何况是一个小小的地方官？而且，所皈依的法师又是受皇帝尊崇的一代名僧，自更易使皈依者觉得心安理得。

颖悟力强而向道心切的人，思想早熟是常有的事。道生在十五岁左右就已是法汰门下的“小”讲师了。晋太元十二年（三八七年），法汰去世。道生虽然年纪还小，但其佛学基础已大体奠定。到了受具足戒那年（二十岁），其学养及善于讲演佛法的声誉，即已传遍遐迩。四方前来论难、问学的人士也相当多。《出三藏记集》本传说他“风雅从容，善于接诱”，“故预在言对，莫不披心焉。”二十几岁的年轻人能够如此，可见其确具有大思想家的潜力。

由于道生以为“入道之要，慧解为本”，因此，深入经论义海以求获得慧解，是他一生的主要目标。于是，大约在三十来岁时，道生离开建康，外出四处游学。晋孝武帝太元末年（约三九〇至三九七年之间），他入庐山修学。当时的庐山为高僧慧远的所住地。是东晋南方佛教的中心。在慧远的精舍里，道生共计住了七年。慧远是道安的弟子，而道生则为法汰门人。由于法汰与道安有同学之谊。因此虽然慧远年岁比道生约长二十余岁，但论辈分则属平辈，而且今存史料，都未曾有“道生为慧远弟子”的记载，因此道生在庐山慧远处，只不过是寄居参学而已，并未拜慧远为师。陈观胜先生，在其英文著作《佛教在中国》（*Buddhism in China*, 一一二页）书中，谓道生为慧远之门人，此点恐非事实。至于后世相传，慧远与其他十七位时贤，共结莲社念佛，谓道生也是其中之一。此事宋朝陈舜俞《庐山记》，（卷三）志盘《佛祖统纪》（卷二十六）二书载之甚详。按慧远曾与刘遗民等人立誓往生西方净土，此事确为史实。然十八高贤之故事实为中唐以后所起的传说。内含许多附会，并非事实。道生倡法身无色、佛无净土之说，更不可能参与净土十八贤之列。此事汤用彤《汉魏两晋南北朝佛教史》（十一章）辩之甚详，读者可以参考。

庐山七年，道生的最大收获是得遇罽宾佛教学者僧伽提婆。提婆为精研阿毗达摩佛教之学僧，尤善说一切有部的《阿毗昙心论》。曾应时人之请到洛阳研读毗昙诸论，并矫正前此译本之缺失。晋孝武帝太元年间，为慧远请来庐山，译出《阿毗昙心论》及《三法度论》等书。道生对阿毗达摩佛教义理之素养，即在庐山从提婆所学而得。阿毗达摩诸论虽然繁琐，且内容有拘泥于形式主义之弊病，但组织谨严，说理细密，阅读此一类典籍，对于一个发心探索佛法义海的人而言，是相当好的训练。尤其提婆所擅长的《心论》一书，是含摄说一切有部义理的重要纲要书。道生能亲炙于提婆，对思想上的扎根工作及对说一切有部的了解，当有相当程度的帮助。

慧皎《高僧传》（卷七）说道生“常以入道之要，慧解为本。故钻仰群经，斟酌新论。万里随法，不惮疲苦”。这几句话，确实将道生的个性及为学方式描写得相当逼真。在佛教戒定慧三学之中，他把慧学视作根本。希望能求得义理的透彻了解，以为学法的基本依据。因此访求名师、亲近善知识，对他来说，自是一件极重要的事。也由于他持这种态度，所以在庐山幽栖七年之后，道生又转往北方。

大约在五世纪初，鸠摩罗什到长安。罗什为属于佛教般若（性空）思想系统的大师。其人日后在我国北方的译经及僧教育事业，成就之大，无人能出其右。在国人对于佛法的理解尚未能自信的当时，罗什也成为国内佛教界解析疑难的核心人物。道生之前往北方，就是受到罗什学养的吸引。他偕同几位出家友人，一齐到长安投入罗什门下。

在长安，道生在佛学上致力的主要目标，当然是罗什所擅长的般若性空思想及其他大乘义理。除此之外，罗什门下人材之众多，必亦曾给道生以相当程度的刺激与启发。其中，有不少人在当时或稍后，都成为佛学名家。如僧肇号称解空第一，为日后三论宗所追溯的远祖。其所撰《物不迁》、《不真空》、《般若无知》诸论（收在今存之《肇论》一书中）为中国佛教哲学论著之无上精品。僧导、僧嵩二人精研《成实论》。僧献精于译事，为罗什译场的重要助手。此外，道融擅《法华》及《大品般若》诸经，昙影精《中论》，凡此诸人，当时或稍后皆为一时名匠。其与道生之相互论难与切磋，自是意料中事。而且罗什门下，原亦染有当时南方所流行的玄谈风气，因此，道生在长安的几年中，其义学收获是可以想见的。加上其本人数十年来的热心钻研，使他在佛法方面的领悟，比一般义学僧众要高明甚多。因此《高僧传》说："关中（指长安一带）众僧，咸谓（道生）神悟。"这实在是很自然的事。

晋安帝义熙五年（四〇九年），道生从长安经庐山回到建康。就在这一年，罗什译出龙树性空哲学的要典：《中论》与《十二门论》。过两年，又译出《成实论》。这些论证大小乘性空思想的要籍，道生都不曾亲聆罗什讲授。这事很难说是否系道生的损失。因为他后来的主要思想方向并不属于性空系统。回到建康之后，他住在青园寺（后改名为龙光寺）。经过数十年的研学与参访，道生考察了法汰、提婆，及罗什诸人的佛学精华，而有所去取。到这时候，其思想也可谓接近成熟。

从回到建康之时起，到东晋灭亡（四二〇年）这几年，应该是道生为其思想作一总整理的时期。道生为法汰的及门弟子，而思想并不为法汰所拘宥。在庐山从僧伽提婆研习有部之学，也不滞留在小乘阿毘达摩的义理领域中。长安受学于鸠摩罗什数年，道生对般若性空之学自必有所领会，但却也未能使他对罗什的理论完全心服。他不是一个随便盲从的佛教徒。他深深地了解翻译佛典在文字上所具有的那种难以避免的缺陷。因此，对于经论文字，他绝不拘泥、盲从。他重视的是究竟的真理。所凭借的是求真理的大无畏态度。他不相信任何权威偶像（依法不依人），也不像常人一样看到任何佛经就完全信服。而是自有主见，自有选择（依了义经，不依不了义经）。他期求获得的是真理本身，而不是佛书上的文字（依义不依语）。所以他主张“象以尽义，得义则忘象”“忘筌取鱼，则可与言道矣”。这种态度是大乘佛教的正确态度，也是道生其人的主要思想特征。

西元四二〇年，刘裕纂晋，改国号为宋。刘宋废帝景平元年（四二三年）秋，罽宾沙门佛陀什到扬州。佛陀什为属于弥沙塞部（Mahīśāsahah）的出家人。因此道生与当时佛教界人士共请佛陀什到建康龙光寺译出该部的《五分律》。道生也参与译事，与沙门慧严共为译场之“笔受”（记录），并参与文字上的润色工作。到次年始告译成。此即今存《大正藏》内（第二十二册）之《弥沙塞部和醯五分律》。（三十卷）这部《五分律》，东晋法显西行取经时，曾在师子国（锡兰）求得胡本。惜回国后，未及译出而法显即去世。法显此一愿望，终在刘宋初，由道生与佛陀什等人完成。

这时候，道生的声誉已经确立。宋文帝对他即深为赞赏。王公大臣如王弘、范泰、谢灵运、颜延之等人，对他也相当推服。一般而言，以学问、思想为主要生活内容的人，其生活形态总是较为平静而少波浪的。因此，从长安回来以后的二十年间，道生的事迹甚少为后代史家所记载。大约在这二十年间，其生活内容总不外乎研学、修持与著书立说吧？然而，有两件并不是以道生为主角的小事，颇可以看出其人的性向与风格。因此，值得在这儿稍加叙述。

第一件是建康祇洹寺的踞食之争。宋武帝永初二年（四二〇年），车骑将军范泰在京师建立祇洹寺。以名僧慧义经始其事。日后西域名僧来京师时，多投止该寺。因此，该寺乃成为京师佛教界译经与传授禅法的中心。由于该寺住有外国沙门及中国僧众，因此僧众吃饭时的姿势，有人用印度式的踞坐（或称偏坐、踞食）；有人则采中国式的方坐。范泰既为该寺的大护法，他认为一寺之中，用餐时有两种坐法，实在有违“和合僧团”之本意。因此乃建议该寺一律采用中国式的方坐。然而对于这一建议，该寺慧义以下的五十寺僧则并不赞成。并举出僧祇律为证，谓偏食踞坐之法自有所本。这事在当时朝野佛教信徒中，也算是一件热门的话题（《弘明集》卷十二收有有关此事的七篇文章）。而且范泰还为该事上书给文帝及满朝公卿，以求公断。当时名僧如慧观、慧义等人都坚持踞食而不肯改。但道生本人则赞成改成方坐。

第二件事是有关“过午不食”的问题。过午不食是印度佛教徒相当重视的习惯。在道生当世，中国出家人也恪守此制。有一次，宋文帝设宴款待京师名僧。由于进食时间稍晚，因此，僧家颇为超过时限而进食一事感到焦虑。因为如果不吃，会得罪皇帝。而吃了，又怕违犯僧法。当时道生看到大众犹疑不决，乃公开宣称道：“白日丽天，天言始中，何得非中？”话说完，即率先取钵食用。于是当时僧众，才敢放胆地跟着进食。

从这两件事例，可以看出道生绝不是那种死守戒律、不知变通的保守者。很明显地，他是一个重视精神更甚于形式的出家人。踞食是印度传来的习惯，过午不食又是印度佛教极其重视的规矩，然而，却与中国人的生活习惯不合。这便牵涉到外国传来的佛教是否须要中国化的问题。慧义、慧观以及那些过午而不敢就食的僧众属于保守派。他们认为既然身为佛教徒，就应该完全信守佛教的规矩。任何改革，都是对佛教之不虔诚的冒犯。至于道生，当然不是这种不知通权达变的迂执之徒。他知道外在形式与规矩只是随时地而施设的方便法门。佛法的精髓绝不是一味地死守外在形式。如果不合佛陀教法的精神，则经论尚且可以不必全信，何况是持午与踞食？从这两件事，大略可以看出道生的性格。不过，要观察其人思想的真正精华，则必须注目在其一系列的新学说上，此即所谓“顿悟成佛”、“善不受报”、“佛性当有”、“法身无色”、“佛无净土”等论。这些理论，在当时只要任揭一说，都足以名家，更何况兼容并蓄？而其中最引起时人侧目、而终使道生遭受僧界排摈的理论，则是其所主张的“阐提亦有佛性”之说。

东晋义熙十四年（四一八年），印度禅师佛陀跋陀罗（觉贤）在建业道场寺译出《大般泥洹经》六卷。此六卷本《泥洹经》原文为东晋名僧法显自印度所取回。约相当于稍后昙无谶所译《大般涅槃经》的初分前五品。大乘涅槃诸经的内容，虽然也以释迦牟尼涅槃一事为主要情节，但其所含佛学思想，则以“佛性”观念为中心。依照我国现代高僧印顺法师之分类，此经思想属于印度大乘三系中的真常唯心系。这一系思想较接近印度教而却最契合中国人的心态。但是该经所宣说的众生具有佛性一事，依前后期之译本而有不同。法显所携回的六卷本，（《大正藏》第十二册）固然也在多处宣说一切众生皆有佛性，将来都有成佛的可能，然而却也认为有一种贪欲极盛、断绝善根的极恶众生——一阐提（Icchnñntika’）是例外。该经认为一阐提辈众生没有成佛的菩提因，就像植物种子已被熬成干焦状态一样，“虽复时雨百千万劫，不能令生。一阐提辈，亦复如是”。即使以该经所宣说之大乘法门的极大效力，对此辈“永离菩提因缘功德”者也无法可施（见该经卷六《问菩萨品》）。

道生对六卷本《泥洹经》这种说法当然是不满的。他是一个能“洞人幽微”“孤明先发”的大思想家。依照他对真常唯心系佛法的体悟，佛性思想必不至于有此缺失。大乘佛教的大悲（Mahākarunā）精神亦不至于排除阐提成佛的可能性。依循其所领悟的理境，他发现一阐提人必有佛性。久而久之，亦必能成佛。因为经文既然明说“众生皆有佛性”，则一阐提固然极恶，而仍亦是众生，并非草木瓦石。因此其佛性只是为惑恶诸业隐蔽得较一般众生严重而已，久久劫后，实亦仍有成佛的可能。如果说这种众生就不能成佛，这是不了义的说法。道生是一个具有“依法不依人，依了义不依不了义”之气魄的沙门，当然他敢冒大不韪地与六卷本《泥洹经》唱反调。

从印度原始佛教初期以来，佛教教团即不时有相互对立的两派思想存在。释迦时期，保守苦行的大迦叶即与热情、温和的阿难不协调。小乘佛教时代，固然部派纷纭，达十余种之多，然大别之，仍可分为保守的上座系与开明的大众系两大派。而到后代演变成大小乘之分流，则尤为显例。道生当时的中国佛教界，也不例外。此从踞食与过午不食二事之争，即可窥见端倪。就此二事为例，道生可被视为当时进步、开明一系的代表；而慧观、慧义诸僧则属保守派。

就思想形态言，保守佛徒较拘泥于有形的根据，一切思想行为概以经文戒本与印度传来的制度为准绳。开明佛徒则较为活泼而不拘执。他们注重的是佛法的真精神。以经典为例，保守者是必定恪守经文所说，绝对不敢丝毫违背。而开明者则必视其是否究竟了义，然后决定其信仰的程度。本来，如果所有佛经确是佛陀说法的直接记录，则对佛教圣典的信仰，当较不致发生问题。可惜，后人所读的佛经并不如此单纯。其发展流衍以至于译为中文佛典，是有一段曲折的历史过程的。所以，后世中国人所读的经典，完全合乎佛陀教法的固然相当多，但不了义经也不在少数。

导致如此的原因相当复杂，但粗略地说，有两项原因是很明显地。其一，佛陀在世时的说法，并没有被任何弟子用文字记录下来。当时听法的佛徒都只是凭记忆加以背诵而已。并且也用背诵方式传授给次一代弟子。即使佛陀去世后的结集（Samgīti），也并非如今日之编集成书。究其实，只不过是召开僧伽大会以审定各派所传经律之正误而已。既然没有成文的标准，各人凭记忆而传授，久而久之，当然与他派所传会有出入。经文之可能有错或不完全，是可以想见的。不了义经的产生这是其中原因之一。其二，在译成中文时，有时是所据原本有问题，有时是由西域语文间接传译，因此同一本经书，文字上常有或大或小的出入。有时又为了要迁就中文的行文习惯，以及迁就中国人的民族性、思考方式，或其他种种翻译本身所产生的原因，都会造成经文的误译或不完全。这也是可能产生不了义经的原因。

在道生当时，能了解这种佛经之发展与传译原委的僧人并不多。加上当时中国佛教在思想上的基础还未奠定，因此佛教界多的是泥执经文的“守文之徒”。很少人能像道生一样以高深的智慧，及批判式态度去领会佛书。因此之故，佛教界的信仰风气，往往随着当时所传译的经典而转移。由汉末以迄东晋末期，般若经典大量传译，于是佛学界乃有专研该系思想的六家七宗产生。等到小乘说一切有部大师僧伽提婆到中国传译小乘佛典时，有不少人又一窝蜂地相信该系经论，并进而诋毁般若系等大乘经书。在法显携回大乘《泥洹经》时，佛性及法身常住等涅槃系思想，又成为一时显学。对这种信仰态度，当时已有人深致不满。《弘明集》（卷十二）载有范伯伦（泰）致生、观二法师书，即评斥此等态度为“无主于内，有闻辄变。譬之于射，后破夺先”。这种批评，真是一针见血之论。

在这种时代风气之下，具有杰出自家见地的道生，当然很容易与一般保守信徒发生冲突。在他提出善不受报、顿悟成佛、法身无色、佛无净土等新颖思想时，其显露之锋芒，已大遭时俗所忌。等到他明显地反对六卷本《泥洹经》之所说而提出“阐提可以成佛”的论调时，终于使那些保守派僧徒忍不住而以卫道者的姿态群起而攻。以名僧慧观为首的京师僧团，对道生采取了一项相当严厉的处罚：他们把道生排摈了。这事发生的时间，大约在元嘉五、六年（四二八—九年）间。

“摈”，是佛教僧团对恶比丘的处罚方式。随情节不同，而有摈出、默摈、灭摈三种。道生所受的是“摈出”之罚。所谓“摈出”，是集合僧众，举行羯磨法，公开宣布某一比丘的罪行。然后将该比丘排出本处僧团。羯磨法是古代佛教僧团中的一种极具民主精神的处事方式。即对于僧团事务的处理，皆由僧众召开会议来决定。对于一般性的事务，通常是召集僧众，宣告事情的原委（白）之后，再陈述处理的方式，以征求大众的同意（羯磨），这叫做“白二羯磨”。至于对重要法务或僧事的决定，除了表白（一次）其事原委之外，必须三次征询大众对该事的处理意见，这叫做“白四羯磨”。此犹如今日议会上对某一法案的“三读通过”之程序。“摈出”之罚的决定，属于重要僧事，必须举行白四羯磨。道生就是在当时建康僧众所举行的羯磨法中，当众被摈出当地僧团的。

从后代人的眼光看，慧观等保守佛徒是迂腐而固陋的，是幼稚的。而道生的遭遇则极值同情。然而，在同情道生之余，对于那些保守佛徒的护教热忱，实在不能一笔抹杀。世界上的任何高级宗教，往往是由这种热忱促使茁壮成长的。慧观等人并没有错，勉强要追究“责任”的话，是他们没有像道生那种超越时代的先觉智慧。六卷本《泥洹经》内明白记载着阐提无佛性的语句，而道生偏偏唱出异说。因此，身为维持佛法的僧宝，自是不能让这种忽视圣言量（佛经）的“珍怪之辞”向各地蔓延。他们之中当然没有人能预料到在后来的大本《涅槃经》中，会有支持道生言论的语句。时代的先知先觉者，往往是无法获得时俗的了解的。道生的言论被视为“背经邪说”，而引起时众的“讥愤”，终于被逐出僧团。这真是身为超越时代的大思想家的悲哀。

在排摈道生的羯磨大会中，道生并没有屈服。他在大众中严肃地宣称：“若我所说，反于经义者，请于现身即表厉疾。若与实相不相违背者，愿舍寿之时，据狮子座。”这是中印佛教徒所常见的誓愿，不必据此即斥其为迷信。重要的是，从其所说的语气中，可以看出他对其“阐提有佛性”的说法是多么自信。其“依法不依人，依了义不依不了义”的气魄是何等的难得。

在羯磨会后，道生立即离开建康，入住虎丘山（在今江苏吴县西北）。当时道生并不是完全没有信众。在虎丘山，“旬日之中，学徒数百”。可见崇拜“英雄”的人仍然很多。由于道生被摈一事，含有被冤屈的壮烈情节，因此后世生起了不少与他有关的传说。道生离开建康那年，他原来所住的青园寺大殿曾遭雷震。当时有人看到龙升天上的奇景。因此人们就联想到“龙既已去，（道）生必行矣”。据说青园寺之改名为龙光寺，就是因此而来的。还有，后世颇为流行的“生公说法，顽石点头”的故事，相传即发生在他隐居虎丘山的时候。据说道生入该山后，曾“聚石为徒，讲《涅槃经》”。讲到“阐提有佛性”时，曾问那些石头这种思想是否合乎佛法，据说“群石皆为点头”。这故事在《出三藏记集》、《高僧传》及慧琳的《竺道生法师诔》文内都未记载，而宋朝志盘的《佛祖统纪》（卷三十六）则叙述其事，可见这是后起的传说。

住虎丘山不久，于宋文帝元嘉七年（四三〇年），道生转往庐山，住西林寺。在该地，道生也颇受到僧众的敬服。不久，昙无谶所主译的大本《涅槃经》传到建康，并辗转送入匡庐。该经内曾有阐提也有佛性、也可以成佛的明白记载。如卷五《如来性品》：“是人（阐提）若于佛正法中，心得净信，尔时便灭一阐提。……于一阐提犯重禁者，灭此罪已，则得成佛。”卷二十二《高贵德王菩萨品》也明载“犯四重罪、谤方等经、作五逆罪及一阐提，悉有佛性”。这种晚来的经证，不惟给道生以适时的安慰，更予道生的追随者以莫大的鼓舞。因此他们随即请道生在庐山开讲该经。

大本《涅槃经》的南传，使道生洗刷了“背经邪说”的冤名。也使他的声誉反而更为响亮，而涅槃佛性的学说也因此而更为时人所热中。隐遁庐山的道生，即使有大本《涅槃》做弘法的依据，他却没有回到建康向排摈他的僧众“雪耻”的意图。这种风度，也是凡夫俗子所不及的。现在欠缺的只是能否完成他那“舍寿之时，据狮子座”的誓愿了。元嘉十一年（四三四年），他应邀在庐山升座讲经，“神色开朗，德音俊发。论议数番，穷理尽妙。观听之众，莫不悟悦”。在这种法喜充满的情景下，谁也没料到会猝然发生变故。在讲经法会即将结束之时，他手上所拿的拂尘忽然掉下。就像入定一样，他端坐在“狮子座”上圆寂了。信众们把他的遗体埋葬在庐山上。

道生一生，虽然为保守派佛徒所不喜，但当时有两位名人则对他颇为推崇。一位是与陶渊明、颜延之齐名的谢灵运，一位是被后世佛徒称为黑衣宰相的沙门慧琳。谢灵运是道生“顿悟说”最热心的阐述者。其所撰《辩宗论》（《广弘明集》卷十八）是现代人研究道生思想的重要史料。慧琳是宋文帝时名僧道渊的弟子。他是拥护“阐提成佛说”，而且对于道生的被摈相当同情的出家人。道生死时，慧琳曾撰诔文追悼。（《广弘明集》卷二十三）这两位同情道生的人，有几个共同的特点：他们都信仰佛教，但后世佛教史籍对他们都未有佳评。尤其慧琳曾撰《白黑论》（又称《均善论》）批评佛法，当时即被认为是“叛教毁佛”，且几乎遭到排摈。此外，他们又都是才华卓越、而恃才傲物的名士型人物。一个轻忽礼教，一个不守佛门规矩。虽然在思想境界与操守上，他们与道生所持有相当大的距离，但是在“才华横溢”与“对传统的反抗性”二点，与道生却有几分相似。这该就是他们对道生的遭遇及思想相当同情的原因吧？

道生去世后，有不少人对他的风范及思想相当怀念。宋文帝即曾下诏寻觅能讲述道生顿悟学说的人。当时沙门法瑗被找来担任此事。在宣讲过后，朝臣何尚之曾感叹道：“常谓生公殁后，微言永绝。今日复闻象外之谈，可谓天未丧斯文也。”法瑗原是道生顿悟说的主要对手——道场寺慧观的门人。慧观虽然曾与道生同学于鸠摩罗什处，但却是当时持渐悟论一派的代表，在各方面都与道生持相反的论调。想不到其弟子却是道生学说的最佳阐述者。

道生的弟子杰出的并不多。知名者有道猷、僧瑾两人。道猷在其师去世后，隐居于临川郡山。当时《胜鬘经》译本新出，道猷披阅过后，发觉该经经义，与其师道生昔所阐述者相同，遂为该经作注。《胜鬘经》也是真常唯心系的要典，道生是我国真常唯心系思想的第一位法将，其思想与之暗合，自是不足为怪。稍后，宋文帝曾延请道猷入京，以申说道生之顿悟思想。孝武帝时也对他颇为敬重，曾敕住新安寺，为镇寺法主。当时道猷被认为是最能继承师门思想的人。孝武帝对他曾如此地赞美着："生公孤清绝照，猷公直峦独上。可谓克明师匠，无忝徽音。"

道生的另一知名弟子为僧瑾，其人在佛学上的素养虽然不及道猷，但显赫则过之。宋明帝时曾任天下僧主，以掌理全国僧务，为当时僧官之最受帝王礼遇者。

当时的佛教思想界，能阐述道生学说的人并不多，而且反对派的势力也相当大。据《高僧传》载宋文帝曾对僧众宣说道生的顿悟大义，而遭到僧弼等人的驳难。当时文帝曾说："若使逝者可兴，岂为诸君所屈？"以帝王之尊而提倡顿悟思想，一时居然无法找到反驳对方难破的人，可见其时渐悟说仍较顿悟说风行。依《高僧传》所收，道生顿悟说的追随者除了其弟子外，另有宝林、法宝师徒两人，除此之外，则未见有其他名僧。超越时代太甚的人，往往难以获得同时代的普遍共鸣，道生便是如此。

二、著述及学说

依据现存《出三藏记集》、《高僧传》等书记载，道生除了曾助佛陀什译《五分律》，另外还有不少著述。可惜的是，原著绝大部分都散佚了。今人虽然知道他所撰书、文的十余种标题，却只能读到其中的一种原著，及其答友人问之书信一文。其余诸书、文内容都只零散地分布在其他书中。有些是零星语句，有些则是他人所叙述的大义。

道生的著述，大体可分为两类。一类是佛经义疏，有《维摩经义疏》、《妙法莲华经疏》、《泥洹经义疏》、《小品经义疏》等四部。其中仅《妙法莲华经疏》尚存，（收在《卍续藏》一五〇册）其余均佚。但是在今传僧肇的《注维摩诘经》（《大正藏》三八册）及道掖的《净名经集解关中疏》（敦煌本。现收在《大正藏》八五册）两书中，散载着不少道生对该经的注疏。按道生对《维摩经》颇有新见。其注该经，事在僧肇之后，然道生"更发深旨，显畅新异。讲学之匠，咸共宪章"，（《出三藏记集》卷十五）可见当时已颇为时人所称道。而且道生思想，受该经之启发极大。因此，欲研究其人学说，则对其《维摩经注》之现存者，决不可忽略。近人李证刚先生撰《维摩诘经集注》，收辑古代七家注而加以排比。

上述两家皆包含在内。因此道生之《维摩经》注文，也可在此书中觅得。此外，今存之《大般涅槃经集解》（《大正藏》三七册）亦散载有道生对该经之注疏，亦甚重要。

道生著述的另一类是佛教哲学论文。此即《善不受报论》、《佛无净土论》、《应有缘论》、《顿悟成佛论》、《佛性当有论》、《法身无色论》、《二谛论》等七部。（见《大唐内典录》卷四）这些佛学论文，迄今也无一幸存。此外，据《出三藏记集》所载，道生另有《涅槃三十六问》，《释八住初心欲取泥洹义》，《辩佛性义》等三篇，今亦全佚。《广弘明集》内载有竺道生《答王（休之）问》一短文，为道生零篇著述之仅存者。

尽管道生的著作如此不完全，但今人仍可以从其现存的注疏文字及他人著作的征引与阐述中，得以窥见其主要学说大略。其本人著述之尚存者，已如前述。至于外人著作之征引或阐述道生学说者，以晋·慧达《肇论疏》（卷上）、刘宋·谢灵运《辨宗论》、南齐·刘虬《无量义经序》、梁·宝亮等人之《大般涅槃经集解》、隋·硕法师《三论游意义》、唐·吉藏《大乘玄论》、唐·均正《四论玄义》等书（文）为最重要。兹依照此上所述之诸资料，参以近人研究成果，略述道生之主要学说如次：

1. 佛性思想与阐提有佛性之说

在印度大乘佛教经论中，有一系思想特别强调众生生命中本来具有的真实常住之精神主体。这精神主体或称如来藏，或称常住真心、自性清净心。这是众生轮回或解脱的根本依据。这一系思想，今人印顺法师判之为真常唯心系。此如《法鼓经》、《胜鬘夫人经》、《楞严经》、《涅槃经》、《起信论》等书的主要思想都是。这一系所强调之成凡成圣的心体，又称为佛性。这佛性思想在东晋以前传译的中文佛书中皆未提及。在当时的中国佛学界，也未见有人提倡此义。虽然相传庐山慧远有与此相类似的“法性不变”的思想，罗什似亦有佛性学说，但都暗昧不彰，并未成为明朗的思潮。一直到道生提倡过后，才成为一时显学。

按原始及小乘佛教教义的主流，以“无我”为要义。而流行于魏晋时期的般若系经典，只重视否定式的遮拨我法二执，都没有明显地说出众生成凡成圣的生命主体。道生则为此作进一步的阐扬。在其《维摩经》注中，即特别拈出“佛性我”的观念来。他说，经文所说的“无我”，只是说“本无死生中我”，并不是说没有佛性我。这“佛性我”是众生所具的真正本性。是佛陀及众生各具的“真我”。“真我”是本来具有，现现成成的。而众生所以不悟此理而流转生死，实在是由于为封惑所限而迷执非法的缘故。如果能够将迷执的垢障消除，则本来具有的“佛知见”（佛性的作用）自然显现，而与佛完全平等。既然扫除垢障即将显现佛性，可见这佛性并不是离开众生的凡俗生命而另外存在。凡俗的流转生死，与涅槃成圣是同一主体的。所以，要求悟道，不可离开本身生命而别有他求。道生《维摩经注》即云：“夫大乘之悟，本不近舍生死，远更求之也。”这种说法，正是日后大乘佛教所常讲的“烦恼即菩提”的道理。

一阐提有无佛性的问题，是道生遭受排摈的主要原因。在法显所携回的六卷本《泥洹经》里，曾如此地主张，该经以为众生皆有佛性，皆能成佛。但是众生中，一类贪欲、恶性最重大的阐提则无成佛的可能。关于道生对这一问题的态度，本文前已大略述及，兹再稍事推演如次：

道生论证的主要内容是这样的：凡是有情识的生命体，都具有佛性。这佛性是涅槃成佛的“正因”。具有这“正因”的众生，即使是在六道轮回中流转生死，也只是生命体暂时迷惑的结果，并不是永恒地沉沦。如果外缘具足，对生命的真理，有一透彻的开悟时，则迷惑自然能够消除而告成佛。一阐提既然是众生中的一类，是有情识的生命体，当然也具有涅槃的“正因”，不能有例外。否则就成为草木瓦石而不是众生了。因此，道生以为六卷本《泥洹经》所说，当是传翻不完全的不了义说法。

2. 顿悟成佛

顿悟说是道生思想中极重要的一项，对后代的影响最大，在当时所引起的反响也最多。但严格地说，此一问题并非哲学问题。它是有关佛教修行时之证悟境界的讨论，纯粹是宗教内部的问题。如果以治西洋哲学的眼光来看，则对该一理论当全无置喙的余地。

印度佛教曾为修行者的阶次，建构一套极其严密的系统。单以修行的果位而言，小乘即有四果。每一果都各有一定的境界与特色。譬如初果断见惑，初入圣位。二果断欲界修惑前六品。三果再断修惑后三品。四果断尽见思惑，而成阿罗汉，永入涅槃。由不同层次的证悟与修行而有不同的结果。至于大乘佛教更是复杂，进入圣位以前，有十住、十行、十回向等长久而复杂的预备功夫。而已成法身菩萨的圣位，则又分为十地。这十地的境界，也是依各地之不同而层层增高。依照传统的讲法，这大小乘的各个果位，当然有各个不同的证悟程度。阿罗汉之所以为阿罗汉，就是他能彻底悟到四谛（苦集灭道）之理。同样的，辟支佛也是因为悟到十二因缘才成为“独觉”。而大乘十地，也因为证悟层次之浅深不同，而有互异的成果。

在东晋时，《华严经》十地品的各种同本异译陆续地出现，该品所说的主要内容，即有关大乘菩萨的十地问题。依该书所显示，这十地之中，有三地特别重要。初地（欢喜地）为进入圣位的开始。七位（远行地）可证得无生法忍。十地（法云地）得大法身。十地终了，即是成佛。

在道生以前，东晋清谈名僧支道林曾提倡顿悟说。他以为菩萨在进入第七地以后，对于无生无灭的真如理体既然已经彻底了悟（得无生法忍），因此其所悟的境界实与佛陀没有差别。也就是说，他已经悟到了真如实相的全体真理。若单就这种认识上的般若智慧与所体悟的真理境界说，七地菩萨已经与佛陀完全相同。至于所以要再经历三地始能成佛的原因，是由于修证功夫还未圆满的缘故。因此，支道林主张修行者的顿悟，即在七地。东晋南北朝之间，与支道林这种看法相同的，另有道安、慧远、僧肇等人。后人称他们这种主张为“小顿悟”。这名称是相对于道生的“大顿悟”而起的。

道生的顿悟说，主要的针砭对象本是渐悟论者，而旁及支道林等小顿悟家。他以为真如实相的理体，是一种浑全而不可分割的境界（理不可分）。而修行者的开悟，实即众生本具之佛性的全幅展露。其境界就像明镜之映照物体一般。就修行者的心态而言，已悟与未悟，犹如一物之正反面，永远只有两种可能性。如果不是已悟，则必是未悟。绝不能如渐悟论者所说的可以分成多数层次。至于小乘的四果、大乘的十地，都是修行者依照佛教经论循序渐进所作的修行过程。即使境界有高低的不同，也只是由信仰与修持得来的。并不是真正的开悟。道生把这种理解境界叫做“闻解”。闻解所得的境界，并非自我的彻悟。真正的自我证悟叫做“见解”。这两种境界是绝对不同的。闻解只是渐修的过程，虽然修行者必须经历这过程才有真正证悟的一天，但“过程”却与“目的地”迥然有别。佛陀之所以要提出十地四果等阶次，也不过是要修行者借着这阶次自强不息地做渐修功夫而已，并不是真把开悟的境界分成好多层次。开悟是众生本具之佛性的显露。这佛性一显露就是全幅的显露，绝不能分段或分期。因为见性就是成佛，未成佛就是未见性。未见性时的各阶次，都是渐修的阶次，与成佛的境界完全不同。所以，就认识主体言，只有成佛时才能叫做“悟”。

既然道生以为十地四果都只是佛陀所开示的方便法门，则支道林等小顿悟家所倡之“七地顿悟”的理论，他当然也不能同意。道生以为从凡夫的流转生死，一直到十地菩萨，都如大梦一般。都尚未证得无生法忍。所谓得无生法忍，便是“以不二之悟，符彼不分之理”。悟与理的冥合无间，是必须有修证功夫相与配合的。有极致的渐修，才能产生顿悟的“极慧”。顿悟之后，才是成佛。因此，即使是十地菩萨，也不过是渐修功夫的极致而已，并未顿悟。因为这时修证的功夫与能证的道慧，并未能和合为一。体与用是不能分离的，因此，小顿悟师以为顿悟（七地）之后，还有三个阶次的修行功夫才能成佛，这是把修证与道慧、体与用各分成两截。这是道生所不能赞同的。

3. 法身无色、佛无净土、善不受报

道生的很多理论，往往是站在第一义谛上立言。因此，所说常与随顺世谛流布之方便权巧说法不太一样。佛教的很多理论之所以貌似相互冲突，往往是由于立场或角度不同所致。以解脱者的眼光去说法、与以世俗人的立场去说法，其所说内容往往是不一致的。本节所述道生的思想，即系他依解脱者的眼光（即第一义谛）来衡量的结论。

"法身无色"是道生论述佛陀真身的理论。一般人常以人的相貌来揣度佛陀。实则历史上示现的释迦牟尼，固然也确具有与常人相同的肉身，但肉身并不是佛陀的真身。事实上，佛陀的真身，应是法身。法身固然也是一种生命主体，但却是一种超越时空、不受现象界律则支配的法体。这种法体当然与由各种生理元素组成的肉体完全不同。所以，要认识真正的"佛"，不可以从"人身"上去认识。如果以为释迦的肉身即是真佛，那是弃佛陀的精华而取其糟粕。因为即使是佛陀，其肉身仍然是色法（物质），仍然受因缘律则的支配。这肉身仍然逃不过生老病死的折磨。而佛陀的法身必不致如此。所以，就第一义谛立言，佛陀的身相，绝不是色法。

如果就般若（性空）系经典的思想体系来衡量，道生这种见解并不足为奇。《金刚经》不是明白地说过吗："不可以身相得见如来。""凡所有相皆是虚妄。若见诸相非相，即见如来。"而道生曾为作注的《维摩诘经》也说："（如来）非四大起，同于虚

空。”（见《阿閦佛品》）

然而，前面已经说过，道生的主要思想应该属于与般若（性空）系相冲突的真常唯心系。真常系经典除了肯定“众生皆有佛性”、“如来常住不变”等说外，对于佛身，是主张有色有相的。此一系经典如《法鼓经》等即常对如来（佛陀）法身的“相好庄严”加以形容。甚至于明说“解脱有色”、“妙色湛然住”，（《大法鼓经》卷上）因此，在“法身有色无色”一问题上，道生是与其所属之真常系思想不合的。揆其所以如此，当系受鸠摩罗什影响之故。道生曾到长安师事罗什。并曾为罗什所译的《维摩诘经》作注。此外，《金刚经》之译为中文，也出自罗什之手。因此，道生“法身无色”的思想渊源，当与关中罗什师资颇有关系。

“佛无净土”的说法，与“法身无色”思想有连锁关系，也是就第一义谛立言。如前所述，就主体言，佛陀的法身不是色法，并不是经验世界的存在。同理，就客体言，一切佛陀的化土也都是如此。以解脱者的心境来看，根本无任何有形的化土存在。至于经论中所常说的“佛有净土”之句，是为了接引众生而设的方便法门，并不是第一义谛。而“善不受报”之说，也是彻究理体的胜义说法。大体是说，就第一义谛以观，一切功德利益、报应等都是虚幻不实的。因此行善修禅者如果贪执福报，则不惟在实际上无报可受，而且也会堕入迷妄之惑业中。

关于道生的理论，所能叙述的大抵仅此而已。其他如“二谛论”等学说，不只其本文已佚，即使后人间接引述的第二手资料，现在都难以觅得。纵有，也只是吉光片羽，少数几句而已，很难据以论述其中大义。因此，此处从略。

三、风格及影响

汤用彤先生在其《汉魏两晋南北朝佛教史》(第十六章)中曾谓:“竺道生者,其四依菩萨欤!”这种形容,可说甚为恰当。“四依”是《维摩诘经》法供养品中所提出的四种观念。这四种观念最能凸显大乘佛教的基本精神。对这四依法,道生在该经注中所加上的疏释,也颇能显现其人的奉佛态度。他注“依义不依语”句时云:“不复逐语取相,而昧其理也。”注“依了义经,不依不了义经”句时云:“辨理者为了义经也。虽曰巧辞而无理者,为不了义经也。”这些经注,正是他敢大胆地怀疑六卷本《泥洹经》的心理基础。在注“依智不依识”句时,他说:“若识以着为情,智以达理为用。终不复从识乖智也。”注“依法不依人”句时又谓:“苟曰有法,不遗下贱(之人)。若无法者,虽复极贵(之人),亦不从之。”这种观念,也正是他在遭受排摈时,能大无畏地不为僧团所屈的心理背景。这真是思想与行为能完全一致的标准处世态度。千余年来,佛教徒何止千万,而真能像道生这么善学大乘法门的,却又能有几人?

道生学说的第一件大影响,是促使当时及稍后的南中国,造成研究《涅槃经》的风气。大本《涅槃经》尚未南传时,他的学说使他遭受排摈。而后来的经文又证实他的思想正确无讹。这种戏剧性的情节，在佛学界自然就引起研究《涅槃经》的热潮。加上其所撰《涅槃经疏》又是江南佛学界疏释该经的滥觞。因此，稍后南中国的涅槃学界中，有一大系统即是直接或间接承受道生的影响而有的，譬如涅槃学者宝林、道猷、僧瑾、法瑗等人，即都是个中名匠。

道生思想对后世禅宗（南宗禅）的影响，每为治佛教史者所乐道。实则二者的关系相同处固多，而歧异处亦非完全没有。实不能一味含混地附会。而且，从达摩以迄六祖慧能的禅宗师承中，我们也很难找出其与道生思想之显明的连锁。后代人之所以将道生与禅宗连缀在一起，恐怕是看了字同义不同的“顿悟成佛”四个字所起的联想吧？兹将二家思想的同与异，厘清如次。

就相同处来说，道生与禅宗的思想基础，都属于真常唯心论，都强调众生本具的佛性。而且，也都曾受般若系之性空、否定式思想（如《金刚经》）的洗礼。在思想立足点上，道生持论多就第一义谛立言，因此所说常与世俗佛徒所习知者不同。而禅宗在接引学人时，所用违反常情的方式，也常为教下诸宗佛徒所不满。譬如其呵佛骂祖之态度，反对打坐的精神，公案、机锋语所蕴含的内在用意等，都反映出其所以与他宗不同，实系立足于第一义谛的缘故。

此外，道生曾受《维摩诘经》之内容相当大的影响。而禅宗宗风与该经之精神也极为相似。该经所显现的几项特殊风格，如不拘传统佛教之形式、生活即菩提以及四依精神等，也都是禅宗的重要特征。因此，我们也可以说，《维摩诘经》也是道生与禅宗的共同思想根源。

道生与禅宗思想的歧异处，也有颇值论述的。从形态上看，道生虽是个以修行为业的比丘，但重视慧解，毕生注意经论义理的研究，所显现的“学者”成分相当浓厚。而禅宗标榜的是“不立文字，教外别传”。最反对的便是不急求见性，而只一味研学的“知解宗徒”。所以，如果道生其人被后世禅宗祖师遇到，恐怕难逃棒喝的教训，是绝不会被引为同路人的。《景德传灯录》（卷二十八）中，即曾载汾州大达无业禅师批评道生等人的语句。他说：“若不会道及祖师来意，论什么生、肇、融、叡。”又说：“如彼生公，何足为羡？与道全远。”这种批评，明显地划分出禅宗与道生在形态上的基本差异。

至于二家所持的“顿悟成佛”说，禅宗的看法，也与道生有相当重大的差别。如前所述，道生之此一理论，主旨在强调成佛时之境界，与顿悟之道慧必须冥合一致，亦即只有成佛时之悟，才是顿悟。七地菩萨及小乘四果的境界，都只是渐修的不同阶次。并不是自我的真悟。道生之此一主张，绝无反对渐修的意思。他是主张成佛必须依靠信仰与渐修的。换句话说，他的主张是：先须渐修，最后始能顿悟成佛。而且，顿悟之时，一定是在成佛之时。

然而，禅宗固然最重顿悟，并以之为见性成佛的必经之途。但是他们所说的悟，其实所强调是“见到了本具佛性”之一事而已。并不即真正自许为已经成佛。此从慧能以下诸师的事例也可以推知。依禅宗史籍所载，慧能及其法子法孙中，曾开悟见性的人，为数甚多。但是，包括禅宗的各位祖师在内，却没有人宣称其本人已经成佛。因此，禅宗的顿悟，在道生心目中，也不过是渐修的一个过程而已。

因为禅宗的悟，并不是真正成佛，所以，在“悟”过之后，仍然需要渐修。禅宗要典，《菩提达摩南宗定是非论》（敦煌本）一书中，曾明白指出：“夫学道者须顿见佛性，渐修因缘。”并且以为“顿悟”就像母亲顿然生下孩子一般，而“渐修”则如生下婴儿之后的哺乳养育。这种“顿悟以后仍须渐修”的理论，显然与道生所说完全相反。而且，后世禅宗又有透三关之说。以为见性时，即是透初关。此后尚须透过两关，才能伏灭烦恼、任运自如。这种将开悟分为三个阶段的“分段开悟”主张，也正是道生所要反对的。由此可见，二家的顿悟说，实在有截然不同的内容，是不可以轻率混同的。

至于我国佛教的其他宗派中，接受道生思想最多的，当是天台宗。天台宗曾将南朝的涅槃佛性学说融入本宗之理论体系内。而道生思想则是该一涅槃佛性思潮的主流。其相互关系，由此可以想见。道生倡众生皆有佛性，以为阐提可能成佛，并认为小乘四果不在顿悟之列，凡此都为天台宗接受为理论基础。此外，道生曾为《法华经》撰注疏。而该经则为天台宗立宗之根本。因此，天台宗虽然自有其严密繁杂的思想系统，但是道生的学说，却不能不算是该宗教义的部分渊源。

平心而论，以道生的旷世卓见，其对历史所予的大影响，实不应仅此而已。而其佛教哲学论述之原著，到现代居然无一幸存。这是一件颇值后人思索的事实。如前所述，道生的立论，多就第一义谛立言，理论虽然扼要，但意境却甚为深奥，常人当然是不容易领会的。这在弘法的效果上，就犯了虽契真理、却不契根机的弊病。这就是其学说在当时被视为“珍怪之辞”的原因。而且，理境深奥难懂，终必造成曲高和寡的现象，而无法广泛地流传。

道生去世不久，宋文帝即不容易找到阐述其顿悟学说的人。此一事例，反映出道生思想本身所蕴含的局限性。在古代，具有这种特征的学说，对社会或历史所产生的影响力，自然不会与其价值平行。而在印刷工具未发达的当时，作品容易散失，自是不足为奇。近人章太炎曾说佛学是贵族之学。意谓佛理艰深，不易为大多数人所接受。道生的学说，也是如此。

然而，无论如何，道生都可算是中国思想史上有数的人物。如果说，僧肇是我国对印度佛学之第一个够水平的诠释者，则道生可说是第一位自成佛学思想体系的中国人。由于他的卓越创见，使中国佛教哲学的发展方向（真常论）于焉确立。印度传来的大小乘经论，也在道生之时，才开始成为中国的佛教哲学。

参考书目

《点头顽石话生公》，印顺撰，收在《佛教史地考论》一书中。作者自印本，一九七三年四月。台北，慧日讲堂代售。

《汉魏两晋南北朝佛教史》，汤用彤撰，台北，史学出版社影印本，一九七三年。本书第十六章为竺道生之专篇研究，为国人在同类著述中最权威、最完备者。

《中国哲学原论·原性》，唐君毅撰，香港，新亚研究所出版，一九六八年，第八章第一节。

《出三藏记集》，梁僧佑撰，收在《大正藏》第五十五册，台北，新文丰公司影印本，一九七五年。本书卷十五有《道生法师传》。

《高僧传》，梁慧皎撰，《大正藏》第五十册（版本同上）。本书卷七有《竺道生传》。

《广弘明集》，唐道宣撰，收在《大正藏》第五十二册（版本同上），本书卷二十三有慧琳撰《龙光寺竺道生法师诔》。

《大般涅槃经集解》，《大正藏》第三十七册（版本同上）。本书署名为梁·宝亮等集。内究实为多家《涅槃经》注疏之汇编。道生注疏，亦散载在本书内。

《维摩诘经集注》，李翔灼（证刚）校辑，章嘉大师办事处出版，一九六〇年。道生注亦散列在本书内。
《妙法莲华经疏》，道生撰，收在《影印日本续藏经》（即《卍续藏》）第一五〇册。香港影印续藏经委员会出版，一九七一年。
《道生の顿悟と华严思想の变貌》，鎌四茂雄《中国华严思想史の研究》其中一章。
澹思：《顿悟与渐悟》，一九六七年四月，《菩提树杂志》一七三期。
三桐慈海：《竺道生の思想》，《大谷学报》第四十六卷第一号。
张曼涛：《竺道生の涅盘思想》，《印度学佛教学税究》第十五卷第二号。
古田和弘：《竺道生の法身无色说》，《印度学佛教学研究》第十七卷第二号。
横超慧日：《竺道生撰法华经疏の研究》，《大谷大学研究年报》第五辑。

寇谦之

庄宏谊　著

目　录

一、前言

天师道于东汉顺帝（公元一三一—一四四年在位）时，为其教祖张道陵（三四—一五六年）在今四川省成都所成立。张道陵自称太上老君授予他“天师”的职位，由此世代相传。至其孙张鲁（？—二一六年），在巴蜀、汉中一带（今四川省）建立了前后约三十年的政教合一的政权。到了东汉献帝建安二十年(二一五年)，曹操（一五五—二二〇年）率兵攻打汉中，张鲁投降。曹操虽然优遇张鲁，封他为阆中侯，拜为镇南将军，他的五个儿子也一一被分封为侯。但为了防止张氏家族造反，曹操命令张氏迁移到邺城（今河北临漳），天师道的信徒也跟着大量地北迁，教门势力因此达到中原地区。张鲁于次年（二一六年）死于邺城，天师道失去了领导中心，但是天师道的干部，也就是教内的祭酒，仍继续吸收徒众，使得天师道的发展由南至北，在整个中国蔓延扩散开来。

从公元二世纪中叶到五世纪中叶，共三百多年间，中国境内诸民族互相长期征战，经历西晋、东晋、五胡十六国以至南北朝初期，在政权不断更替、社会动乱不安的时代，有些人假借天师道的名义发展自己的势力，起兵反抗当时的政权；有些人并不懂得道法，却因家族的关系担任祭酒，授人符箓，诈取钱财，败坏天师道本身的风气。再加上在此时期佛教的高僧辈出和经典陆续传入中国，吸收了大量的信徒，对中国本土的道教来说，造成了极大的威胁。无论是南方或北方的道教，已到了不得不改革其组织与教义以图谋发展的阶段。

这时，南方出现以陆修静（四〇六—四七七年）、陶弘景（四五六—五三六年）为中心，对道教的教义、组织及仪式加以改革和充实，使道教的内容更为丰富。在南方道教改革的同时，受异族统治的北方道教，也因应时代的巨变，提出了种种改革。对北方道教进行改革的主要推动者是北魏嵩山道士寇谦之（三六五—四四八年）。

寇谦之是当时北方道教的领袖，为了适应统治者鲜卑拓跋氏和汉人门阀士族的需要，他对汉代张道陵、张衡、张鲁祖孙三代所创建的天师道的教义进行改革，清整教团组织，成立了新天师道。并且实现了道教与政权的结合，使道教第一次成为国教，将道教的发展推到一高峰。他的道教改革活动略早于南方著名道士陆修静，在道教发展史上占有重要的地位。

二、传略

寇谦之（三六五—四四八年），原名谦，字辅真。他的祖籍为上谷昌平（今属北京），后迁居冯翊万年（今陕西临潼），是那时候北方的豪族大姓。他出生在中国四分五裂、社会动荡不安的时代。公元三一八年，琅琊王司马睿（三一八—三二二年在位）在建康（今南京）成立东晋王朝，从此偏安江南近百年。当时北方则由来自塞外的匈奴、鲜卑、羯、氐、羌等游牧民族割据占领，彼此相互混战。《北史》卷二十七记载：寇谦之的父亲寇修之，字延期，曾任前秦苻坚统治下的东莱（今山东龙口）太守。他的兄长寇赞，字奉国。在后秦姚泓被灭后（四一七年），秦、雍（今陕西省）地方人士千余家推寇赞为领袖，归降于北魏政权。魏明元帝（四一〇—四二三年在位）任命寇赞为河南郡太守，后来秦、雍人士因战乱流徙，南迁者达万户之多。明元帝不得不在洛阳侨设南雍州以安抚难民，升寇赞为南雍州刺史。据现代学者陈寅恪《天师道与滨海地域之关系》及《崔浩与寇谦之》两篇论文的研究，寇氏为秦、雍大族，世奉天师道。寇谦之的修道，无疑地是受到家庭环境的影响。

关于寇谦之的身世、修道、遇神人授书及成道后辅佐北魏太武帝为帝王之师的经历，在正史《魏书》卷一一四《释老志》中有一篇长达两千六百余言的完整描述。在道教方面，他的传记则收于南宋陈葆光编《三洞群仙录》卷二，以及元代赵道一编《历世真仙体道通鉴》卷二九之中。从上述这些书，我们可以见到：寇谦之从小就喜好仙道，有绝俗之志。他修习天师张鲁所传五斗米道的法术，并且服食饵药，但似乎没有得到很好的成果。他修道生涯的转折点，是在遇到仙人成公兴以后。据记载，由于寇谦之潜心慕道，他的虔诚感动了天上的神，而命成公兴下凡，引导他入山修炼。但是成公兴为了接引寇谦之入道，曾经历了一段曲折的故事。成公兴自天界下降人间后，先是在寇谦之的从母即姨妈家当长工。有一天，寇谦之拜访他的姨妈，看见成公兴身体强壮，工作效率很好，因此向姨妈要求把成公兴让给他。成公兴到了寇家以后，寇谦之叫他开垦家里南边的田地。寇谦之经常在一棵树下演算历数，成公兴时常跑来看他演算的情形。寇谦之不以为然地告诫他，叫他专心耕作就好，不要过来观看。但是每当寇谦之演算的时候，成公兴还是忍不住放下工作，过来观看。有一次寇谦之演算七曜（一种天文学上的推算方法），有些地方不了解，因而惘然若有所失。成公兴问他为什么闷闷不乐，寇谦之回答说，他学习算术已有多年，最近推算《周髀》（也是演算天文历数之书，今传有《周髀算经》）不合，因此而感到惭愧。成公兴于是叫寇谦之按照他的指示演算，一下子便推算出来了。从此以后，寇谦之对成公兴刮目相看，希望能拜成公兴为师。

成公兴利用寇谦之喜欢算术的机会，以解答算术难题的方式来接引寇谦之学道，实在是用心良苦。虽然寇谦之请求成公兴收他为徒弟，但是成公兴却坚持不肯，反而要求寇谦之收他为弟子。

从此以后，寇谦之与成公兴便由主与仆，改变为表面是师长实际是弟子的奇特关系。不久，成公兴对寇谦之说：“先生有意学道，是不是能与公兴隐遁？”寇谦之非常高兴地答应了。于是成公兴令寇谦之沐浴斋戒三天，一块儿遁入华山。他令寇谦之居住在一石室内，自己出去采药给与寇谦之。寇谦之吃了药后，从此不再感到饥饿。不久，成公兴就带寇谦之进入嵩山修炼。山上有三重石室，寇谦之住在第二重。有一天，成公兴告诉寇谦之说，他要外出，将会有人送药过来，叫寇谦之拿到药就吃下，不可怀疑。一会儿，果然有人送药来，都是些毒虫恶臭的东西。寇谦之看了非常恶心恐惧地逃走了。成公兴回来问寇谦之有关送药的事，当他知道寇谦之并没有吃药时，叹了一口气说：“先生没有得道成仙的缘分，只可以在政治上成为帝王之师而已。”成公兴服事寇谦之七年后尸解，寇谦之则继续留在嵩山，专心诚意地修炼，不敢懈怠。

《魏书·释老志》及道教传记的记载，显然添加了些神话夸诞的地方。仙人成公兴是寇谦之修炼成道的关键人物。在他们的笔下成公兴极为神奇，他死的时候，有童子二人前来，一持法服，一持钵及锡杖，成公兴起立着衣，持钵，执杖而离去。此外又说成公兴因为天上的馆舍被火焚毁七间，因而坐罪，被贬谪至人间服事寇谦之七年，弥补其罪过后仙去。关于他的事迹，清朝史学家钱大昕以为即是《魏书》卷九一《殷绍传》中出现的游遁大儒成公兴。这位成公兴曾教授殷绍九章算术，他的字为广明，是胶东人。陈寅恪认为钱大昕的看法是合理的，并且补充说明成公兴是佛教徒，擅长于印度的医学和算学。寇谦之向成公兴学道，乃是吸收外来文化以补充旧有道教的不足。寇谦之修道的华山、嵩山分别在今陕西和河南省境，都是道教的名山胜地，自公元二世纪的东汉、魏、晋以来即不断有著名道士入山修道，例如前秦道士王嘉在淝水之战以后曾移居嵩山。寇谦之早年入华山、嵩山修炼神仙方术，应是可信的事实。

寇谦之在嵩山苦修多年，自称曾两次得遇神仙并传授他天书。第一次是在北魏明元帝神瑞二年（四一五年），寇谦之五十一岁时。太上老君亲自降临嵩山，告诉他说："过去在辛亥年，嵩岳镇灵集仙宫主上表天曹，说是自从天师张道陵去世以来，人间缺乏天师，有心修善的人没有老师可以传授他们。嵩岳道士上谷人寇谦之，立身正直合理，行为合乎自然，才德能力符合规范，可以担任天师的职位。所以我特地来看你，授给你天师的职位，赐予你《云中音诵新科之诫》二十卷。"并且要他宣扬此经典，清整道教，除去三张伪法。此外，又命十二个人授他服气、导引的口诀与方法。第二次是在泰常八年（四二三年），寇谦之五十九岁时，太上老君的玄孙牧土上师李谱文降临嵩岳，赐给他太真太宝九州岛真师、治鬼师、治民师和继天师四个官录头衔，又授《天中三真太文录》，也号称《录图真经》，共六十余卷，用以劾召百神，传授弟子。并命令他奉持此经，辅佐北方泰平真君。

关于《云中音诵新科之诫》和《录图真经》两种经书的由来，《隋书》卷三五《经籍志》也有类似的记载：嵩山道士寇谦之，自云尝遇真人成公兴，后遇太上老君，授其为天师，并得赐《云中音诵新科之诫》二十卷。之后，又遇神人李谱文，说是太上老君的玄孙，传给他《录图真经》六十余卷，用以劾召百神。然而这两部书至今都已散佚。现代学者汤一介在他的《魏晋南北朝时期的道教》的研究中，认为《云中音诵新科之诫》的成书，是寇谦之自己所编著，而假借太上老君的名义传授给他的。当今流通的《正统道藏·洞神部·戒律类·力字帙》中有《太上老君戒经》、《老君音诵戒经》、《太上老君经律》、《太上经戒》等，应该是寇谦之的著作，而《云中音诵新科之诫》当原为这些诫经的总名称。我们从现存《正统道藏》各卷中的戒经残缺不全的情况来看，有的仅存篇目，有的一篇散失大半，应当仅仅是寇谦之原书的一部分，文字错落的地方也很多，甚至或许有部分是后人纂入的，但是大体上都还保存了原书的面目。由于这些经书不一定是一次就写成的，所以有文体前后不一的情形。而且经文针对每次要解决的问题不同，其"戒文经要"的形式与内容也因而不尽相同。

虽然《魏书·释老志》记载仙人成公兴预言寇谦之没有仙缘，只能当帝王师，然而这也可能就是寇谦之修道的志趣所在。在泰常八年（四二三年），寇谦之已具有天师的职位和神仙传授的两大部经典，并领有天命，要清整道教，教化人民，辅佐北方泰平真君。也就是说，这时候在嵩山修炼了三十多年的寇谦之，已经做好传道的准备工作，就要开始下山实现他成为"帝王师"的天命了。

寇谦之心目中的泰平真君是北魏太武帝拓跋焘（四二三—四五二年在位）。寇谦之早有成为帝王师的志愿，但一直拖延到晚年五十九岁才出山，这是由于当时政治局势的关系。正当寇谦之青壮年的时候，他所居住的关中（今陕西省）、嵩、洛一带（今属河南省）为后秦政权统治。自后秦文桓帝姚兴（三九三—四一六年在位）迎接佛教高僧鸠摩罗什进入关中以后，朝廷一直大力提倡佛教，对道教不感兴趣。公元四一六年姚兴死后，东晋刘裕（四二〇—四二二年在位）大举北伐，很快就灭掉后秦，并在此后数年中控制着嵩、洛地区。刘裕本人是靠镇压南方五斗米道孙恩、卢循的造反而发迹的新军阀，对道教心存疑惧，因而也不是寇谦之理想的辅佐对象。姚秦灭亡后，寇谦之的哥哥寇赞投奔在代北（今属内蒙古自治区）的拓跋魏政权，被重用为河南郡太守，又升为南雍州刺史。有可能是因为哥哥这一层的关系，寇谦之选择了拓跋氏统治者来实现他成为帝王师的志愿。

鲜卑拓跋氏原是来自塞外的游牧民族，自从公元三八六年道武帝拓跋珪（三八六—四〇九年在位）于代北建国后，魏初诸帝便笼络十六国以来残留在北方的汉人门阀士族，利用他们改革内政，平息汉人的反抗。同时也积极学习汉文化，加强汉化政策。儒家学说对于鲜卑统治者来说，是强化皇权，拉拢汉族地主士人不可缺少的工具，自然特别受到推崇。而佛、道二教是当时汉地流行的宗教，也一样受到鲜卑统治者的重视。《魏书·释老志》记载，北魏太祖道武帝好黄老，颇览佛经。太宗明元帝遵太祖之业，亦好黄老，又学佛法。道教的服食仙丹之术，尤为帝王所喜好。北魏天兴中（三九八—四〇三年），因仪曹郎董谧献给朝廷服食仙经数十篇，于是设置仙人博士、玄仙坊，煮炼百药。道武帝宠信仙人博士张曜，为之建造净室于苑中。虽然方士所炼成的丹药，服者多死，未见灵验。但是在这种帝王相信道教服食丹药可以长生的气氛下，对企图以道术求得魏主重用的寇谦之是有利的。

北魏泰常七年（四二二年），魏明元帝乘宋武帝刘裕新死，渡河南下，占领了嵩、洛一带。泰常八年（四二三年），明元帝死，雄才大略的太武帝拓跋焘即位于平城（今山西大同）。当时北魏国力日盛，北方门阀士族纷纷前往投靠。如前面所述，寇谦之在这年第二次得到神仙传授天书，也就是太上老君的玄孙李谱文，授他《录图真经》并命令他辅佐北方泰平真君一事。在北方门阀士族纷纷投靠北魏太武帝拓跋焘的时候，居住嵩山的寇谦之也在始光初年（四二四年）出山，带着神书前往平城欲实践天命。才初即位的太武帝对寇谦之的理想并不感兴趣，只让他居住在仙人博士张曜的家，供给他食物而已。当时满朝文武大臣众说纷纭，对寇谦之的神仙降书之说抱着怀疑的态度。只有司徒崔浩（三八一—四五〇年）认为寇谦之的言论异乎寻常，因而拜他为师，学习法术，并且上疏向皇帝大力推荐他。寇谦之也因崔浩的关系开始受到太武帝的重视。

崔浩（三八一—四五〇年）字伯渊，《魏书》卷三五及《北史》卷二一都有他的传记。崔浩之所以对寇谦之的法术特别感兴趣，与他的家世及政治背景有关。陈寅恪的《崔浩与寇谦之》一文对此有详细的研究。崔浩出身于清河（今河北清河）崔氏，他的家族自汉末以来，历代冠缨满朝，是北方第一高门第。崔浩和他的父亲崔宏又历仕北魏初道武、明元、太武三帝，深受帝王的信任。崔浩出身儒学世家，从小喜爱文学，博览经史，精研义理，对百家之说，无不涉猎。他以儒家正统自居，不喜好老庄之书，认为这些书是矫诬之说，不近人情。对于佛教更是深恶痛绝。他的妻子郭氏敬信佛教，时常阅读佛经。崔浩非常生气，将妻子的佛书拿来烧毁，并且把灰烬丢到厕所里。他喜好方术，以擅长于阴阳术数，深受明元帝信任。明元帝常命崔浩卜筮吉凶，参观天文，考定疑惑，密谋军国大事。但是他的政治理想为提倡“整齐人伦，分明姓族”。也就是说，在选拔人才与讲究士族门第方面却遭到许多守旧的鲜卑贵族的反对。

太武帝即位之初，左右大臣忌讳崔浩正直，共同排挤毁谤他。

太武帝虽然了解崔浩的能力，但是因刚即帝位，不愿意违反众意，令他回家休养，等国家有大事未能判决时，才召见询问。寇谦之下山到平城游说太武帝不如意，正是崔浩被迫在家赋闲的时候。崔浩个性敏锐通达，长于计谋，常自比汉代的张子良。这时却因仕途上的挫折，困居家中，因而很想要修习服食养性之术。正巧寇谦之在向朝廷传道失败后，游走崔浩家，两人同病相怜，一拍即合。因寇谦之有《录图真经》等神仙所授的书，所以崔浩拜他为师。而寇谦之也明白如要推展道教，仍然需要儒家的知识，因此也极谦卑地表示自己行道隐居，不营世务，必须兼修儒业，才能够辅佐泰平真君。他向崔浩请教儒家学说，并且请崔浩为他编撰教材。崔浩乃著书二十多篇，记述从上古太初到秦汉以来中国历代政治变迁的事迹。

北魏统治者以异族入主中原，内心深怕汉族起兵反抗，因此鲜卑皇室自称是黄帝的后代。崔浩深切了解太武帝的心理，所以在上疏时，着重宣传寇谦之得到神仙传授《录图真经》，今入京宣道，乃是符合天命，象征皇帝乃轩辕黄帝的后代，受命一统天下。太武帝看了疏文后，非常高兴，于是派遣使者供奉玉、帛、牲牢，祭拜嵩山，迎接还留在山中的四十多位寇谦之的弟子到京城来。从此，寇谦之就展开了为帝王师的抱负。

寇谦之除了在宗教上成为一个宣告天命的使者，在政治上也是一个参与决策的谋士。始光四年（四二七年），太武帝将西伐赫连昌，在朝臣的反对声浪下，太武帝请教寇谦之，他肯定地回答："必定可战胜。陛下神武应期，天经下治，必以兵定九州岛，后文先武，以成太平真君。"此事见《魏书·释老志》。崔浩赞成讨伐赫连昌事，亦见《魏书·崔浩传》，显示出寇谦之和崔浩在政治上的互通声气。

神武二年（四二九年），太武帝北征蠕蠕，也是在群臣反对，而崔浩大力赞同下进行。寇谦之问崔浩："此行果然能克敌吗？"崔浩回答："天时形势，必克无疑。但是恐怕诸将顾虑太多，不能乘胜深入。"北魏大胜蠕蠕时，寇谦之随行于军中，他以崔浩的话力劝太武帝乘胜追击，却未被采用。后来，太武帝得到情报，假如继续追击两日，就可一举歼灭蠕蠕首领等余众。（事见《魏书·崔浩传》）

太平真君元年（四四〇年），寇谦之为太武帝祈福于中岳，精诚感通天地，太上老君冥授太武帝以"太平真君"之号，及赐帝冠服并授予符箓。寇谦之将此事上奏，太武帝因而改年号为太平真君元年。

太平真君三年（四四二年），寇谦之又上奏说，皇帝以真君统治天下，兴建静轮天宫，这是自古以来所不曾有的盛事。应当登坛接受符书，以表彰圣德。太武帝接纳了寇谦之的建议，于是亲自到道坛，接受符箓，准备法驾，所用旗帜的颜色都是青色的，以符合道教传统所尚的颜色。从此以后，北魏每一帝王即位都登坛受箓。

太平真君七年（四四六年），太武帝一项影响重大的宗教政策，即灭佛一事，乃出自崔浩的建议，而寇谦之则反对此举。触发此事的原因乃太武帝发现长安僧人私藏武器，与贵室女子淫乱而大为震怒。崔浩于是进言诛杀僧人，焚毁佛像。寇谦之为了此事，苦苦地向崔浩诤言，没有结果。寇谦之于是预言性地对他说："你因为此事将要在晚年受戮，诛灭门户。"四年后（四五〇年）崔浩果然被诛，年七十。（事见《魏书·释老志》）

寇谦之死于太平真君九年（四四八年），先崔浩两年而卒，享寿八十三。他辅佐太武帝达二十四年，是新天师道最为昌盛的时期。随着他的逝世，新天师道因缺乏有力的领袖而逐渐没落。到了北魏政权一亡，寇谦之一手创建的新天师道教团也消散一空，南北朝以后，就不再存有寇谦之一派道士的活动记载。

三、寇谦之对道教的改革

东汉桓帝永寿二年（一五六年），道教五斗米道的创始人张道陵宣称太上老君授予他“天师”之位。历史上称张道陵所传的教派为“天师道”。经过二百六十年以后的北魏明元帝神瑞二年（四一五年），寇谦之也宣告太上老君授予他“天师”之职，以取代张道陵家族世代相传的天师地位。

寇谦之在得到太上老君授予天师一职，传授《云中音诵新科之诫》，以及令他宣告这新的经诫，清整道教之后，历史上称他所改革的道教为“新天师道”，相对地，称他自少年即修习的天师道张鲁之术为“旧道教”。旧有的道教之所以需要改革，一方面是因教团流传已久，本身产生了一些弊端，在教法及纪律上需要加以调整；另一方面则是张角、孙恩等人利用道教起兵，对原来的统治者不利。寇谦之为了稳固政权，实现他成为帝王师的理想，对于改革的内容除了清整旧道教不合理的现象外，也因应新统治者的需求而加以修订。有关寇谦之改革道教的资料以《魏书·释老志》较详细，道藏中如《混元圣记》、《犹龙传》也有记载，但内容乃多出自于《魏书》。因此，我们探讨寇谦之对道教的改革内容，以《魏书·释老志》、《老君音诵诫经》等为主要材料，并参考有关史书的记载。他改革旧道教以建立新道教的基本内容，可分成下列五点：

1. 整顿教团组织

在天师道教团组织中，“天师”是天师道领袖的称号。旧有天师道的天师一职，是创教主张道陵宣称太上老君授予的，张道陵死后将天师一职由他的子子孙孙世代相传。寇谦之也和张道陵一样声称是由太上老君授予的继天师职位，并且强调自从张道陵去世后，地上就缺乏天师。他之所以得授此职，乃是由于他本人立身直理，行为合乎自然，才能足以胜任是职。换句话说，太上老君授予他天师一职，是擢用贤能，而不是父子相传的。他反对天师世袭，他不承认张道陵的儿子张衡、孙子张鲁的天师地位。这对他自己的天师地位的合理性，提出了有力的说明。

在天师道教团组织中，“祭酒”是天师道各级干部的名号，本来是汉末张角黄巾起义和张鲁政权所使用的名称，张鲁在汉中成立政权后，以祭酒代替州官来治理人民。旧天师道的祭酒也是世代相袭的。自从张鲁去世以后，天师道虽然继续在各地区发展，但缺乏强而有力的领导，致使教团组织涣散，科律废弛。这种现象的发生固然有多种因素，其中祭酒制度的败坏是重要的原因。寇谦之在《老君音诵诫经》中，大力攻击这个制度。他认为祭酒采世袭制度，难免愚暗相传，甚至使一些不肖之徒也担任要职。有些道官祭酒既不懂道法，却又自署治箓符契。而这些祭酒所授署的治箓符契本身就不合道法，却利用它们恐吓或欺骗信众，搜取财物。因此他认为应当废除祭酒世袭的制度，按照唯贤是授的原则来选拔人才。又规定道官祭酒的职责之一是进善举贤，传授弟子，授人职治、诫箓和符契。道官吸收一位贤善的弟子，可以消除十年的罪过，求仙速达；相反地，传授一位佞恶的弟子，会因此而得罪十年，求仙求福终不可得。信众要求成为弟子者，道官应当观察他的情性，加以考验三年，确认他能精进善行，心志不退转，才可授箓诫，纳为弟子。

在天师道教团组织中，“治”是张道陵、张衡、张鲁在汉中（今属陕西省）传教的据点。原先设有二十四治，以符合一年中的二十四节气。后来因教团势力的扩大，另增加四治，共为二十八治，以应天上的二十八星宿。但习惯上仍称二十四治。寇谦之也宣布废除三张原来在巴蜀设置的二十四治，治的名号不再承用。不过后世仍见到用“治”称天师道的传教场所，可见寇谦之的命令并未能彻底执行。

2. 废除租米钱税制度

东汉末年以来，许多人如张角、李弘、卢循、孙恩等，皆利用道教来组织群众，反抗官府的统治。这些人之所以能起兵与政府相抗，得力于道教向教民收取租米钱税。天师道规定信众入道时，须缴纳五斗米，教民请求治病也须缴些租米财物。教团拥有丰富的税收，在经济上自然不虞匮乏。然就统治者而言，征收租税本为官府的特权。天师道向信徒收租米钱税，乃是大逆不道的行为，与他们的利益严重冲突。因此统治者当然反对教团向信徒收税之事。六朝以来，佛道两教的争辩日益扩大，佛教人士也站在统治者的立场针对此事极力攻击道教。当时名僧释玄光撰写《辩惑论》批评道教时，把向人民课税列为道教的六种极恶之一。释道安在《二教论》中，也以为向民课输是“张氏妄说”。

张鲁以后，不少不肖的祭酒利用职权向信徒滥求租税，败坏教团风气。寇谦之在废止祭酒世袭的同时，就宣布祭酒私自收租米钱税是三张伪法，依照太上老君授给他的新经诫，必须除去。从此以后，道官祭酒传授治箓符契，为信众治病、消灾祈福时，不可收取财帛。只须由信徒民户每年捐献纸三十张、笔一枝、墨一挺，以答谢道官为其治表章，求神救度的功德。如果有道官浊心不除，不遵从正教，仍向信徒滥收财物，那么信众就可以改而跟从新科正法的道官。寇谦之这种措施不仅是合乎统治者的立场，在实际上也能更正道官索财的不良风气，减轻道民的经济负担，有助于教团正常的发展。

3. 反对男女合气之术

道教人士修习的男女合气之术，又称为“房中术”或“黄赤之道”，本是一种讲求节制性欲、留下善人种子的优生法，也是有益于身体健康的养生法。早期道教的修炼方术中有偏重房中一派，并非三张的天师道所独有。葛洪（二八三—三四三年）认为房中术有助于养生，但不能依此而成仙。他在《抱朴子·释滞》中以修炼成仙的观点批评有些道士，只知道男女交接之术，而不作金丹之大药，是非常愚蠢的行为。寇谦之反对男女合气之术的理由，则着重在社会风气的维持。由于有些道士假借房中之名，将男女合气的养生法变成淫秽之术，使房中术失去了节欲宝精的积极意义，而沦丧成伤风败俗的东西。《老君音诵诫经》说：某些道官妄传张道陵所授黄赤房中之术，授人夫妻，淫风大行，损辱道教。因此寇谦之决定废除男女合气之术，禁止男女官箓生修习黄赤之道，改修清异之法。关于清异之法的内容，诫经中并未详细说明。

4. 增订戒律、提倡礼教

公元三世纪，汉献帝建安二十年（二一五年），曹操（一五五—二二〇年）亲自统率大军攻入汉中。张鲁率其家族部众投降，受到曹操宽厚的待遇。曹操令张氏迁居长安，大批的道民也相继北迁到长安、洛阳等地。天师道的活动范围也因而迁移北方。张鲁去世后，教团失去了统一的领导，出现组织涣散、科戒废弛的现象。曹魏末年，张鲁的后代发布《大道家令戒》，企图整顿这种散乱的情形，以恢复三张旧制，然而效果不彰。寇谦之清整道教，除了废除上述所说不合理的世袭和租米钱税制度，以及败坏社会风气的男女合气之术外，也增加了新的戒律和斋仪，使信徒行事有所遵循。

寇谦之的新道教专以礼度为首，他为维护教团的纪律，吸收了许多儒家的礼法，主张父慈、子孝、臣忠。关于道官与道民应守的种种戒律，《老君音诵诫经》中有详细的规定。其中值得注意的是，寇谦之以政治上官员间、官与民的礼仪来要求道官与道民。例如，一般道民对道师的尊奉要和老百姓事奉官一样，对道师自称道民，受治箓诫的弟子朝拜他的师长也要如生员拜见官员的礼法等。

在众多的戒律中，寇谦之严厉反对以下犯上的作乱行动。他的所谓以下犯上的作乱，就是人民兴起的反政府行动。两晋以来，在全国各地区发生过无数次假借李弘、刘举的名义领导起兵反抗政府的事件。寇谦之认为这对太上老君是极大的亵渎，是大逆不道的行为。《老君音诵诫经》说：当今世人奸恶，只做坏事，修善的人少，互相诈伪，诬解道教经典，惑乱愚民。这些奸恶之人但说老君应当治理天下，李弘应该出现，使得天下不安，叛逆者日益增多。每年都有人称名“李弘”出来作乱，自设官府国号，蚁聚人众，坏乱土地。假称“刘举”的人很多，号称为“李弘”的也不少。因此，太上老君非常嗔怒。

此外，寇谦之谴责这些作乱者都是一群诳诈万端、惑乱万民、不慈、不孝、不忠的愚人和恶人，与太上老君完全不相干。并且用鄙视的口气骂他们是“下俗臭肉”，“奴狗魍魉”。可知寇谦之的戒律内容除了有宗教上的修行的准则外，也包含了符合统治者所要的尊君礼法。

5. 改进宗教仪式

道教在公元二世纪成立的初期，已经有简略的宗教仪式，例如，五斗米道的请祷之法：信徒有病或有过错，就由祭酒把这个人的名字写在纸上，并说明他的病状或他已经认错改过。共写三份，把一份送到天上，即高山上；一份埋在地下；另外一份沉入水里。也就是把书信传达天、地、水三神祇："三官"，以祈求免祸得福。这种仪式称为"三官手书"，它的优点是简单，方便于一般平民使用。公元四世纪的东晋以后，佛教的经典大量翻译传进中土，佛教的宗教仪式也跟着广为流传。与佛教仪式相比之下，道教的仪式显然过于简略。而且寇谦之传道的对象是帝王，适用于平民的三官手书，不见得符合王公贵族的需要，因此寇谦之参考佛教的仪式，为道教增订了一套较繁杂完备的斋醮仪范。

寇谦之非常重视斋醮仪范，他认为单是修炼服饵、辟谷、导引等方术，只能够有治疗病痛、排除毒气、避免瘟疫的伤害得到善终的功效，但是不能获得长生。要得长生，必须诵经礼拜。《老君音诵诫经》说：诸位想要修学长生的人，要好好地共同在诵诫上下工夫，建立斋功香火，等斋功练成后，感动天地，便可以长生。又说：男女道官努力诵诫修建斋功香火，离仙道就不远了。

针对诵经、守诫与修建斋功香火，寇谦之订定了一系列的斋醮仪式，如道官授箓的斋仪、道官道民求愿的斋仪、道民犯律解度的斋仪、为人治病的斋仪、为亡人超度的斋仪、举行三会的仪式等。兹整理列举其中数项叙述如下：

·道官授箓的仪式

《老君音诵诫经》说：无论男女，如果看了《老君音诵诫经》，而觉悟到应该信奉道教，便可以向已经入道的人请他们向道官祭酒说明自己愿意按照戒律的要求受戒奉道。在举行受戒的仪式时，首先向《老君音诵诫经》行八拜之礼，然后站在诫经前面。接着由参加仪式的师友，捧着诫经用一种特别的称为“八胤乐”的音调朗诵。然后由受道者伏在地上朗诵诫经的内容，诵完之后再行八拜之礼，就算完成了入道仪式。如果不会用八胤乐朗诵的话，也可以直接朗读经文。

·求愿所举行的仪式

一般而言，信徒求愿的仪式可分为二种，一是厨会求愿，一是烧香求愿。

所谓“厨会求愿”就是举行一种斋会来祈求消灾降福。厨会分成上、中、下三种，上斋举行斋会七日，中斋三日，下斋一夜一日。厨会的具体方式是，不吃五辛、生菜、肉类等荤食，而素饭菜，一天食米三升。断绝房事，勤修善行。厨会开始时，首先向香火行八拜之礼，其次说明求愿的内容以及举行这次厨会的目的等等。然后请德高望重的人坐在首位，把做好的饭菜送上，一般共有三道菜饭，第一道小菜，供下酒用，第二道是酒，第三道是饭。这种求愿的斋会通常是在求愿者的家里举行。

所谓“烧香求愿”是信徒个人在家中靖舍举行的求愿仪式。靖舍又叫靖室。道教徒在家修道，常设置一清净的房间，作为修炼场所。南朝著名道士陆修静（四〇六—四七七年）的《道门科略》对靖舍的设置方法有详细的说明：在信奉道教的家庭中，靖室是作为诚心修炼的场所。靖室要独立，不可和其他房子连接。屋里的摆设以清虚为主，不可放置杂物。开闭门户时要小心谨慎，不可唐突。随时将靖室打扫干净，就当作好像有神居住在里面似的。室内只摆设香炉、香灯、章案、书四种东西。

烧香求愿者到靖舍内，首先站在东面向上天恳切地烧上三柱香，行八拜礼，脱帽叩头九次，打自己脸颊三次。其次，把自己祈求的事情加以说明，请求罪过得除，长生延年。然后上香求愿使自己的三宗、五祖、七世父母以及死去的亲人，可以脱离苦难，得在安乐之处。接着再上香求愿全家大小平安幸福。祈求一愿便上一次香。在这烧香求愿日，要于六个不同的时辰上香。

·道民犯律的解度仪式

道民因不谨慎而犯法或其他过错时，先要计算应当罚多少钱，将这些钱给受害人，以作为补偿。然后举行厨会，由道官上呈表章于天庭，请求神明免除他的罪过。举行法会时，先由犯罪者在众人面前向香火八拜，叩头九次，打自己脸颊三十六下，这样拜、叩头、打脸颊共三遍；接着再拜，并用手捻香放入香炉中，同时说明自己因无知而犯过错，请求赦免，并愿出钱作厨会，请众人证明，以后不敢再犯。

·为人治病的仪式

道民家中有人生病，可以请道官到家里来。道官先让道民在靖舍中点燃香火，道民在靖舍外面西向散发叩头，将病者所犯的过错全部写在章奏上，向神忏悔，不可隐藏任何罪过。之后，把病情写在纸上，求神宽恕，使所患的疾病痊愈。道官也上章奏，替道民请求神的宽赦。如果病情没有好转，则需再按照一定的程序举行忏悔和厨会。

·为亡人举行超度的仪式

道官或道民死亡时，须在七天之内办完丧事。家人要为死者散布他生前的财物而举行斋会，供人吃食。参加的人数可多可少，不是道民也可以参加。设斋会烧香时，道官一人在靖坛的正东向，司仪和丧事主人也东向，各行八拜、九叩头以及打脸颊九下，共三遍而止。如果参加的人很多的话，也可以坐着，等行礼时再起来叩头。丧事主人口中称本人的官号姓字，向天上的大神无极大道禀启，以手捻香插入香炉，同时嘴里发愿为死者解罪免过。其他客人也依次上香。当一切仪式举行完毕后，靖舍主人要上章奏为丧事主人求愿祈福。客人离去时向靖舍八拜。

·举行三会的仪式

道教传统上一年有三元会，即上元、中元和下元三会。在这三会节日里教徒要举行上章言功、受度法箓等活动。在南朝陆修静（四〇六—四七七年）《道门科略》记载，三会的日期是正月七日、七月七日、十月五日。但到了唐朝以后，则以正月十五、七月十五、十月十五日为三元日。

寇谦之《老君音诵诫经》中规定，在三会日道民要到他们所属的“治”，即教区，举行集体的斋会。大家在道官的靖舍前面，各就各位，排好队伍，正立在南面，面向北方，送上祈祷词时，并且八拜、九叩头、打九次自己的脸颊，然后伏地再拜，送祈祷词的仪式便告完成，于是大家向道官祝贺。

四、寇谦之所建立的新天师道教义

寇谦之改革的新天师道除了上述的措施外，在教义上也有新的创建。他对教义的更新观念主要载于牧土上师李谱文所授的《录图真经》六十卷，可惜今天已经完全散佚。只能根据《魏书·释老志》所转述的内容分析如下：

1. 神仙谱系

在原来三张的五斗米道所崇奉的最高神为“太清玄元无上三天无极大道”，同时也祭拜天、地、水三官等天官鬼神，具有原始宗教多神信仰的特点。在信奉的诸位神鬼中，彼此之间并没有明确的等级和从属关系。对诸神所居住的上天世界的描述也比较简单。而《录图真经》对所信仰的对象——神仙则有较详细的叙述。它明确地指出上界有三十六重天，每一重天各有一宫，宫中都有一神主持，这些神的地位以“无极至尊”为最高，其次是“大至真尊”，次是“天覆地载阴阳真尊”，再次为“洪正真尊”，他姓赵名道隐，在公元前十八世纪到前十二世纪的殷商时代得道，是牧土上师李谱文的老师。牧土上师李谱文之后有赤松子、王乔及韩终、张安世、刘根、张陵（即张道陵）等修炼成仙者。

再者，寇谦之也把佛教的祖师释迦牟尼拉入道教三十六天的诸神谱系中。《魏书·释老志》载，经云：佛者，是从前在西胡得道的人，住在第三十二天为延真宫主。他修炼苦行非常勇猛，所以他的弟子都剃光头发，穿着染色的衣服，断绝男女之欲。在介绍新天师道所信奉的诸神时，寇谦之并没有遗漏了他自己。他说牧土上师认他为义子，命令他迁入牧土天宫的内宫与群仙结交为友，他领有太真太宝九州岛真师、治鬼师、治民师和继天师四衔，并得授《天中三真太文录》，又称《录图真经》，可用来劾召百神、传授弟子。《文录》中他的神仙弟子有五个等级，第一是阴阳太官，第二是正府真官，第三是正房真官，第四是宿宫散官，第五为并进录主。换句话说，寇谦之本人已名列仙班，可以劾召百神，成为一辅佐帝王、教化万民的活神仙。

寇谦之提出的神仙谱系和五斗米道的信仰完全不同，诸天尊、神仙间的等级和从属关系更加明确。他所信奉的神仙也和南方的葛洪及稍后的陶弘景（四五六—五三六年）的《洞玄灵宝真灵位业图》中提及的神仙不一样。这说明当时道教各派各有自己的信仰，个人信奉个人的神仙，互不干涉。各教派所信奉的神仙彼此间的关系尚未统合，这种现象固然是由于道教还在发展阶段，各派不断有新的神仙出现。但这也是地上的政权分裂，中国处于诸国割据的反映。

寇谦之把历史上的隐修者也列为神仙，使道教神仙的来源扩大，数量大为增加。这和陶弘景把许多历史人物搬入他的《真灵位业图》一样，有异曲同工之妙。《真灵位业图》把神仙分成七个等级，寇谦之也将神仙划分阶级，同时指明了天宫神仙地位的高下。这显然是受了当时门第观念社会划分阶级的影响。《录图真经》对信徒如何祭拜诸神的坛位、礼拜、衣冠、仪式等等作了各有差异的规定，但这些规定今已经无法详知，仅仅知道是与世礼相仿的。

2. 成仙之道

“长生不死，肉体飞升”是道教的重要理念。早期的道教不讲灵魂不死，更没有轮回的观念。原本道教和佛教对人的生命看法是不同的，也因此而产生了关于形、神问题的论辩。在南北朝时期“形神论”是佛、道两教重要的辩论主题。佛教认为人的生命是痛苦的，而痛苦的根源在于“有生”，人有生则有形和神，即精神和肉体是结合在一起的。佛教徒主张人的死亡是形与神分离，形会死但精神却是不灭的，随着又与新的形相结合，又成为一新生命。生命就是这样不断地轮回。人要脱离苦海，只有神与形分离，不再轮回，精神永归寂灭，修成菩萨、佛，才能真正地解脱。

道教徒追求永生，主张带着肉体成仙；也就是说人的精神和肉体永远结合在一起的长生不死。修炼到精神和肉体不死，则精神可永居肉体而长生。形、神相合的时候是人是仙，如果形神分离，则是灵是鬼。

佛、道二教皆主张人必须自我修行才能成佛、成仙。但由于在人的生死问题上，佛、道两教的看法不同，因而在修炼的方法上也就有了差异。佛教认为涅槃寂静才是人的根本解脱，所以追求寂灭，超脱轮回。在修炼上讲究见性，强调自觉、觉他、觉行圆满为达到涅槃境界的方法。道教主张肉体飞升，名列仙班，所以追求永生。在修炼上重视炼形，强调生理的锻炼，珍惜人体的精、气、神，以求返老还童，及身登入仙境。

寇谦之把道教的养生成仙的思想和佛教的轮回观念结合在一起，提出了新天师道的成仙之路。道教主张炼形，本来注重今世的修炼，但寇谦之把轮回观念引入道教，认为人的前世所作所为对今世的修炼颇有影响。如《太上老君戒经》说："本得无失，谓前身过去已得此戒，故于今身而无失也。"也就是说，人在上辈子已经受过戒，这辈子虽然没有受戒，但因上辈子的关系，不会失去此戒。寇谦之的主张使信徒对修道成仙多了一分希望，即这辈子的修炼即使成不了仙，但功夫不会白费，可以累积到下辈子。使道教由今世成仙，增多了累世成仙的理想。

成仙是道教徒重要的目标，对于如何成仙，各门各派有不同的方法。在《庄子》一书中提到的方法有注重导引的，有注重呼吸吐纳的，有注重服食的，有注重辟谷的……从庄子到寇谦之经历了约七百多年，这七百多年间追求长生不死的大有人在，对于成仙的方法更是众说纷纭。寇谦之并不反对传统的方法，但是他以为单修服饵、辟谷、导引，只可以得到攘却毒气、瘟疫所不能中伤、祛除疾病、寿终正寝的效果，而不能长生。要得长生，必须诵经礼拜。他认为长生之道主要是靠奉道守戒，斋功礼拜。在《老君音诵诫经》里，他告诉信徒说：诸位想要修学长生的人，应当共同研读"诵诫"，建立斋会，上香礼拜，等到斋功炼成，感动神明之后，便可以长生。他特别强调信徒需要常常诵经和遵守戒律。诵经万遍，可以白日登仙。成仙主要靠自己，不待外求，证得大智慧，持上品大戒，也可以成仙。

五、结语

寇谦之凭借着北魏拓跋氏政权的力量，改革张道陵所创立的天师道，使道教的发展达到了一高峰，帝王登道坛受箓，以象征其即位之符合天命，道教成为国教。这是寇谦之在传教上的成就。然而，“新天师道”随着他的死亡，也跟着没落。他生前向太武帝奏建的静轮天宫，太子拓跋晃（四二八—四五一年）曾表示工程浩大，所费财力不赀，力劝太武帝停止此宫的修建或移建于东山上。太武帝也知道兴建静轮宫，耗损财力过巨，但因崔浩及寇谦之的关系，仍同意继续兴建。

《魏书·释老志》记载太平真君九年（四四八年）寇谦之将死之前，已经预先告知弟子，在他死后他们将不再受帝王的重用，而且静轮天宫也不克完成。果然，道教每况愈下，其坛祠在孝文帝太和十五年（四九一年）受诏命迁出京师至南郊，给五十户，以供斋祀之用。祠名称崇虚寺，召选诸州隐士名额九十人守之。此制沿袭到东魏孝静帝武定六年（五四八年）被废除。相对地，佛教在北魏文成帝即位的兴定元年（四五二年）得以恢复。此后七八十年间扶摇直上，计僧尼人数增加到二百万，寺三万多座。

寇谦之所创的教团在他死后没落消散，但是他对道教的组织与教义内容的改革却影响深远。他不仅废除了旧有道教不合理的现象，丰富了道教的斋醮科仪，规范新的戒律，并且结合了佛教因果轮回的说法与道教长生不死的理念，提出了更宽广的成仙之道，鼓励信徒即使今生不能得道升天，仍可以累积功德到来生继续修炼成仙。此一时期，变革后的道教不仅能适合一般的平民的需要，同时也吸引了士大夫阶层，使道教的信仰层面更加扩大，这是寇谦之在道教史上最大的贡献。

参考书目

《老君音诵诫经》，《正统道藏》第三十册《洞神部·戒律类·力字号》，台北，新文丰出版公司。

《太上老君戒经》，《正统道藏》第三十册《洞神部·戒律类·力字号》。

《正一法文天师教戒科经》，《正统道藏》第三十册《洞神部·戒律类·力字号》。

《女青鬼律》，《正统道藏》第三十册《洞神部·戒律类·力字号》。

《混元圣记》，《正统道藏》第三十册《洞神部·谱箓类·与字号》。

《犹龙传》，《正统道藏》第三十册《洞神部·谱箓类·敬字号》。

《抱朴子》内篇葛洪，《正统道藏》第五十四册《太清部·疲、守字号》。

《云笈七签》，张君房编，《正统道藏》第三十七、三十八册《太玄部·学一棠字号》。

《历世真仙体道通鉴》，赵道一，《正统道藏》第八册《洞真部·记传类·淡字号》。

《北史》，台北，鼎文书局，一九八五年。

《隋书》，台北，鼎文书局，一九八三年。

《后汉书》，台北，鼎文书局，一九八五年。
《三国志》，台北，鼎文书局，一九八四年。
《宋书》，台北，鼎文书局，一九八四年。
《魏书》，台北，鼎文书局，一九八三年。
《弘明集》，僧佑，《大藏经》第五十二册《史传部》，台北，新文丰出版公司影印大正原版。
《广弘明集》，道宣，《大藏经》第五十二册《史传部》。
《高道传》，贾善翔、严一萍辑《道教研究资料》，台北，艺文印书馆，一九七四年。
《汉魏两晋南北朝佛教史》，汤锡予，台北，鼎文书局，一九八五年。
《老君音诵经校释》，杨联升，中研院《历史语言研究所集刊》，第二十八本（一九五八），页一七一五四。
《崔浩与寇谦之》，陈寅恪，《岭南学报》，第十一卷第一期，一九六一年十二月，页一一一一一三四。
《中国道教史》，任继愈编，上海，人民出版社，一九九〇年。
《中国道教史》第一卷，卿希泰编，四川，人民出版社，一九八八年。
《中国道教史》，刘精诚，台北，文津出版社，一九九三年。

陶弘景

沈谦 著

目　录

一、传略

1. 生平事迹

陶弘景，字通明，丹阳秣陵（今江苏南京）人，生于南朝宋文帝元嘉二十九年（公元四五二年），卒于梁武帝大同二年（五三六年），享年八十五。

陶弘景的诞生，有这么一段故事：弘景的母亲郝氏有一夜梦见两位天人，手捧着香炉来至她的房间，不久便有了身孕，于是产下弘景。据说，陶弘景幼年时，便与一般小孩大不相同，四五岁时，便成天以荻杆为笔，在地上学写字。十岁时，得到一部葛洪的《神仙传》，即昼夜研读寻思，颇有养生成仙之志。弘景常常对人说："仰观青云，目睹白日，并不感到遥远。"这似乎意味着仙乡并不难至，无怪乎弘景要说自己"身有仙相"了。

陶弘景或许是因为父亲为妾害死，因此对女人产生反感心理，也可能是他先天性格中学道求仙的倾向，弘景终其一生，并没婚娶。据史传所载：弘景身长七尺七寸，神仪明秀，朗目疏眉，耸耳，耳孔各有十余根二寸多长的毛外露，而右膝更有数十个黑子，成七星排列。这些不同于常人的特征，更增加了他身世的神秘色彩。

弘景读书万余卷，又善琴棋，工草隶，因此年未弱冠，齐高帝便征引他为诸王侍读，又给他一个奉朝请的官。弘景虽然跻身宦门，仍深居简出，并不热中交游，唯日日以读书为务。由于博学多闻，举凡朝廷的仪节掌故，大都取决于他的意见。弘景因为家贫，不得不有在仕途上发展的念头，后来因求不到宰县，先天隐逸出尘的性格终又抬头了，乃于永明十年（四九二年）上表辞禄，挂冠而去。他有一篇《解官表》，即是辞官时所作的，大意是说他向往的，乃是“席月涧门，横琴云际”的生活，他虽然认真向学，但“学非待禄”，只有“孤耕垄下”，才是他志趣所在。弘景离开朝廷时，公卿纷纷为他设帐饯别，场面之盛，宋齐以来，罕有匹敌，由此亦可见他为官之日虽短，但学问之闳富，人格之辉洁，确为当时公卿大夫所景仰。

辞官后，弘景便隐居于句容之句曲山（在今江苏句容县东南），据他的自述，句曲山下是第八洞宫，名为金陵华阳之天，汉朝时，咸阳三茅君得道来掌理此山，故又名茅山，是修道的好处所。弘景在山中设馆，自号华阳陶隐居，从此隐去真名，凡人间书札，均以隐居代替。

弘景曾跟从东阳孙游岳学符图经法，又尝遍游名山，寻访仙药。山中的生活是极为清苦的，可是他甘之如饴，奇伟的山水，幽深的涧谷，都给他无限的安慰，他每每徘徊其间，吟咏盘桓，不忍离去。依他看来，朱门广厦还不及高山大泽给人的快乐多呢！隐居后的陶弘景，与人间真是绝游了，彼时大名赫赫的沈约为东阳郡守，颇赏识弘景的高超志节，屡屡修书邀约，可是他终不赴约。

永元初年（四九九年），陶弘景更在隐居之地筑三层的楼馆，他居于最上层，弟子居中层，有宾客来，便居最下层。除了一个服侍的家僮可以登上他的住所外，旁人皆不许。弘景天性原好读书著述，从不废卷，顾惜光阴，老而弥笃。据说弘景曾有《学苑百卷》、《孝经论语集注》、《帝代年历》、《本草集注》、《效验方》、《肘后百一方》、《古今州郡记》、《图象集要》、《玉匮记》、《合丹法式》等著作，又未完稿的还有十部，今并不传，这对我们研究陶弘景思想的，可说是极为惋惜之事。

弘景除了爱好著述外，还精通百技，凡阴阳五行、风角、星算、山川地理、方圆、产物、医术、本草、帝代年历等无不精通。他还发明了“浑天象”，悟出了“地居中央，天转而地不动”的道理，但这恐怕只是要配合方术的理论，对于科学的发展，贡献似乎是甚微的。弘景还长于援引图谶，预卜未来。梁武帝禅代之前，他便先以图谶数次测出“梁”字。更妙的是在他死后，弟子在箧匣中发现了一首预制诗，是预测梁祚覆没的，原诗如下：

夷甫任散诞，平叔坐论空；
岂悟昭阳殿，遂作单于宫。

后来梁果然因人人竞谈玄理，空虚不实而亡国；而侯景篡梁，竟然就在昭阳殿，真是句句落实了。

道教方士，极重炼丹，因为丹丸是长生不死、成仙的灵药，弘景自不例外，他已获得了炼丹的神符秘诀，所缺的只是名贵药材。梁武帝一向敬重他，便赐予黄金、朱砂、曾青、雄黄等，弘景于是炼成一种“飞丹”，色如霜雪，服后身体可变轻。梁武帝食后，果然奏效，从此对他更加礼遇尊敬，屡次要聘他出山，终不为弘景所受。

虽则如此，武帝并不放弃他卓越的才华，每遇国家吉凶，征讨大事，无不前往咨询，月中往返书信，经常数封，时人便给弘景一个“山中宰相”的雅号。由此可见，弘景也并不是全心耽迷仙乡，不问人间俗事的，他只是不愿当“曳尾之龟”，挣扎于泥泞中而已。

梁武帝天监四年（五〇五年），弘景移居积金东涧，继续在该处隐居。由于精通“辟谷”“导引”之法，虽然年过八十，仍有壮容。梁武帝大同二年（五三六年），弘景自知无疾空逝，便写下一首《告逝》诗，昭告弟子“即化非冥灭”的道理，“尸解”而去了。死时年八十五，颜色如故，屈伸自如，香气累日，氤氲满山，这在道教而言，就是所谓得道之象了。朝廷追赠弘景为太中大夫，谥号贞白先生。

2. 时代背景

两汉虽然有董仲舒大倡“罢黜百家，独尊孔子”，儒学因而抬头，在思想界戴上了桂冠；但独尊儒术的学者们，因秦火的焚毁，在学术上的努力也只是章句训诂一类的工作。所以偌大的一个大汉帝国，在四百年间，思想上的成就也只有淮南子的驳杂、王充的奇才而已。如此大的学术间架，却有着极空虚的内部，因此一到魏晋时期，这学术的间架也随着大汉帝国的灭亡而四分五碎了，原本空虚的内部，更加空虚，一般士人心中，呈现无限的苦闷。

而在这时，正是英雄逐鹿、军阀割据的大好时机，战争与政变使得百姓家破人亡、妻离子散，生命的价值已如狂风中的飘絮，无所附依，在这样的环境下，学者如何能安心读书，专力著述呢？加上军阀们猜忌成性，任意滥杀，使得读书人更无以安身立命了。就以曹操为例，他虽然也延揽人才，一时门下大盛，但却满怀妒忌，为他所激赏提拔的孔融、许攸、杨修、崔琰等，均逃不了被杀的命运，继位的曹丕亦复如此，而篡位的司马懿，诛杀更甚了。

社会的乱离，政治的残酷，加上两汉遗留的学术空虚，形成一个极端苦闷的时代。士子既无人生积极追求的目标，又没负荷道统的尊严使命，精神自然流于消沉颓废，因此变为一种思潮的逆流，这就是所谓魏晋的清谈了。充满玄理的清谈，使得一般读书人均挂上名士的面具，躲在神秘的彩色浓雾中。综合他们的性格，或旷达任诞，或隐逸虚无。这股清谈的风气，就从魏明帝太和初年，一直延续到隋朝灭陈为止（二二七—五八九年），真是一次无比漫长的清谈。

正当这些清谈的名士们以道家思想为中心，大展其玄妙时，在民间，许多方士们也打着道术的旗子，到处招收门徒，散播神秘的教义，这个组织发展起来，于是成为中国人自己的宗教——道教。因为道术的流行，乃使原本神秘的隐逸风尚，更添加一层炼丹、求仙的神秘色彩，陶弘景便是这股风尚中的典型人物。

道教的教义，既不是哲学，也谈不上思想，只是流行于民间的一种模糊信仰而已。可是它们一披上“道”的神秘外衣，便也跻身于道家的行列，使此后的纯正道家，无端端地染上了一层宗教的色彩。

道教虽然借道家以自重，但它的内容却是极端地混杂，它的组成分子包括道士、巫医、烧香求神的、画符捉鬼的、修炼丹道的、打坐养性的、占卜星象的、观测风水的，以及各种方技和高士。而它教理的内容包括有：阴阳谶纬的学说、神仙出世的理想、导气炼丹的功夫、祈祷符咒的医疗法、采补的房中术，甚至民间的各种迷信和传说，连佛教的三世因果论，也被移花接木过来，真是集一切奇谈异说的大成。

由于道教的内容是如此驳杂，因此它的起源，可追溯到战国时代的神仙之谈和阴阳学说，甚至各种占卜和祭祀；但真正组成宗教形式向民间积极传布的，却始于东汉的张道陵。张道陵相传是张良的九世孙，曾学长生不老的法术，著书二十四篇，用以博取人民的信仰，凡入教的，都必须缴纳五斗米，故又称“五斗米道”，他死了以后，传给儿子张衡，再传给孙子张鲁，祖孙三人，就是道教史上所谓的“三张”。

“五斗米道”的组织，虽已略具宗教的雏形，但只是以符咒等方术欺骗愚民，所以有“米贼”之称。当时另有一位张角，也模仿“三张”的作法，组织“太平道”，以黄巾为旗帜，四处流窜，这就是历史上所谓的黄巾贼。可见“五斗米道”和“太平道”，只不过是当时社会上的非法组织，称得上“教匪”而已，而他们也只能借着迷信和不可测知的符术，在下层社会活动。

真正为道教奠定理论基础的，是魏伯阳和葛洪，魏伯阳的《参同契》和葛洪的《抱朴子》两书，使得道教有了教义上的依归。他们两人，实可奉为道教教理上的祖师。而南北朝的寇谦之和陶弘景，却抹去了教匪的色彩，规定仪式戒律，创设道院神像，组成宗教的体制，因此赢得中上层社会的信仰，甚至曾一度压倒佛教，变成国教。自此以后，道教才真正具有宗教的规模，走上正统宗教的道路。

当道教逐渐萌生成形的时候，佛道亦慢慢地传入，相传汉明帝时，求佛教于西域，输入佛经佛像，而佛教输入时，则沿袭道称，称为“浮屠道”，与道教并重。于是在信仰上产生两种现象，一种是道佛相排，一种是道佛并包，甚至儒释道三教并重。陶弘景即是属于后者，他虽是弘扬道教的功臣，但信道亦兼信佛，更严格地说，他是三教并崇的，这是彼时一种常见的现象，也是研究陶弘景思想不可忽略的一点。

二、学术思想

凡是道家，多少总带有几分神秘的色彩，身世如谜者比比皆是，就连他们的作品也大都散佚不可得，这对后世研究的人便困难倍增了。据《南史》的记载，陶弘景有多种著作，均散失不传。我们今天所能看到的《陶隐居集》，虽然收有赋、表、启、书、论、颂、诗、文等多篇，但简短驳杂中，颇难尽窥弘景思想的全貌。

大抵说来，陶弘景的最伟大处，在于他高洁的人格、得道的修炼、弘扬道教的努力，在思想上，他似乎没有什么独特的树立。导引、辟谷、炼丹、符谶等道家的方术，在学术上是颇难解释的，本文只能点到为止，事实上，似乎也没必要作深入的探讨。以下，试从隐逸与道佛合一两方面来探讨陶弘景的思想。

1. 隐逸

隐逸的高士各个朝代均有，但其性质则互不相同，唐朝人把隐逸视为博取俸禄的手段，而有“终南快捷方式”一说。魏晋六朝人的隐逸则大都是出于人生短促的失望，与思想上苦闷的消极，当然，彼时老庄虚无思想的流行与道教成仙一说的诱惑也是一个重要的因素。

在一个苦闷、战乱频仍的时代，山水园林确实是心灵上最好的慰藉，流连于其中，往往可让人视尘务如秕糠，忘却一切痛苦，进入寂然恬淡自足的境界。陶渊明说得好："登东皋以舒啸，临清流而赋诗，聊乘化以归尽，乐乎天命复奚疑？"事实上，能摆脱一切而归隐山林，又何尝不是个人生命的幸福呢？无怪乎《南史·隐逸列传》的后论要说"挂冕东都，夫何难之有"了。《南史·隐逸列传》计列有陶渊明等三十一人，陶弘景亦在其中，由此可见彼时风尚之盛了。

综观陶弘景之所以挂冠隐逸，除了时代风尚使然外，天性的爱好山水，禄途的不顺遂也是其中原因，最主要的，还是他修炼成仙的渴望。于道家而言，隐逸山林便于修炼，无非是攀登仙乡的一个准备工作。

弘景天性喜爱山水之情，时时流露于文字间，在《答谢中书书》一文中，他认为"高峰入云，清流见底，两岸石壁，五色交辉"的山川之美，不啻是"欲界之仙都"。而在《诏问山中何所有赋诗以答》一诗中，更表明他怡悦于山林中不可言告的乐趣。原诗如下：

山中何所有，岭上多白云；
只可自怡悦，不堪持赠君。

我们从《寻山志》一文，最能看出陶弘景隐逸的动机、乐趣与目的。他开头即说："倦世情之易挠，乃杖策而寻山。"世事的沧桑，人情的多变，真是令人难受生厌，只要在俗世一天，便得一天受现实的压迫，陶渊明的《归去来辞》也同样的有"既自以心为形役，奚惆怅而独悲"的感叹。那么，要免除灵台之心为形体奴役的办法，便只有杖策寻山，归隐田园，与尘网来个一刀两断，互无关系了。

山林中的生活是清苦的，必须抛弃朱门广厦、锦绣酒肉的形体享受；但弘景却认为"得志者忘形，遗形者神存"，"志"与"神"无论如何，总是比形体来得可贵，且可永远存在。臭皮囊的世俗享受实在算不得什么，所以他也就欣欣然于"散发解带，盘旋岩上"的生活了。

执意如此，山中的风景便是取之不尽的宝藏，造物者的无限恩赐了。陶弘景笔下的山林之美，像是首首圆滑晶莹的小诗，我们且看："宫迷夏草，径惑春苔，庭虚月映，琴响风哀"，是何等幽丽的境界啊！还有"日负嶂以共隐，月披云而出山，风下松而仓曲，泉潆石而生文，草靃靃以拂露，鹿飙飙而来群"，谁说这不是"欲界之仙都"呢？

愈是迷恋山林的瑰丽，欣喜心志的舒畅，便愈会对生命短暂的悲剧兴起无限的感伤。弘景也不例外，他沉湎流连之余，也不免"意斯龄之不长"，而致力于挽救生命的短促了。王子乔、赤松子、彭祖，这些均是传说中长生不死的仙人，乃一一成为陶弘景力追的偶像。他深信"仰彭涓兮弗远，必长年兮可期"，于是便"及榆光之未暮，将寻山而采芝"了。终究，采集长生不死的灵芝仙药，才是弘景寻山隐居的最后目的啊！这与陶渊明"聊乘化以归尽，乐乎天命复奚疑"的隐居是大异其趣的。

虽然陶弘景隐居山中不断地修炼，使他看来像是仙人，而他“尸解”的种种征兆也显示他是得道成仙去了；但我们曾提到，他有个“山中宰相”的雅号，这不仅是对他才华的赞美，同时也说明了弘景隐居期间，并不是全然不理会人间俗事的，他依然在梁武帝咨询时，贡献各方面的意见，他的隐逸，真是自具一格了。

2. 道佛合一

道教兴起时，佛道亦即传入，我中华民族容纳外来思想的度量一向极其广大，因此佛道得以在中国生根传播。虽然道士唯恐佛教之输入，信奉者日众，因而夺其衣食，故偶有纷争；但在思想与信仰上，却有道佛并重，乃至三教并崇的现象，直到现在，依然如此。事实上，驳杂的道教理论，也有借助佛道以自富的必要，像佛教的三世因果论，便被移花接木过来，成为道士用以宣教的一部分。

陶弘景是个不折不扣的道教中人，他自己本身的勤苦修炼与设馆招徒，为道教奠定了良好的法式，在整个道教史上，功劳是极大的。但他在思想与信仰上，却有“道佛合一”的趋向，我们可以从两件事情上得到印证。其一是据《南史》的记载，陶弘景曾梦见佛授他《菩提记》云，又名他为胜力菩萨，于是他便往访鄮县阿育王塔，自誓受五大戒。其二是陶弘景仙逝后，遗命弟子，葬礼时道人道士并在门中，道人在左边，道士在右边；道人即是佛教的僧侣，道士乃属于道教的。由此二事，陶弘景“道佛合一”的思想是极其明显地，而这恐怕也是彼时知识分子普遍的一种现象吧！

当然，作为陶弘景思想主流的，还是在于道教思想，就我们今天所见，他虽也接受佛道思想，可是在理论的阐述上，却没有什么独特的建树。至于陶弘景的道教思想，最主要的似乎是修炼成仙的一套理论。

道教的修养以登仙为最终的目标，为了达到这目标，有各种修炼的方术。《汉书·郊祀志》中谷永《谏汉成帝》一文已大略地说明了道教中金丹、存思、服食、变化等方术，这些不可思议的事情几几乎是道教中人修炼的主要课题，当然陶弘景也不例外。但作为一个知识分子，他的修炼理论却较能抹除一些迷信色彩。

谈到神仙之说，自古已有，虽然是高深莫测，不可思议，但它不仅见于史传，甚至连汉代大儒刘向，也著有《列仙传》呢！稍前于陶弘景的葛洪，更著有《抱朴子》一书，用许多理论来说明成仙的可能。不仅是道家方士共奉成仙的理论，魏晋六朝的许多文人，如郭璞、陆机、江淹，均大量地运用神仙传说的材料，造成了文学史上所谓的游仙文学。由此可见成仙之说，是如何地吸引社会各阶层人士了。

陶弘景在《答朝士访仙佛两法体相书》一文中，大略地说明了成仙的理论，他认为凡“质象所结，不过形神”，形神结合时，则是人是物，形神若分离，则是灵是鬼，而佛法可令形神“非离非合”，仙道则能令形神“亦离亦合”，合时则乘云驾龙，飞腾于虚冥之境；离时则尸解化质，无疾而终。那么，如何才能成仙呢？那必定要“铸炼之事极，感变之理通”，换句话说，就是要“以药石炼其形，以精灵莹其神，以和气濯其质，以善德解其缠”。如此众法共通，而后修炼之业才能期其有成。

所谓“以药石炼其形”，就是服食药石与金丹。据葛洪《抱朴子》的记载，药有三种，下药只能治病，中药可以养性，唯有上药才能长生不死，因为上药是由矿物质做的，原料为丹砂、黄金、白银、五玉、云母等，均是不腐不朽的，放在火中，百炼不消，进入身中，足以坚固血脉、不老不死，羽化成仙。而金丹有九种，称为九转还丹。一转之丹，服了三年才能成仙，而九转之丹，只要三天，便可成仙了。

炼丹可说是方术中的一门大学问，若不得名师传授，不仅徒劳无功，反而有害身心。陶弘景极精于炼丹，他曾获得神符秘诀，以为炼丹可成，后来果然炼成一种飞丹进献梁武帝，武帝服食后，竟然十分有效。而他最后献给武帝的“善胜”“成胜”二粒丹丸，更是佳宝。因为长期的服食丹丸，据说陶弘景八十余岁时，仍十分强壮，偶尔出游，望见者皆以为仙人。

站在学术的立场，炼丹一事是不可思议而难以采信的，但它却说明了一种观念——视性命为可改移者，欲得长生不死，羽化登仙，必要性命双修，这点便比儒家高过一层了，儒者认为性命乃天所赋，人不能违天，所修者也仅止于行为之道而已，但道家却不如此作罢。再说，炼丹求仙更能代表黄老思想的极致，它辟划出一个渺然虚静、无挂无碍的境界，这点，又比徒然清谈高明多了。

至若“以精灵莹其神”，也就是道术修养中所谓的“存思”，意思就是说要存想神物，端一不离。道教教义中，从天地星宿山川，以至人身五官五脏，均有神名，皆应存思结想，以与神遇合。而“以和气濯其质，以善德解其缠”，则都是使个人形神境界提高的修养。

大抵说来，陶弘景的修炼，与盲目祈祷、迷信符咒的假神道是不同的。他着重于学理，寻求可信的依据，在《登真隐诀序》一文中，他曾驳斥得两三卷书、五六条事，即入山修炼的不可。他自己对于道经的研习，是下过极大的工夫的，一定要“详究委曲”、“晓其所以”。陶弘景所主张的修炼，是一种极刻苦自厉的苦修，从《授陆敬游十赉文》中，我们约略可知山中的修行，是“肌色憔悴，不以暴露为苦，心魂空慊，宁顾饥寒之弊”的，是“诚悫为性，恬澹为情，质直居本，沉重树志，不邀世才，高谢时俗”的艰苦生活的。陶弘景树立的这种风范，终于使道教摆脱教匪的色彩，成立了宗教的正规模式。

陶弘景也曾致力于本草药方的研究，他有《本草序》、《肘后百一方序》、《药总诀序》，是他努力研究整理的成绩，虽然这是他承继圣人之志，以救生民病痛为本；但对于彼时的一些方士以祷告符水为人治病的作风，无非是个大大的打击与矫正，也可看出他思想中尚科学、不迷信的特点。

由于修炼成仙是道教方士的最终理想，因此，对于神仙世界也就有了一番想象中的组织与安排。当张角张陵所倡行的道教兴起时，神仙官府只有三官，即天官、地官、水官，所谓的三官大帝。到了葛洪时，神仙官府的组织扩大了，除了上、中、下三宫的真皇、真王、真人、圣母以外，还有许许多多兵将。陶弘景也继承葛洪这种思想，在《真灵位业图》中，将玉清三元宫分为七个中位，每个中位又有左、右位之分，分属数仙官，七个中位总计有仙官七百余人。虽然后人批评他这个分列太过于杂碎散乱，实不足采信；然而从它背后，我们却可发现深一层的意义。陶弘景在《真灵位业图》序文中说：“虽同号真人，真品乃有数；俱目仙人，仙亦有等级千亿。”仙人之有等级，不只是便于分其贵贱、别其异同而已，更重要的乃在于修炼的强调，品级的区别，该是决定于修业功夫的不同吧！由此可见，陶弘景对于修炼的功夫，是如何地重视了。

大体说来，陶弘景在道教理论思想上的贡献，实在比不上葛洪，称不上有什么特殊的成就；但由于他个人的身体力行，着重实际的修炼，却将许多形而上的理论具体化了，我们可以说，他并不是一位高蹈派的思想家，而是一位虔敬力行的宗教家。

三、作品介绍

陶弘景的许多著作大多亡佚了，我们今天所能看到比较重要的作品是收于《汉魏六朝一百三家集》中的《陶隐居集》。集子内收有赋两篇，表一篇，启六篇，书七篇，序六篇，论一篇，志一篇，颂十五首，铭一篇，碑五篇，文两篇，诗六首。由此可见陶弘景不仅性爱著述，而且是擅长各种文体的，尤其精于书道，真可谓多才多艺了。

从陶弘景这些遗墨中，多多少少可看出他思想的一些端倪，例如《解官表》、《与亲友书》、《与从兄书》表明了他厌倦仕途，向往山林的心迹。《寻山志》则把他入山求仙的动机、目的与希望表露无遗；而《登真隐诀序》、《真灵位业图序》、《授陆敬游十赉文》中可看出他对道教理论的看法。这些文章虽然篇幅短小，却是研究陶弘景思想最直接的资料。

陶弘景另外有《真诰》一书，总共二十卷，分为七篇，所记全是神仙授其真诀的事，道理虽虚妄，文字却十分雅洁。《朱子语录》谓陶弘景的《真诰》，乃窃取佛家《四十二章经》所成，例如地狱托生的说法，更有明显抄自佛经的迹象，因此，《真诰》一书似乎没有思想上独特的色彩。

除此而外，《道藏》中亦收有陶弘景的《真灵位业图》，这是他对神仙官府组织的看法，后人虽然批评它琐碎不堪，但在整个道教的理论上，仍有一定的贡献。

以上是我们今日所能看到有关陶弘景的主要作品，数据的不完整，在研究上未免有以管窥天、以蠡测海的遗憾，但这也是无可奈何的事了。

四、结语

陶弘景凭着苦行似的修炼，似乎可以名登仙籍了，但这在学术上的意味是极少的，我们所当注意的，应是他追求神仙这种思想的背后含义。真正说来，求仙的这些方士才是黄老学派的嫡传呢，他们以实际的行动去追求一个清虚的世界，不管神仙是有是无，可求不可求，像陶弘景的长隐山林，绝游人世，倒是真的“心标象外”，“超乎尘埃”了。

陶弘景也是地道的道教中人，但由于葛洪的《抱朴子》那么完备的成之在先，以至于他一些零星的言论与思想看来便微不足道了。更因为陶弘景的著作十之八九亡佚，要获得他思想的全貌几乎是不可能的事。本文只能称作臆说，陶弘景完整的思想面貌只好等待有心的读者自己去发掘了。

参考书目

《陶弘景本传》，《梁书》第四十五卷，《南史》第六十六卷。

《陶隐居集》，陶弘景作，《汉魏六朝一百三家集》第四册，页三〇〇五—三〇三四，新兴书局出版。

《真诰》，陶弘景作，《四库全书》本。

《洞玄灵宝真灵位业图》，陶弘景作，《道藏辑要》第十九册，页八二九三—八三〇七。

《道教史概论》，傅勤家作，台湾商务印书馆出版。

《道教通诠》，赵家焯作，华冈出版社。

《道学与道教》，赵家焯作。

《道教与神仙》，周绍贤作。

《抱朴子》，葛洪作，世界书局出版。

《魏晋南北朝史》，劳干作。

图书在版编目（CIP）数据

中国历代思想家. 魏晋南北朝 / 中华文化总会，王寿南主编；何启民等著. —北京：九州出版社，2011.3
ISBN 978-7-5108-0800-5

Ⅰ. ①中… Ⅱ. ①中… ②王… ③何… Ⅲ. ①思想家－评传－中国－魏晋南北朝时代 Ⅳ. ①B2

中国版本图书馆CIP数据核字(2010)第252305号

中国历代思想家. 魏晋南北朝

作　者	中华文化总会　王寿南 主编　何启民等 著
出版发行	九州出版社
出 版 人	徐尚定
地　址	北京市西城区阜外大街甲 35 号 (100037)
发行电话	(010)68992190/2/3/5/6
网　址	www.jiuzhoupress.com
电子信箱	jiuzhou@jiuzhoupress.com
印　刷	涿州市星河印刷有限公司
开　本	880 毫米 ×1230 毫米　32 开
印　张	13.5
字　数	286 千字
版　次	2011 年 4 月第 1 版
印　次	2011 年 4 月第 1 次印刷
书　号	ISBN 978-7-5108-0800-5
定　价	30.00 元